世界城市研究精品译丛

主　编　张鸿雁　顾华明
副主编　孙民乐

工作空间：
Spaces of Work:

全球资本主义与劳动力地理学
Global Capitalism and Geographies of Labour

[英] 诺埃尔·卡斯特利 尼尔·M.科
凯文·沃德 迈克尔·萨默斯 著
刘淑红 译

江苏凤凰教育出版社
Phoenix Education Publishing, Ltd
SAGE

图书在版编目(CIP)数据

工作空间:全球资本主义与劳动力地理学 / (英)卡斯特利等著 ;刘淑红译. —南京:江苏凤凰教育出版社,2015.6

(世界城市研究精品译丛)

ISBN 978-7-5499-5092-8

Ⅰ.①工… Ⅱ.①卡… ②刘… Ⅲ.①资本主义-研究-世界-现代②劳动力资源-资源分布-经济地理学-研究-世界-现代 Ⅳ.①D033.3②F249.1

中国版本图书馆 CIP 数据核字(2015)第 135467 号

书　　名 工作空间:全球资本主义与劳动力地理学
著　　者 [英]诺埃尔·卡斯特利　尼尔·M.科
凯文·沃德　迈克尔·萨默斯
译　　者 刘淑红
责任编辑 史玉娜
出版发行 凤凰出版传媒股份有限公司
江苏凤凰教育出版社(南京市湖南路 1 号 A 楼　邮编 210009)
苏教网址 http://www.1088.com.cn
照　　排 南京紫藤制版印务中心
印　　刷 江苏凤凰新华印务有限公司
厂　　址 江苏省南京市新港经济技术开发区尧新大道 399 号
开　　本 890 毫米×1240 毫米　1/32
印　　张 10.5
版　　次 2015 年 6 月第 1 版　2015 年 6 月第 1 次印刷
书　　号 ISBN 978-7-5499-5092-8
定　　价 45.00 元
网店地址 http://jsfhjycbs.tmall.com
新浪微博 http://e.weibo.com/jsfhjy
邮购电话 025-85406265,85400774　短信 02585420909
盗版举报 025-83658579

出版说明

“他山之石，可以攻玉。”

在建构中国本土化城市理论的过程中，对外来城市化理论进行有比较地、批判性地筛选，不失为一种谨慎的方式。西方城市化的理论与实践研究有很多值得中国学习和借鉴的地方，如城市空间正义理论、适度紧缩的城市发展理论、有机秩序理论、生态城市理论、拼贴城市理论、全球城市价值链理论、花园城市理论、智慧城市理论、城市群理论以及相关城市规划理论等，这些理论在推进城市化的进程中起到了直接的作用。

中国城市化进程以三十多年的时间跃然走过了西方两百年的城市化历程，成就令世界瞩目，但城市社会问题也越来越深化：有些是传统的社会问题，有些是城市化引发和激化了的问题，我们需要梳理出关键点加以解决。

《世界城市研究精品译丛》的出版目的十分明确：我国的城市理论研究起步较晚，国外著名学者的研究成果，或是可以善加利用的工具，有助于形成并完善我们自己城市理论的系统建构。在科学理论的指导下，在新型的城镇化过程中，避免西方城市化进程中曾出现的失误。

该丛书引进国外城市理论研究的经典之作，大致涵盖了相关领域的重要主题，它以新角度和新方法所开启的新视野，所探讨的新问题，具有前沿性、实证性和并置性等特点，带给我们很多有意义的思考与启发。

学习发达国家的城市化理论模式和研究范式，借鉴发达国家成功的城市化实践经验，研究发达国家新的城市化管理体系，是这套丛书的主要功能。但是，由于能力有限，丛书一定会有很多问题，也借此请教大方之家。读者如果能够从中获取一二，也就达到我们的目的了。

江苏凤凰教育出版社

目录

致谢

本书源于一门大学本科三年级课程——“全球化、劳动力和地方性”(Globalization, labour, and locality),1995～2000年期间,三位教师诺埃尔·卡斯特利、理查德·米根和迈克尔·萨默斯(Noel Castree, Richard Meegan & Michael Samers)在利物浦大学共同执教该课程,教学过程中产生了写书的念头,并暂定书名为《全球化和劳动力地理学》(*Globalization and the Geographies of Labour*)。2000年诺埃尔去曼彻斯特大学任教时仍未改初衷,但是理查德·米根后来太忙,根本抽不出时间承担写作任务,所幸诺埃尔在曼彻斯特大学的新同事尼尔·科和凯文·沃德(Neil Coe & Kevin Ward)欣然加入写作团队。可以说本书始于利物浦,最终成于英格兰西北部的城市曼彻斯特。虽然成书后作者一栏中没有米根,但是我们四位作者还是要感谢他所提供的新颖思想以及给予我们的鼓励;评审员尤其是迪克·沃克(Dick Walker)给本书综合提纲提出建设性的宝贵意见,使其增色不少,在这里向他们表示感谢。另外,我们的两位研究生卡蒂·梅和卡蒂·莫罗(Katie May & Katie Morrow)对草稿进行校正并向我们提出诚恳的反馈意见;已经毕业离开学校的戴维斯·萨德勒(Davis Sadler)担任了审稿人,他的意见和批评让我们受益匪浅;地理学院制图师尼克·斯卡尔(Nick Scarle)负责全书图表和数据绘制,他以精湛的技术圆满完成了任务,在这里向他们表达诚挚的谢意。

本书是集体智慧的结晶,但四位作者又各司其职。诺埃尔负责写作第一章和第九章,并和尼尔共同撰写第一部分;尼尔和凯文承担第二部分写作任务,诺埃尔和迈克尔负责第三部分写作。我们四人共同对整本书负责,但倘若其中任何一章有不足之处,我们亦一起接受批评和指正。最后要感谢出版商SAGE出版公司以及编辑组成员赛斯·爱德华兹、瓦内萨·哈伍德以及戴维·梅因沃林(Seth Edwards, Vanessa Harwood & David Mainwaring),他们为这本书付出长期的漫长而艰辛的劳动。特别致谢罗伯特·罗杰克(Robert Rojek),他以极大耐心为本书做出了贡献。

在整个写作过程中，我们还得到 Blackwell Publishing Limited，SAGE Publications Limited 以及汤姆森出版服务公司（Thomson Publishing Services）的帮助和许可，得以使用他们业已出版的一些书籍上的表格、数据、地图和图表，向以上出版公司表示衷心感谢。

缩略词表

AFGWU	美国弗林特玻璃工人联合会
AFL-CIO	美国劳工联合会–美国产业工会联合会
AFSCME	美国州、县和市雇工联盟
AHC	霍金船锚公司
AID	工业发展协会
ALGUS	莱斯特集团工会和联盟
ASEAN	东南亚国家联盟(东盟集团)
BLW	巴尔的摩最低生活工资
BUILD	巴尔的摩联合与领导发展会
CBI	英国工业联合会
CEO	首席执行官
CSSA	计算机服务和软件协会
EP	欧洲议会
EWC	欧洲劳资联合委员会
FDI	外国直接投资
GATT	关税暨贸易总协定
GCC	全球商品链
GDLP	全球劳动和权力分工
GDP	国内生产总值
HDD	硬盘驱动器
HRM	人力资源管理
IMF	国际货币基金组织,国际钢铁工人联盟
ICEM	国际化工、能源、矿业国际联盟和总工会
ICFTU	国际自由工会联合会
IDL	国际劳动分工
ILA	国际码头工人协会

ILB	国际码头工人兄弟会
ILO	国际劳工组织
ITS	国际工会产业联合会
JIT	即时生产
LETS	地方交换贸易体系
LLCR	地方劳动力控制体制
MCC	蒙德拉贡公司
MDHC	默西塞德郡码头和港口公司
NAFTA	北美自由贸易协定
NCL	全国消费者联盟
NIE	新工业化经济体
NIDL	新国际劳动分工
OECD	经济合作和发展组织
PESO	菲律宾就业服务办公署
PEZA	菲律宾经济特区署
RAC	乌鸦林镇铝业公司
R&D	管理和研究
SIGTUR	南方全球化和工会权利促进会
SME	中小型企业
SSC	停止血汗工厂运动
TCC	跨国资产阶级
TELCO	伦敦东区社区组织
TNC	跨国公司
TUC	英国劳工联合会议
UAW	美国汽车业工人联合会
UDC	城市开发公司
UNCTAD	联合国贸易和发展会议
UNITE	成衣业、产业和纺织业主联合会
USWA	美国钢铁工人联合会

WCL	世界劳工联合会
WFTU	世界劳工组织
WITSA	世界资讯科技和服务联盟
WTO	世界贸易组织
WWW	世界劳动妇女组织

前言：劳动力的景观

在我们生活的世界里，资本主义社会关系起着主导作用，因此生产的逻辑依据依然是追逐利润，阶级和阶级不平等仍然存在，财富分布亦至关重要，明白这一点非常重要。

——雷·赫德森（Ray Hudson），

《生产的地方》（*Producing Places*，2001：2）

地球上有30亿雇佣工人，而雇佣他们的商人却只有区区5 000万，其中像比尔·盖茨和默多克这样最富裕的商人所拥有的财产等同于好几个小国家的财产总和；相比之下，每一个为富人工作的人只拥有世界财产中极其微小的一部分。更进一步说，这些雇佣工人得用他们一生大约65%～80%的时间劳动来赚钱以满足日常需求，他们的薪水不仅要维持自己的生活，还要养活整个家庭和社区。这些雇佣劳动者形形色色：他们年龄相异，技术级别不同，性别不同，他们或有着健全的体魄或有残疾在身，他们中既有同性恋者也有异性恋者，既有受过教育者也有文盲，既有单身者也有已婚者，既有同居者也有离异者；他们在包括农场、工业生产部门和服务行业等各类经济部门工作。这些工人遍及全球，从偏远的智利小村庄到繁华如伦敦和东京的大都市都能看到他们的身影，他们的报酬和工作条件因地而异，但是他们却有一个最基本的共同点：出卖自己的能力——即劳动力——以获取金钱的回报。与此同时，目前世界上有1.6亿求职者，这一数字几乎相当于巴西的人口总数。在这个巨大的失业后备军保持不变的情况下，到2010年全世界要增设大约5亿份新工作职位。如果不增设这些新工作，世界人口增长将会引发史无前例的全球性、国家性以及地方性失业（ILO，2001）。最后要说的是现在成千上万人正背井离乡，在全球各地四处奔波寻找工作，这是自上世纪末以来从未有过的大规模劳动力迁移，并且这种迁移近期依然没有减缓的趋势。

本书内容涉及大多数工作者或求职者，其读者对象是社会学专业选修现代社会劳动力课程的学位生（及其教师）。作为读者，你现在还不是劳动大军中一员，但是将来你必定也会像我们这四位作者一样加入这一队伍：学生就像老师们一样，将来也必须以为他人劳动来赚钱谋生。事实上，现代世界里大多数人要成为雇佣劳动者太“正常”了，“正常”到使人们轻易忘掉这是一个相对而言较新的准则，人们忘掉了人可以为自己工作；也可以不计报酬地为他人工作；人还可以和别人一起生产一些不用于交换金钱的东西。目前在世界的某些地方——尤其是南方，还存在非雇佣劳动形式，尽管这样的劳动形式少得可怜，跟众多雇佣劳动相比，它就像汪洋大海中一个小小的岛屿。在21世纪，存在这样一个不争的事实：工作就是劳动者按日、按星期、按月，或者按年将自己售卖给雇主；虽然少数情况下家庭仍然是商品生产的主要场所，但多数有偿工作在与家分离的工作场所进行。

换一个说法就是，我们生活在一个特殊的资本主义世界。虽然资本主义作为一种生产商品和服务的方式绝对不是什么新名词，但是现在它却主导着世界。在资本主义经济中，大、中、小企业最重要的目标就是赢利。因此资本主义逻辑并非社会平等、人类幸福或环境正义，这些值得赞美的东西有时只是赚钱的手段甚至结果，在资本主义体系中它们很少能成为终极目的。在此语境下，工人本质上只是一个“生产因素”；雇主一起购买了工人的服务及其他生产“投入”，目的是能够制造出可以运输到各地售卖给消费者的商品。在马克思主义和新马克思主义理论学家看来，这意味着不论雇佣劳动者多么不同，他们仍然共同构成“工人阶级”，放眼全球，现在工人阶级比历史上任何时期都要多，他们远远超过了在世界上不同工作场所雇佣他们的“资产阶级”人数。所以大家也许会提出这样一些问题：为什么世界上如此众多的雇佣工人会在这样恶劣的条件下为如此少数的人工作（如纽约的女性移民服装工人和巴基斯坦的农场包身童工）？还有一些比贫穷工人幸运一点的人，他们薪酬较高，有着较好的工作条件，但是为什么他们会一夜之间失去工作？为什么一些工人不得不离乡背井，去很远的地方寻求一份只能养家糊口的工作？为什么全世界的工人不团结起来开展一次广泛的运动以改善工作条件？

这些最根本的问题关系到资本主义世界里的劳动者的工作现状以及将来的工作前景。本书力求寻求这些问题的答案，我们这样做是为了让读者注意到地理或者地理学对劳动力的深刻影响。劳动者既不是生活在地球上的方方正正的平原上也不是生活在狭小的大头针顶上，正好相反，他们生活在一片既有地理差异又有地理联系的景观里。工人，即便是移民工人，总是在某一地方生活和工作。正如雷·赫德森（Ray Hudson，2001：122）所言：“劳动是生产因素中以地方为基础的因素。”因此如果我们要了解今天工人身上发生了什么事情，就一定要关注地方的重要性。同样，在当今资本主义日益成为全球现象之际，要理解某一个地方工人身上所发生的事情，就必须关注跨越空间的不同地方的内在关系。在国家、国际以及全球空间的经济体中，工人以及在某一具体地方雇佣他们的企业都不是孤立存在的，而是更多地与遥远的其他工人和企业联系在一起，一位评论者如是说，今天“当地发生的事情往往受到万里之外发生的事件的影响，反之亦然”（Giddens，1990：64）。由于愈发紧密的跨地方联系，世界各地工人因情况不同会形成相互竞争或合作的关系。那么在特定情况下哪种关系占主要位置呢？正如本书将要阐释的，想了解这一点，就必须理解地理尺度（geographical scale）的重要性。如果你愿意的话，可以将“尺度”视作介于地方和空间之间的一个词，它会告诉我们地方（亚地方）尺度的一些事件和活动是否会与跨地方的其他事件和活动产生共鸣，这样的共鸣又是怎样产生的？某地或某些地方的工人将行动范围扩大到更高空间尺度的能力会成为某些特定企业或工人行动的源泉。比如说跨国公司就有能力在全球搜寻合适地点来置放生产设施；同样，对于追求各自目标的雇主和劳动者，将诸如工人罢工之类的行动控制在一定规模（如地方）的能力可以成为他们用于支持或反对对方的有力武器。

因此本书的重点词汇包括地方、空间和地理尺度，它们被分成三个角，使我们能够绘制出一张复杂的现代工人生活、工作和奋斗的景观图，我们将会看到一张带有根本的地理悖论和困境的拼图式景观图。在全球资本主义时代，如果还以非地理学方法分析劳动力，那么就会遗漏工人日常生活基本情况的大部分东西。我们从一开始就会运用地理学来进行分析，因为我们将要讨论的地方、空间和尺度会影响工人实践活动形成，也可能影响其他社会群体和与工人命运息息相关的机构的实践活动形成，反过来，后三者也会影响地方、空间和尺度的形成。我们坚持以地理学三位一体来理解世界工人的现状和前景，是想告诉这些工人以及研究工人的学者们要用地理学想象力武装自己。

当然，以这样的方式主张、坚持“地理是重要的”在人类地理学学科中已然是一种比较克制的方式。但是过去几年，这种方法在其他如社会学、经济学和文化学学科研究领域已经引起反响，这些领域的杰出人物安东尼·吉登斯、保罗·克鲁格曼和弗雷德里克·杰姆逊（Anthony Giddens，Paul Krugman & Fredric Jameson）都欣然接受“地理转变”。相应地，本书是为跨越社会科学研究劳动力问题的学生和老师而写，换言之，它并不是一本狭义界定研究劳动力的“地理学的”和“非地理学的”方法的学术书籍。我们只是想使地理学成为了解现代世界劳动力的必须但并非唯一的方法，或者说了解现代世界劳动力的部分方法，希望藉此可以消除这种区别。

说了这么多之后，似乎感觉这本书写得太晚了。毕竟，在我们构思和完成这本书的短短几年里，许多关于全球相互关联情况下劳动力的书籍纷纷面世。地理学方面，杰米·佩克（Jamie Peck，1996）的《工作场所》（*Workplace*）出版之后不久，安德鲁·赫洛德（Andrew Herod）便写了一系列的书，他编写了《组织景观》（*Organizing the Landscape*，1998）和《劳动力地理学》（*Labor Geographies*，2001），还和简·威尔斯（Jane Wills）合编了《空间，地方和新劳动国际性》（*Space, Place and the New Labor Internationalisms*，2001）。除了这些完全运用地理学方法研究劳动力的书籍，还有一些比较隐晦地采用地理学方法的书籍，如《工人阶级》（*Working Classes*），《全球现实》（*Global Realities*，Panitch & Leys，2001），《全球化时代的世界劳动力》(*Labor Worldwide in an Era of Globalization*，Munck & Waterman，1999)，《全球化和劳动反抗模式》（*Globalization and Patterns of Labour Resistance*，Waddington，1999)，《全球经济，民族国家以及劳动力管制》(*The Global Economy*，*National States and the Regulation of Labour*，Edwards & Elger，1999)，《全球化，社会运动和新国际主义》(*Globalization*，*Social Movements and the New Internationalisms*，Waterman，1998）以及《精益世界的工人》（*Workers in a Lean World*，Moody，1997)。尽管有这么多关于“相互依赖世界里的劳动力”的书籍，却似乎没有一本书写到我们下面章节里想要表达的内容，这主要有以下三点原因：

首先，现在很多大学在课程设置上都为本科生和研究生开设关于21世纪劳动力前景这一课程模块，但是已经出版的相关书籍大多限于学术研究领域，迄今还没有一本适合学位学生及其老师的教材。本书力求浓缩本学科最前沿的学术思想精华，并以一种简单易懂的方式呈现给学生和老师。书中内容并非对他人研究的评论，而是以这种研究（或者我们自己的研究）来阐释一些我们认为重要的问题。本书定位于本科四年级学生、研究生及其老师。长久以来，经济地理学、社会经济学、国际政治经济学以及类似专业的学生学到了很多有关生产、贸易和财政的知识，却几乎没有学习任何关于工人的知识。我们本学科领域现在有一本非常优秀的著作《全球转换》（*Global Shift*，Peter Dicken，2003），这是一本有关跨国公司（TNCs）的书籍，目前已经是第四版了。与此同时，全世界有成千上万的雇佣劳动者受雇于跨国公司，更不用说还有大量受雇于中小型企业（SMEs）的工人，可是却没有任何关于这些工人的文字材料供学生阅读和学习。因此，我们希望《工作空间》能够填补这个显而易见的空白。因为本书针对学生，故我们有意识地避免很多教材容易出现的问题：如堆积大量参考文献，叙述晦涩难懂的理论争论，用干巴巴的毫无感情的第三人称散文体风格写作等。我们也精选了一些供学生进一步阅读的材料，并附上主要问题供学生思考。另外，书末还附有术语表和相关网页列表。

其次是理论综合体问题。前文提到的关于地方和全球劳动力的书籍倾向于孤立地看待劳动力各个不同方面的问题。佩克只是将地方劳动力市场理论化了，却只字未提工人反抗的情况。同样，赫洛德的《劳动力地理学》在分析劳资斗争的曲折变化方面非常精到，却忽视了社会再生产，（工人）迁移和非工会劳动组织等方面问题。在《工作空间：劳动力地理学》中，我们将这些理论碎片缝合起来，绘成一张综合概念图，以帮助读者综合全面地分析劳动力问题。最后还有经验问题。当代世界对于工人研究的一些文献中还存在明显的偏见和盲点。其中之一就是过度关注生产，仿佛生产是全球经济中唯一也是最重要的一部分。另外一个倾向就是只聚焦于相对富裕的西方工人，而不关注南方或是从前共产主义集团里的工人。本书将提供不同类型的例证和案例研究，尽量纠正这种部门间的不平衡和地理不平衡。我们在上文已经说明今天世界上任何一个地方都存在雇佣劳动力，因此对于研究者而言，我们有义务和责任将这一纷繁复杂的景象呈现给大家。

说了这么多，那么《工作空间》的政治主张是什么？这里政治主张是指我们对于雇佣工人的伦理态度/道德态度。之所以提出这个问题是因为我们觉得暗示本书对劳动力持中立的观点是不诚实的。我们四位作者力求在这本书中运用并发展马克思主义，新马克思主义以及对于雇佣劳动/劳动者地理学的基本原理（观点解释见附录1），因此我们可以和被称为“批判社会学”的运动结为联盟，并将我们自己归于政治派别的左派。正如革命家卡尔·马克思（Karl Marx）说过的一句名言：关键不仅仅只是理解而是要改变世界。“批判”也就是否定地判断一件事情，而“批评”则是一种政治行为，是对现行世界的某些方面提出问题从而提供一些更好的解决办法。也因此，批评往往发轫于具体的“规范性立场”（Sayer，1995）：也就是批评家们拥有的价值体系决定着他们对于当今事物的评判以及他们提出满意的未来变革的建议。对于劳动者及其家属，在资本主义世界工作是一件很残酷的事情。广义地讲，可以从下面两点理解我们持有马克思主义的规范性立场。第一，雇佣劳动者创造大部分世界财富，所获取的报酬却极少，我们认为这是错误的。第二，不论工作场所、种族、信条、肤色如何，我们认为所有雇佣劳动者应该得到他们应享有的权利和报酬。无论何时何地，如果工人们没有享有基本权利，我们认为就存在社会非正义。在本书中，我们将会看到资本主义世界的劳动者在工作上经历到的各种各样不公平的事情。

然而，除了基本权利和报酬之外，对工人来说孰好孰坏的问题就更复杂了，这种复杂性应归因于地理。正如我们将要讨论的，工人身上所发生的事情以及工人所采取的应对措施都必然有专门的语境——即地方和空间（也就是说地理尺度）如何在特定情况下结合起来成为先决条件。它所遵循的原则就是，关于具体地方的具体工人现在的情况和将来的恰当行为，“不能得出绝对的结论”（Herod，2000b：1788），否则该推论就具有误导性，使人们根据普遍拥有的规范性立场对不同情况提出批评，恰如我们不能很宽泛地概括现代世界所有工人的可能命运，这样做是欠妥当的。然而上文所提到的一些作者——都是批判社会科学家——在各方面屈服于全面判断劳动力的诱惑。比如佩克在《工作场所》一书的末尾预言了跨国公司的频繁迁移使得不同地方的工人在“工作和投资”大战中相互争斗。无独有偶，蒙克和沃特曼（Munck & Waterman，199：x）在《全球化时代的世界劳动力》开篇即断言工人“毫无疑问正处于困境中”，这种以偏概全的论断完全站不住脚。他们依据有限的证据并想当然地认为"好"与"坏"的普遍标准是放之四海而皆准的原则。在本书倒数第二章，我们便要直面这一问题：如何判断工人情况的正义/非正义，我们认为解答这一问题的关键是"地理尺度"。判断对待工人正义与否必须取决于尺度这一概念——亚地方，地方还是超地方尺度？——以此为标准来追求"正义"。

知识渊博的读者已经注意到我们没有提及古典马克思主义思想，即雇佣劳动者需要发动革命来推翻资本主义统治。虽然在第八章，我们考虑到一些关于工人组织全球性和国际性的反抗资本主义运动的案例，但是用其他体系替代全球资本主义的可能性——与失业和就业不足相联系的雇佣劳动——还是十分稀少，部分原因是工人所面临困境的程度不一样，这点我们将在第九章讨论。在情况不利于进步变革的今天，最近还有一位最不妥协的马克思主义批评家戴维·哈维（David Harvey）为"知识界的乐观主义"（2000：17）摇旗呐喊。虽然我们很赞成哈维劝告大家不要屈服于改良主义，但是我们还是觉得工人们在受制于资本主义的情况下改善他们的处境时，其中很多人仍然拥有很大的"摇摆空间"，最大化利用"摇摆空间"是重要的地理工程。在第六、七、八三章里，我们在精确描述"摇摆空间"的不同元素的时候提出自己的观点：在全球资本主义内摇动而不去反对它并不意味着雇佣工人已经把自己"出卖给自己的敌人"。即便马克思，这位最尖刻的资本主义批判者，也没把当今世界起主导地位的资本主义体系视为万恶不赦的东西。对于成千上万的工人来说，也许一个更公正的后资本主义的未来世界比现在这个不公正的资本主义世界会更有利一些。同时，在现存体制里找到机会进行进步改革也十分重要。对于这个世界的劳动力来说，只寄希望于一些乌托邦式的全球计划来消除资本主义会导致太多不幸和非正义（见第五章），撇开这些虚幻的梦想，现时现地我们还可以做很多事情来改变现状。

我们所说的这一切并不意味着写一本关于劳动力的教科书就能对劳动学这一事业作出很大贡献。多年来，一些左翼社会科学家一直致力于寻求好的方法来“联系”那些他们所研究的被排除于社会之外的边缘化弱势群体。鉴于此，我们不得不坦率地承认这本书所涉及的人中也许很少有人，也许只有一些人会阅读此书并从中学到一点东西，这一点似乎是“非左派的”，我们知道通往政治变革之路很多，但其中一些并不那么直接，既然这样，我们这条道路可以算做一条间接的通向变革之路，我们的主要读者是你们：也许将来某一天会成为雇佣劳动者甚至雇工代表的学生。如果《工作空间》具有政治性的话，那么这种政治性就是本书具有教学作用。为什么不是呢？毕竟学生是左翼学者们在有生之年想要争取的对象。如果这本书能让你停下手中的事情——努力地思考，或者换一种方式思考一下资本主义世界工人的困境，那它就体现了其应有的价值。纵使我们自己在写作过程中只是寻觅一种理解劳动力世界的方法，这样做也许可以帮助一些学生读者将来有一天去改变这个世界。

NCa，NCo，KW，MS

曼彻斯特

地理学术语注释

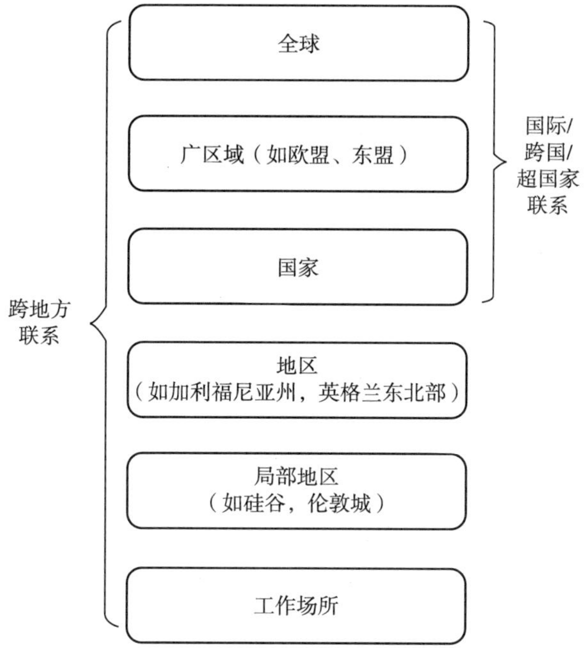

图 0.1　分析尺度：地理学词汇

本书中我们运用了一些地理学术语来描述事件和事件过程的空间尺度。为了让读者更清楚地理解这些术语，图 0.1 概括了书中所用地理词汇，并说明这些词汇所涉及到的不同空间尺度。如图所示，我们采用了几个意义相近的词汇“国际的”、“跨国的”和“超国家的”，而在涉及工作场所和这些较大地理尺度的关系时，则使用了一个通用词汇“跨地方的”。

第一章　导　论

职业生活：雇佣工人的故事

相似性和差异性

雇佣劳动力的不均衡地理

起点：全球资本主义还是全球化？

一个词的政治学：全球化神话

职业生活：雇佣工人的故事

这是一本关于真实的人们在真实的地方生活、学习、劳动的方方面面的书。它将展示工人如何凭借自己的能力去争取机会，拥有机会并运用机会寻求职业，这个过程也许为他们打造了一种新生活，但也许打乱或者动摇了他们原有的生活。从字面来理解，这是一本关于我们所有人的书，其出发点是一个根本的事实：世界上绝大多数以工作谋生的人都是为了薪水而工作。事实上，在特定的一天、一周、一月，或者一年期间，这些人变成了商品。他们的劳动力被相对数目较小的其他人购买了，那些购买劳动力的雇主拥有农场、工厂、呼叫中心、分工厂、银行、血汗工厂、超市和大量其他生产单位。无论这些工人是谁，无论他们身在何处，他们都同样为了谋生而替他人劳动。导论将介绍本书的主要思想并为下面章节做好铺垫。本书开始会讲述一些雇佣工人的职业生活故事。

拉扬·巴斯卡尔（Rajan Bhaskar）

拉扬·巴斯卡尔，24 岁，受过大学教育，在自己的家乡印度孟买工作。他受雇于美国信用卡公司——运通公司（American Express），在当地一家运通公司呼叫中心担任客服代表，年薪 3 500 美元，以印度的标准来看，拉扬收入颇丰。实际上，这样的工作在印度颇具吸引力，每份此类工作的招聘广告会吸引 1 000 多名印度大学毕业生前来应聘。由于印度是英国的长期殖民地，拉扬跟其他很多大学毕业生一样能说一口流利的英语，他的工作就是为所有从美国本土打电话来咨询的客户服务。这些客户在打电话更改信用卡期限或者预定新运通卡（Amex）的时候，一点也没觉察到他们是在和地球另一端的一个人通电话。毕竟，老板对拉扬或者说理查德（Richard，他上班时的名字）进行过语言培训，他能用地道的美语（如“Have a nice day”之类的话）跟客户对话。同时，他面前的电脑屏幕适时显示美国当地的时间、天气、主要新闻故事——跟客户交谈时他可以随时使用以上信息，让他们觉得他好像就在美国本土跟他们谈话一样。运通公司在美国雇佣一个像拉扬这样的员工一年须支付 18 000 美元。拉扬的上司拉曼·罗伊（Raman Roy）说：“地理就是历史，距离没有关系。”因为电话通讯是瞬间的事——它“压缩”了空间和时间——对运通公司而言，以在美国本土现有呼叫中心的成本在印度建立呼叫中心，既是可能的又是有利可图的。（来源：*The Guardian*，2001 年 3 月 9 日）

简·麦克唐纳（Jane McDonald）

49 岁的简·麦克唐纳已婚，是两个孩子的母亲。直到 2003 年上半年，她和丈夫都是英国最新也是最著名的生产公司之一戴森公司的 800 名员工中的一员，这些工人都在流水线上工作。戴森公司以其创始人詹姆斯·戴森（James Dyson）命名，最早以生产“无袋吸尘器”而闻名。自90年代中期问世以来，这种强大的、双旋风的“无袋吸尘器”已经成为无数英国家庭购买吸尘器时的首选商品。过去两年间，它开始进军欧洲大陆和美国市场。每天，位于马姆斯伯里（Malmesbury）只有5 420人口的小镇威尔特郡（Wiltshire）的工厂会生产大约8 000台“戴森”。简所从事的流水线工作机械重复、枯燥乏味，可这份工作的报酬足以维持她一家人的生计。但是这也只是过去时了，因为最近戴森公司关闭了，简、她的丈夫以及其他798名马姆斯伯里雇工失业了。工厂将迁到马来群岛（Malaysia）周围的城市，和现在每位工人每小时4.1英镑薪酬相比，那里每位工人每小时的劳动力成本是1.5英镑。另外，很多为戴森生产零件的公司也位于远东。马姆斯伯里的戴森公司工厂关闭对于马来群岛的工人来说是个好消息，但是对简的家庭却是一个沉重打击，因为她和丈夫都靠戴森公司养活。事实上，戴森是马姆斯伯里最大的一个雇主，除此以外，这一地区不太找得到其他工作，简和丈夫现在面临的前景是：长期失业或者长途跋涉去类似布里斯托尔（Bristol）这样的城市寻找工作。（来源：*The Guardian*，2002年2月6日）

鲁本·查科（Ruben Chacao）

年仅10岁的鲁本·查科一周工作6天，平均每天工作11小时。里约热内卢（Rio deJaneiro）城里或者周围有很多贫民窟，鲁本和家人就住在其中一个贫民窟里。白天，鲁本和其他童工一起在通风设施差、摇摇欲坠的工厂里度过。他们的工作是缝制足球，缝制好的足球被运往南欧，贴上销售国国家足球联盟标签，然后体育用品商店以高于制作成本价很多倍的价格出售给当地消费者。实际上鲁本几乎得不到什么报酬，他每缝一个足球只能挣到几美分，他也享受不到巴西合法工人的基本权利。更进一步说，这份工作剥夺了他接受教育的权利。鲁本并不想只为谋生而工作，但是他别无选择，因为父亲向鲁本的老板借了一笔钱而又无力偿还，所以鲁本只得工作并且要一直工作到还清父亲欠债为止。也许到那时候，他将已经13岁，他将会是个熟练的缝纫工，但是却没有任何其他技术。虽然国际足球管理机构国际足联（FIFA）一直致力于遏制足球制造业里使用童工现象，但是却不可能有足够的监控系统来确定很多足球的生产地。同时，巴西政府——无论是国家政府还是地方政府——都缺少资源适当执行法律，宣布雇佣童工为非法行为。（来源：Gerard Oonk, *The Dark Side of Football*, 2001）

贾拉·艾哈迈德（Jarrah Ahmed）

贾拉·艾哈迈德是一名沙特阿拉伯建筑工人，他出生于沙特首都利雅得（Riyadh），并且在这个城市长大成人。贾拉现年40岁，有5个不到15岁的孩子。20世纪80～90年代期间，沙特得益于持续的石油出口总收入，贾拉工作的小建筑公司从来都不缺活儿。但是，90年代后期石油价格下降，加上利雅得供过于求的商业住宅房产，建筑业开始萎缩。急需工资养家糊口的贾拉，只得前往波兰（Poland）的格但斯克（Gdansk）工作。波兰这一前共产主义国家正在迅速融入资本主义世界经济。外国公司之所以将工厂建在格但斯克这样的城市，是因为它们可以利用这些城市的电子流水线和机械工程这些行业里熟练但劳动力成本相对低廉的工人。结果这些工人对新住房的需求激发起建筑业的小高潮。因为当地没有足够的波兰建筑熟练工人来满足这个需求，像贾拉一样的移民工人便填补了这一短缺。贾拉6个月挣的钱足够全家人一年的花销；除了他寄回家的钱，沙特政府还实行一项慷慨的儿童津贴政策，这些钱可以支付孩子们的衣服、玩具和诸如此类的东西。但是贾拉也要为周期性的迁移付出代价：远离家人和朋友的贾拉在波兰和其他不同国籍的移民工人一起居住在简陋的小旅馆里；他只会说最简单的波兰语，为了省钱，他的社交生活十分有限。当他壮着胆子走上街头时，一些波兰人会嘲笑他，他也听不懂他们的语言。贾拉的工头是一个能说一口流利波兰语的沙特人，他告诉贾拉也许这些普通的波兰人很讨厌他这样的劳工移民，因为他们相信“贾拉们”

抢了他们的饭碗。（来源：Samers，未发表）

特里·梯格、布鲁斯·鲁滨逊和塞斯·科尔蒂（Terry Teague, Bruce Robinson & Cees Cortie）

特里、布鲁斯和塞斯都是码头工人。1996 年之前，他们相互间并不认识，他们各自生活在相距千里之外的不同国家，但是从 1996 年开始，布鲁斯和塞斯一起捍卫了特里的工作权利。特里是英国利物浦港的默西塞德郡码头和港口公司（Merseyside Docks and Harbour Company，MDHC）的 350 名员工之一，布鲁斯是加拿大温哥华的码头工人，而塞斯则在世界最大码头综合体——荷兰的鹿特丹港工作了 20 年。是什么将三人联系起来的？1995 年特里和他的利物浦同事被 MDHC 解雇了，1996 年初，特里和其他几位利物浦码头工人工会工会的会员一起派遣代表前往世界各地的港口城市。这些代表们敦促各地非英籍码头工人抵制开往利物浦的船只，以此向 MDHC 施压，恢复被解雇工人的工作。布鲁斯和塞斯都是当地港口的工会代表，1996 年初，他们分别在温哥华和鹿特丹会见了来自利物浦的代表。然后他们各自敦促加拿大和荷兰的工友们一起抵制利物浦船只，配合那一年晚些时候的反抗 MDHC 的国际行动。他们冒着丢掉饭碗的风险做了这样一件事，要知道拒绝装载船只足以让老板解雇他们。除此之外，1997 年，他们还和世界各地其他码头工人一起前往利物浦共同商讨如何采取进一步行动迫使 MDHC 撤销裁员决定。也许他们再也不会相见，但是布鲁斯和塞斯向生活在遥远他乡的工友们展示了他们非凡的忠诚。（来源：interviews conducted for Castree，2000）

相似性和差异性

这些故事向我们说明了什么？最显而易见的答案便是在当代世界有无数出卖自己劳动力的人，但他们之间的差异令人吃惊。上面 5 个故事只是我们知道的众多故事中极小的一部分，故事中有流水线工人、码头工人、建筑工人、电话客服代表以及足球缝制工：他们中有男有女，有成人有孩子；他们中既有受雇者也有失业者；他们中一些人被迫长时间工作却只能得到微薄薪水，一些人在舒适环境里工作且收入比较可观；他们中既有迁移者也有非迁移者；他们中既有加入工会的工人，也有非工会工人。我们故事中的主人公国籍不同，文化背景不同，语言不同，他们几乎涵盖了所谓的“第一”、“第二”、“第三”世界的工人，他们有的是熟练工，有的是半熟练工，有的是非熟练工。这些差异是不可或减的，他们一起构成劳动的社会分工（图 1.1）。这种分工有三种基本方法：一种是区分生产、流通、消费和再生产工人（Sayer & Walker，1992：第二章）。生产指制造产品和服务，流通使这些产品进入市场，消费即售卖商品，最后的再生产指对商品进行维护。如图 1.2 所示，我们可以将他们区分成正式/非正式，临时/永久，家庭/非家庭，合法/非法的雇佣劳动力。最后，在图 1.3 中可以看到，工人还可以分成公共部门和私营部门的工人，私营部门的工人则可以按地方、国家或者跨国公司来区分。这三种划分法相互之间并不排斥，我们如果将三者结合在一起，就可以看到现代劳动社会分工的复杂性。

已经陈述给大家的一个事实是当代雇佣工人都为挣钱而劳动，但是除此之外，面对如此令人困惑的差异性，我们似乎很难确定他们还有哪些共同特点？而且这一事实也不足以成为坚实的依据，让我们把讨论和理解世界范围的雇佣工人现在和将来的日常生存纳入常见的分析框架。我们赞成这一点：它的确不是。但是如果撇开这些显而易见的差异，那些深层次的相似性就会凸显出来。

这些相似性兼具社会性和地理性。从社会意义看，对所有工人而言，出卖劳动力有许多重要含义。例如，工作时间和所得工资（假如此人已经被雇佣）对于工人及其家属的再生产有直接影响。再生产是日常衣、食、住、行及交往过程。正如佩克（1996：39）所指出的那样，生产和再生产“既是分离的又是相互关联的”。再生产主要在家庭和社区进行，如果没有足够的业余时间和充足的工作时间获得报酬的话，所有种类的雇佣工人就不可能维持基本物质再生产（physical re-

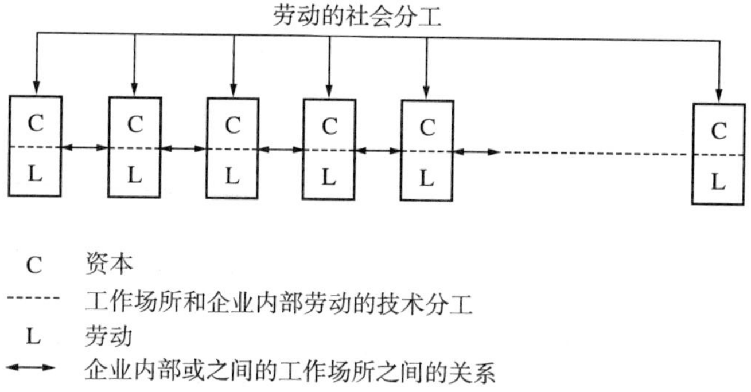

图 1.1　劳动的社会分工（摘自 Sayer，1995：表 3.1）

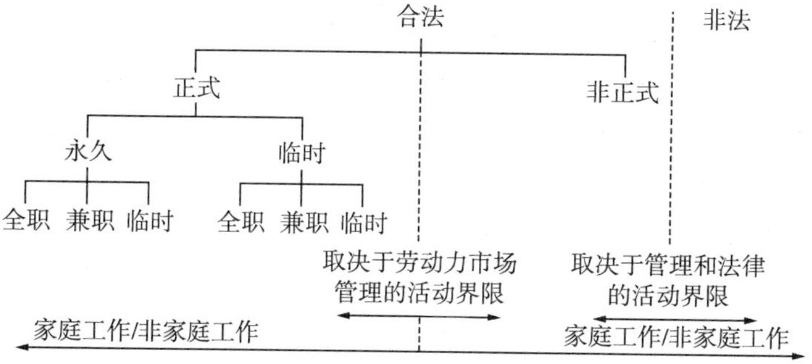

图 1.2　雇佣劳动种类（摘自 Hudson，2001：图 7.2）

production，即足够的食物、住所、衣服和保暖）或者社会再生产（social reproduction，如交友、接受正规教育和培训的自由追求）。同样，当报酬和条件良好时，工人就可以很容易并快乐地实现这两种形式的再生产。这需要当地和国家政府直接的大力支持，正如我们在贾拉·艾哈迈德的故事里看到的。但是当雇佣工人报酬很低，条件很差时，或者当他们（短期或长期）失业时，国家在保证他们的生理和心理生存中就会起很重要的作用。在简·麦克唐纳和她丈夫的故事里，英国“新劳动”政府提供的“求职者津贴”会减轻失去工作给他们带来的痛苦，但可叹的是鲁本·查科，处于一个过度扩展的国家里，其痛苦得不到任何缓解。

在世界范围的工人境遇的社会相似性中，有偿劳动（生产）和再生产之间的关系仅仅只是其中之一。但是，正如这5个故事所表明的，我们只能以地理学的方法来理解这些相似性。这里需要说明三个关键点：第一，我们故事中的主人公是在不同的地方（place）工作和生活的，对于所有大肆鼓吹生活在“地球村”的论调，我们应该保持清醒，因为事实是所有生产（还有再生产）不得不在某一个地方进行：它是以地方为基础的。这是难以消除的地理必然性。商品的资本主义生产——不管是戴森真空吸尘器还是足球，不管是新大楼还是信用卡服务——必须在某些固定的场所进行。例如，美国运通公司现在可以在印度为美国本土客户提供服务。但是拉扬·巴斯卡尔的老板的错误在于认为今天经济活动在某种程度上可以不受地理限制。例如，孟买不可能等同于波士顿，实际上正是两个城市的差异使得运通公司关闭了波士顿的服务中心而去孟买建立了新的服务中心。因而大多数经济活动都具有持久稳固的地方维度。部分原因是雇佣工人不可能在奔波中完成生产和再生产。即使是在21世纪，从家到工作单位的平均距离也只有几公里，虽然迁移工人上班距离远远超过平均数，他们甚至要到远离家乡的地方工作。因此即便是在正在缩小的地球上，实际情况仍然是有偿劳动是很多不同群体的工人在相距甚远、大相径庭的“地方世界”生活和劳动（Meegan，1995）。

前文提到了工人之间的社会差异（如技术、薪酬、行业以及性别等等），这里可以再加上一项：劳动的空间分工（后文我们将讨论Doreen Massey对此的著名分析）。自相矛盾的是，正是工人们所共有的地方性存在使他们在地理上产生差别。但是还远远不止这一点，我们前面所列举的雇佣工人的故事能够教给我们第二个地理课程。21世纪工人之间的相互依赖性越来越强。也就是说，某一个地方工人的行动或者不采取行动会给本国其他地点，甚或国际或全球其他地点的工人带来严重后果。诚然，所有工人相互依赖的方式各异，依赖的程度轻重不一，产生的结果也不尽相同，但是正如我们的故事所表明的，现

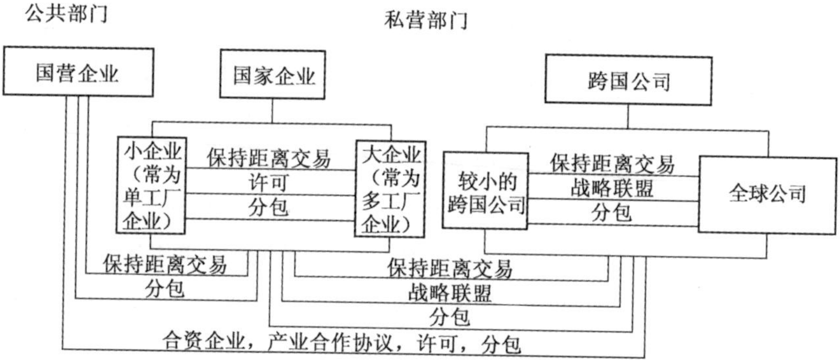

图 1.3 雇佣劳动力组织分类（Dicken，1988：图 1.3）

代雇佣工人，不论喜欢与否，都不得不相互依存。这种基于地方的工人间社会关系会扩展到更大的国家或者超国家空间，形式也更多样化。在拉扬和简的例子中，可以看到地方之间的竞争关系造就了赢家和输家。鲁本的例子比较含蓄地显示了西欧购买足球的工人（请记住工人也是商品消费者）无意间助长了巴西的童工现象。贾拉的故事让我们看到来自一个地方的工人前往遥远的异国他乡工作。在特里、布鲁斯和塞斯的例子里，工人们缔造了合作和团结的国际关系。因此，按地理学观点，当代雇佣工人生存在一个既有地理差异性又有地理相互依赖性的复杂景观中。地方和空间（place and space）的二元性给劳动人民带来很多困境。这些都是地理尺度的困境——我们故事中的第三个地理课程。工人们究竟应该在亚地方（sublocal）、地方还是跨地方（translocal）尺度上思考和行动？工人是否应该强调与其他地方（places）工人的差异以保护本地（local）的工作职位？或者他们是否应该跟遥远地方的工人团结在一起——如我们故事中三位码头工人一样——以增强彼此间的忠诚以及扩大行动范围？如果这样的话，他们应该以何种程度团结，与哪些工人团结？对于在资本主义世界中如何寻求和保留有偿工作（paid work），这些是最重要的核心问题。如我们将会看到的，这些问题的答案都不简单。

我们将在第一部分介绍一个理论框架，这一框架将帮助我们描画工人所生存的21世纪资本主义世界的社会和地理景观。这一部分的三章将会是全书中最长也是最概念性的章节。它们必须是这样的章节。在读完这三章之后，我们的读者应该掌握一些必要的知识工具去理解社会—地理学参量，这些参量构成了当代雇佣工人（paid workers)，反之亦然。接下去的章节里将增加一些概念和事实细节。第二章解释工人所处的社会世界，它确定了资本主义世界里工人可以做什么，不可以做什么。第三和第四章包括了地理学，以说明为什么地方、空间和尺度必须成为雇佣工人存在的一部分。这三章共同合成了来自社会科学非地理和地理部分的见解。学生读者不必惧怕这些理论章节。理论在本科生和研究生中可说是声名狼藉，学生对理论最常见的怨言就是理论太抽象并且脱离现实。但是，就像我们所希望本章能展示给大家的一样，抽象性，准确地说，能够让我们对真实世界做出有意义的陈述。当面临巨大的、动态的和复杂的社会—地理学世界，我们不可能像实验科学家们一样，进行一些可控实验（ controlled experiments)来弄清楚正在发生的事情。我们所能做的只是仔细观察，认真思考，深入细节最终确定事情的根本因素和过程。这就是社会科学的理论化。我们对这个世界相互关联的组织进行概念性切割，希望我们的解剖刀能够让我们分辨这些主要因素。用一个不同的隐喻来说就是，如果没有理论，我们将会只见树木不见森林。在下面三章里，我们将由简及繁。换言之，我们一开始会使用一些概念，将雇佣工人存在的主要方面剥离出来，然后逐步丰富，补充这些概念并使之复杂化。一如迪肯(Dicken，2003：x）所言，“语言的约束使得我们必须对一些非线性事物进行线性处理”。因此，第二章以分析开始，到第四章结束读者应该能够综合性地看待雇佣工人的景观了。但是在开始劳动力理论化之前，我们需要做三件事情：第一，和读者分享一些关于现在的雇佣工人情况的基本事实信息；第二，简要说清我们的理论出发点；第三，解释我们对于与劳动人民的命运紧密相关的现象的观点，即我们对全球化的观点。

表 1.1　2000 年全球劳动力概况

国　　家	劳动力 （百万）	制造业 劳动力成本 （美元　每年）	制造业工人 人均附加值 （美元　每年）
1 中国	756.8	729	2 885
2 印度	450.8	1 192	3 118
3 美国	144.7	28 907	81 353
4 印度尼西亚	101.8	3 054	5 139
5 巴西	79.7	14 134	61 595
6 俄罗斯联邦	77.7	1 528	n. d.
7 孟加拉国	69.2	671	1 711
8 日本	68.3	31 687	92 582
9 巴基斯坦	51.7	n. d.	n. d.
10 尼日利亚	50.3	n. d.	n. d.
11 德国	40.9	33 226	79 616
12 墨西哥	40.4	7 607	25 931
13 越南	40.4	n. d.	n. d.
14 泰国	36.8	3 868	19 946
15 菲律宾	31.9	2 450	10 781
16 土耳其	31.3	7 958	32 961
17 英国	29.9	23 843	55 060
18 埃塞俄比亚	27.6	1 596	7 094
19 法国	26.7	n. d.	61 019
20 意大利	25.7	34 859	50 760
21 缅甸	25.4	n. d.	n. d.
22 乌克兰	25.1	n. d.	n. d.

来源：World Bank，2002，表 2.2. 和表 2.5.（n. d. =无数据）

雇佣劳动力的不均衡地理

在这一阶段我们值得暂时停下来，提醒自己注意一下纯粹的社会和空间不平等成为当代全球经济的特征。也许最显著的问题是：世界上 30 亿雇佣工人大部分分布在何处？如表 1.1 所显示，3/4 的雇佣工人（22.3 亿）在仅仅 22 个国家工作生活，这 22 个国家拥有至少 2 500 万劳动力人口。事实上，世界上几乎 1/2 的雇佣工人分布在四个国家——中国、印度、美国和印度尼西亚——这只是这些国家人口的一个简单反映。更有趣的是，表 1.1 也显示了 22 个国家劳动力成本和生产力的巨大差异，就制造业的劳动力成本而言，从意大利每一年的 34 859 美元到孟加拉国的 671 美元不等。就生产力而言，制造业工人人均附加值（即除成本投入的产品币值）从日本每一年的 92 582 美元到孟加拉国的 1 711 美元之间变化。比工人的数字更有力的是，这些数据开始暗示了世界各地雇佣工人所面对的条款和条件的范围。

理想上，我们将对大范围的一些变量，包括劳动力成本、劳动生产力、技术水平和工会化率进行地理分析，以揭示雇佣劳动不均衡地理的不同方面。然而，现有最综合的有关收入水平的资料使得我们能在从全球到地方的空间尺度范围内考虑不平等，以此方式运用本书的地理学术语（详见图 0.1）。表 1.2 是我们很有用的分析起点，它按照世界银行低一，中一，高一收入国家类别对全球劳动力进行分类。我们从表 1.2 可以看到，全球 30 亿雇佣工人中 75%居住在低，或者低中等收入国家，换言之，就是那些每年人均收入低于 3 000 美元的国家。第三栏显示出国家之间悬殊的收入水平。在 25 个高收入国家，人均收入是 27 680 美元——这是 64 个低收入国家人均收入的 67 倍多！最富裕的国家瑞典的人均收入（38 140 美元）是最贫穷的国家塞拉利昂人均收入（130 美元）的 293 倍，这些差距在进一步扩大。不幸的是，当今世界每 5 人中有 1 人（大约 12 亿）每天的生活费仍然低于 1 美元。

表 1.2　以世界银行收入类别划分的 2000 年的全球劳动力

人均收入	国家数目	总劳动力（百万）	人均收入
低收入（<756 美元）	64	1 115.1	410
中低收入（756～2 995 美元）	55	1 100.4	1 130
中高收入（2 996～9 265 美元）	38	288.4	4 640
高收入　（>9 265 美元）	25	439.4	27 680
总数	182	2 943.2	5 170

来源：World Bank，2000，表 1.1 和 2.2。

图 1.4 映射了世界银行（World Bank）人均收入类别。它揭示的地理学可以粗略地概括成三点：第一，低收入国家集中在非洲撒哈拉沙漠以南地区以及南亚和东南亚地区。实际上，撒哈拉沙漠以南和南亚地区贫困人口占每天人均生活费不足 1 美元人口的 70%（Dicken，2003）。第二，大多数拉丁美洲、北非、东欧和东亚国家属于中低收入国家。第三，高收入国家限于北美、西欧和澳大利亚，明显例外的国家是日本、新加坡，中国台湾和香港以及几个中东国家。因此我们可以清楚地看到全球经济中关于平均收入的宏观地理学。然而，图 1.4 也突出了广区域国家之间的重要变化。例如，在欧盟成员国里，人均收入从丹麦的 32 380 美元到葡萄牙的 11 120 美元不等，随着东欧和中欧国家加入欧盟，这一差距还将急剧加深。

表 1.3 反映出在一些领军经济体中，国家内部收入分布也极其不均衡。我们可以看到最富裕的 20%的人口得到了国民收入的 40%，而最贫穷的 20%的人口的收入远远低于国民收入的 10%，这一点十分普遍。即使在最公平的社会——如瑞典、法国和日本——最富裕的 5%的人口收入占国民收入的 1/3，最贫穷的 5%的人口收入也不足国民收入的 10%。在一些新工业化国家——如马来西亚和墨西哥——不平等现象更严重，前 5%的人口的收入占了国民收入的一半以上，最底层的 5%的人口收入不到国民收入的 2%。1998 年，巴西是收入最不平等

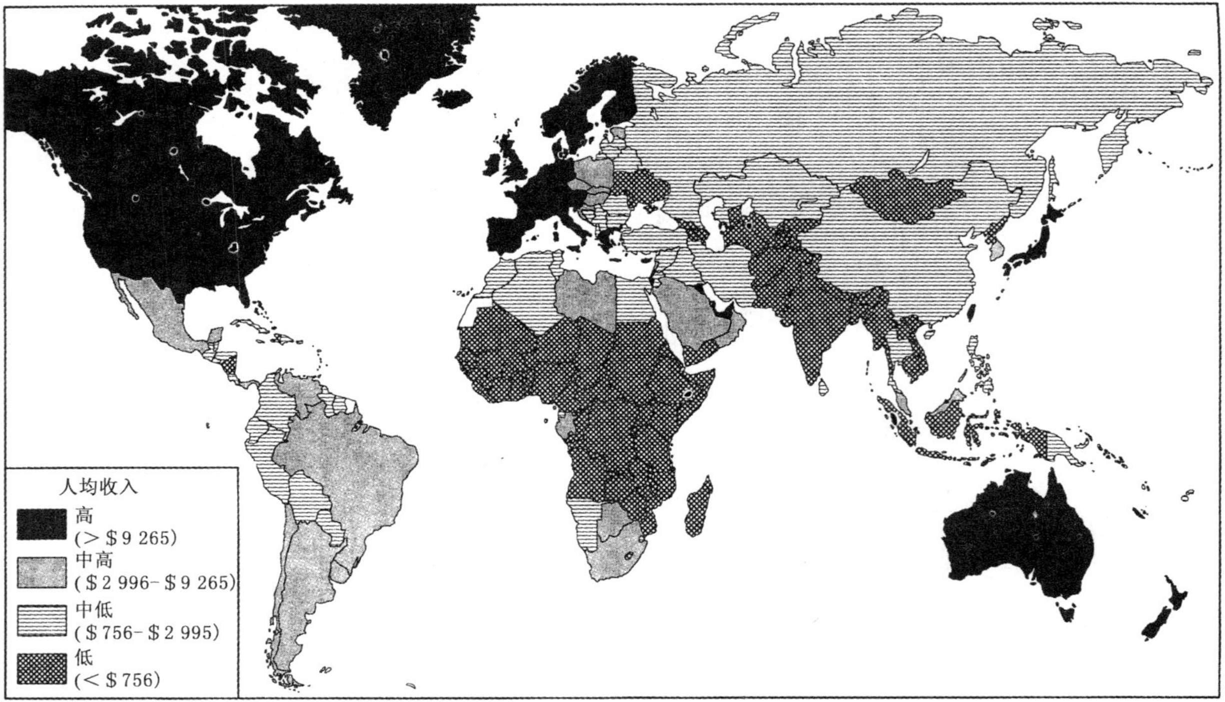

图 1.4　低—,中—,高收入国家分布图

来源:Dicken,2003:图 17.1

的国家，最富裕的5%的人口得到了几乎2/3的国民收入，这使得最贫穷的5%的人口收入只有国民收入的2%。如图1.5反映的英国各地区的情况，这些国内收入不平等有一个清晰的空间维度。这张地图显示出1999年，伦敦的地区GDP人均收入是16 000英镑，而威尔士，英格兰东北部和北爱尔兰等周边地区只有11 000英镑。

收入不平等在地方尺度，尤其是地方尺度上的大城市也很普遍。美国社会学家萨斯基亚·萨森（Saskia Sassen，2001）的著述揭示了所谓的“全球城市”伦敦、纽约和东京等城市的收入不平等程度。例如，纽约的收入不平等的发展比整个美国要快。萨森（2001：270）是这样描述的：

> 纽约是美国收入最不平等的城市，1996～1998年期间，经过通货膨胀调整之后，纽约最富裕的1/5家庭的年均收入是最底层的1/5家庭的20多倍，是70年代后期的两倍多；纽约的中产阶级也失利于富裕阶层，最富裕的1/5家庭的年均收入是中等的1/5家庭的年均收入的4倍多。

表1.3　某些国家内部的收入分布

国家（年份）	最低20%	最高20%
美国（1997）	5.2	46.4
英国（1995）	6.1	43.2
德国（1994）	8.2	38.5
法国（1995）	7.2	30.2
瑞典（1992）	9.6	34.5
印度（1997）	8.1	46.1
中国（1998）	5.9	46.6
日本（1993）	10.6	35.7

续　表

国家（年份）	最低 20%	最高 20%
马来西亚（1997）	4.4	54.3
巴西（1998）	2.2	64.1
墨西哥（1998）	3.5	57.4

来源：World Bank，2002，表 2.8

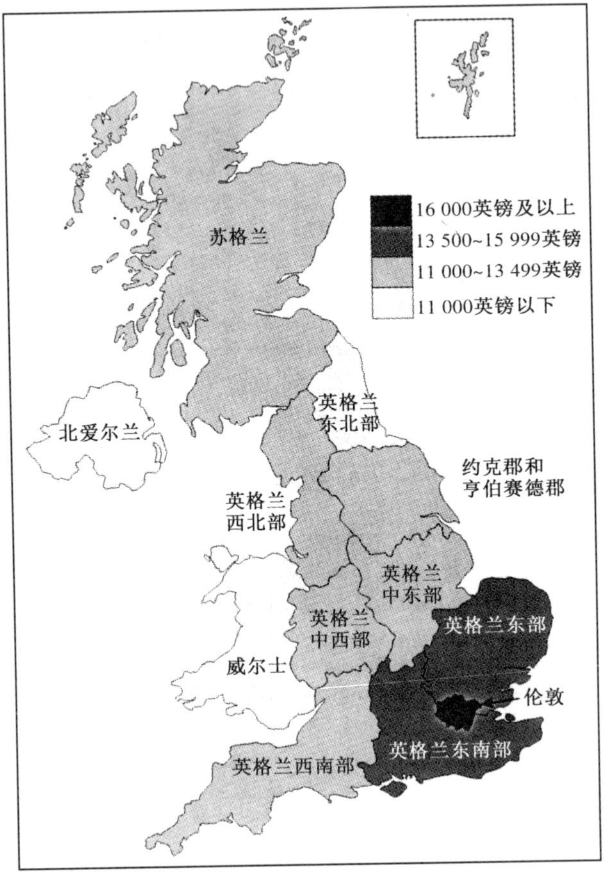

图 1.5　1999 年英国地区人均收入

来源：HM 财政部 2001：图 1.1

最后我们想讨论本书中最小的空间尺度——工作场所。在同样的工作场所，工人得到的报酬和面临的条件有巨大差距。最极端的情况可能出现在上文提及的全球城市中的金融地区。在伦敦城，一个投资银行家每年收入可达 200 000 英镑，相当于一个辛辛苦苦一年只挣 10 000 英镑的兼职保安或清洁工的 20 倍。虽然这两种工人生活在同一个城市，都出卖自己的劳动力，但是在很多方面他们却生活在不同的世界。

这一部分十分简洁，它阐释了遍及全球劳动力的社会—空间不平等的程度。我们可以各种地理尺度来考虑这些不平等。一般说来，我们可以看到北美的工人比撒哈拉沙漠以南的非洲工人富裕，德国的工人比起葡萄牙的工人，日子要舒适多了。同样，英格兰东南部的工人比东北部的工人富裕，尽管这是地方尺度上的不平等。即便是最富裕国家的最富裕城市里，大量工人仍然处于贫困之中。雇佣劳动的不平衡地理既是细致的，又是深刻的（cuts deep）。然而，批判地看，就本书的论点而言，工人不是孤立存在的，甚至远非如此，工人的命运，在不同的空间尺度上，实际上是紧紧联系在一起的，这种相互依赖，取决于具体的背景，可以产生积极影响力也可以产生消极影响力。

起点：全球资本主义还是全球化?

敏锐的读者已经观察到本书的题目里并没有包含“全球化”一词，而在最近出版的关于世界工人的书籍中该词已经成为一个习惯性用语。正如政治学理论家戴维·赫尔德（David Held）和他的同事在他们的开创性著作《全球转变》（*Global Transformation*）中所注解的：这个词“如果还没有变成我们时代的‘陈词滥调’，那么它就正处于这样的危险之中，这个所谓的大观念包含一切，但实际上它并没有真切地探究当代人类的情况”（Held et al.，1999：1）。我们很赞同他们的观点，全球化已经迅速变成一个“热热闹闹”的概念。可以肯定的是它已经充分体现了新千年突出的人类社会关系的广度、强度、速度和影响力。但是这个术语业已成为“乌烟瘴气的各种观点相互冲突的场地”

(Dicken et al.，2001：89）和学术界各路豪杰格斗厮杀的阵地，赫尔德等解释说关于这些现象至少有三个观点。管理学专家大前研一（Kenichi Ohmae，1995）之流的“超全球化派”（Hyperglobalists）坚持认为我们正处于一个定性的新时代，它的特点是大多数地方和人群在环绕全球的经济、金融和文化关系中“深度融合”。相反，“怀疑论者”——最著名的是政治经济学家保罗·赫斯特和格雷姆·汤普森（Paul Hirst & Graeme Thompson，1996）——他们认为我们只是见证了一个旧现象的新阶段而已：这个旧现象就是国际化。最后，“变革者”，如安东尼·吉登斯（1990）认为全球化趋势正在进行中，但是它们还没有，也许不能产生一种完美融合的全球经济体、政体和社会。

我们无意评判这些相互冲突的观点。这三种观点都各有依据，这也是为什么关于全球化的争论最终会陷入一个死胡同的原因。很清楚的是“外面”正发生着一些事情，同样清楚的是，它与全世界工人有关。在我们看来，运用术语全球化来作为分析手段，将无法使我们理解历史上这个时刻劳动力的社会—地理情况。我们反而更倾向用一个比较老的术语“全球资本主义”（global capitalism）——这是20世纪60年代到80年代末期社会科学家比较常用的一个术语。我们认为这一概念可以帮助我们更深入地分析问题。全球资本主义告诉我们，关于我们生活和劳动的这个世界，我们真正需要了解的东西是什么。这是一个资本主义占主导地位的世界，这一点似乎无可争议。我们运用古典马克思主义意义上的术语资本主义来指以“为积累而积累”为原则所预言的生产商品和服务的模式。在这个星球上几乎没有一个地方不运用这种生产模式。就如马克思（1857：43～44）所言，我们认为资本主义是“用它的色彩给其他所有色彩着色，并使所有事物都打上资本主义烙印”。20世纪80年代后期，随着苏联国家共产主义和东欧集团解体，资本主义生产体系几乎再无任何强大的经济对手了。

这并不是说资本主义“无所不在”（all there is），从地理学角度看，它也并不意味着资本主义全球化，一如大前研一等人所指。本书的论点之一是不管一些社会关系如何“全球化”，地方差异、不均衡的地理发展和地方特殊性仍然存在。“全球资本主义”实际上是众多的人，商品和信息流连接起来的“地方资本主义”的结合。这些流（flow）绝无统一标准，它们在不同的地理语境中具有不同意义。因此我们用“全球资本主义”这一术语来说明一个事实：资本主义是当今世界范围的“正常的”经济体系，而不是说世界上所有地方和国家都同等地并统一地卷入了全球化。如果不是为了更高雅一点，我们也许可以用一个更好的词组“跨地方资本主义”（translocal capitalism），这一词组可以更确切地表示许多为了利润而生产商品和服务的地方之间有一定距离但又有不同的联系，从尺度上看，有些联系是国家内的，有些是国际的，还有一些是全球的。在米兰或纽约这样的城市，后者是主导性的；而在有乡村感觉的尼泊尔或者阿曼这样的偏远地方，它们之间的联系就远不能达到国际的或者全球的水平。

而这些并非只是经济联系，但在我们看来，处于事物核心的正是这些经济纽带。包括了文化、政治，甚至环境的“全球化”术语（见Held et al，1990）——将分散我们的注意力，使我们忽视这个重要事实。无论全球化怎样描述真实世界的变化，我们仍然生活在一个具有资本主义游戏规则的社会—地理的世界。有趣的是，反对全球化影响的大规模公开示威游行——从1999年西雅图的世贸组织会议的分裂开始——被公认为“反资本主义”抗议。实际上，2000年英国最近一次发起于伦敦的劳动节抗议被称为“反对资本主义的狂欢节”。在资本主义世界，企业是最基本的经济单位，这个合法外壳包含着一个或一个以上的工作场所，这些工作场所生产、运输、销售或维护商品，或服务。这些企业共同组成不同的经济部门，而这些经济部门反过来又推动资本主义发展。我们重点讨论资本主义并不是想与经济决定论有所瓜葛，经济决定论是现在颇受质疑的一种论调，它认为我们生活中的非经济方面最终（in the final instance）从属于经济方面。相反，我们把资本主义看作马克思所称为的“一种生活模式”。这意味着追求利润的商品生产侵入我们存在中很多看似根本不同的组成部分，也影响了如此众多的制度，以至于我们根本无法相对或者绝对孤立地理解“非经济”范围的事情。资本主义和非资本主义相辅相成。下面章节中我们会反复看到这个现象。

一个词的政治学：全球化神话

说到此，我们并不想完全抛弃全球化这个概念，但我们对这个概念的兴趣在于把它作为一个研究对象，而不是分析手段。戴维·哈维（1995：1）颇有深意地提出我们应该考虑的问题：“我们论述中为什么会选进全球化这个词汇？谁将这个词汇置于此，为什么？全球化这一概念是如何被运用的？”这些问题很精辟，它们使我们更多地关注全球化这个工具让人们相信自己生活在一个永不停息、无可抗拒的流动之中的超级融合的世界；而不会过多注意全球化作为一个描述符号，在描述真实世界的变化时，其精确度如何。用政治科学家巴里·基尔斯（Barry Gills，1997：12）的话说：“虽然打着可能客观或者纯粹分析的幌子，全球化还是一个极其政治化的概念。”

乍一看这是一个奇怪的论调。毕竟，全球化只是一个用来描述一系列世界的关系、事件和过程的术语。也许有人会问，单单一个词的政治性何在？这个词又能服务于什么人的政治利益？答案在于具体的一些意思跟全球化联系起来的方式以及一些企业、管制机构，甚至有时候工人们自己是怎样使用这些意思的。如迪肯等指出的：“定义并非只是语义错误。”“全球化”这一术语产生的意思以一系列神话的形式表现出来。这些神话有一点真实性，但是重要的是这点真实性被夸大得远远超出使得它存在的事实了。正因为如此，它们似乎只能呈现出自己的面貌，而顾及不了如何精确地描述当代社会—经济变化。我们希望能揭开六个全球化神话的面纱，因此在某种重要意义上本书是反对全球化神话的。

第一个神话是我们生活在一个越来越“无国界”的世界（Ohmae，1990）。这个神话跟那些想将企业迁移的限制最小化，减少贸易壁垒，使资金流量自由化的人有关系。全球化常被用来说明地方越来越不重要，愈发重要的是企业不断增强的能力，能在全球迁移或者通过瞬间通信技术打破空间束缚的资金和人力，就如英国电讯公司曾有一个著名的广告："地理就是历史。"然而，就如本章已经说明的，"无地方"（placeless）世界只是虚幻的现象，并非事实。不管公司流动性多强，工人可以如何自由迁移，也不论通信技术如何使地球缩小，"地方"对生产、再生产和消费仍然起重要作用。简言之，甚至全球化"也要以地方为基础，在具体地方表现出来"（Merrifield，1993：520）。第二个相关的神话就是全球化是一种远远高于（stand over and above）不同地方和人群（peoples）的不可抗拒的力量。该神话颇受一些大企业和几位主要政治家的青睐。曾经担任新加坡财政部长的理查德·胡（Richard Hu）博士经常重复的一句话"……我们除了打开国门，在世界市场竞争以求生存和发展之外别无选择"（Dicken，1998：xiii）听起来实在太熟悉了。最近，微软英国公司（Microsoft UK）主席尼尔·霍洛韦（Neil Holloway）也响应了这样的观点："全球化"，他宣称道，"即将到来，你无法阻止，你只能顺应潮流"（*The Guardian*，2002.4.6）。这使人联想到席卷一切的潮水，简言之，就是你必须顺应它否则就只有死路一条。这一意象意味着地方和人几乎无法控制自己的命运，而非适应全球化并希望有最好的结果。

第三个神话是全球化意味着民族国家的消亡。无法将自己的公民和经济体与外界力量隔离，民族国家只能调整，而无法管理或者控制国家之间的人员、信息和商品流动。这只是一个神话，因为正如我们在第四章将要说明的，它只是部分正确的。虽然近几年民族国家的相对权力有所改变，但是如果说国家权力被绝对削弱了，那就过于简单化了。相反，可以说有一个向上或者向下国家权力尺度重组（rescaling state power）的过程（Jessop，1993）。一方面，考虑到在吸引和保持外来投资方面各地方差异的重要性，民族国家经常将权力下放到地方层面。另一方面，不断增强的地方相互依赖性催生了对规范空间关系的跨国家的国家制度（transnational state institution）的需要（我们将在第四章探究这一点）。综上所述，也许更精确地说，作为管制团体的民族国家仍然很重要，但它们是在复杂的亚国家和超国家的国家权力范畴起作用（Weiss，1998）。

让我们再看看剩下三个具体关系到工人的神话。其中第一个是关于工人的脆弱性的神话。如皮文和克罗沃德（Piven & Cloward，2000：413）所言："全球化似乎破除了一个世纪以来对于工人权力的信念。"支撑这个神话的理念——现在企业超级灵活（hyper-mobile）而工人却受限于地方（place-bound）——使之将全球化描述成"逐底竞争"。公司越来越有能力采用地理上"分而治之"的策略来"挑拨离间"工人。与此相关，因为最近几年世贸组织（和其他组织）已经减少了对贸易壁垒支持，现在有一种观点：全世界的工人处于比以往任何时候都要开放和紧张的竞争关系中。认识到其他地方的雇佣工人能够更高效地生产商品，而且薪酬更低，那么全球化就是强迫工人进行"让步谈判"（concessionary bargaining）。在此局面下，雇主可以用关闭企业或者另外选址建厂等威胁手段迫使一个地方的工人同意降低薪水、条件和放弃工作场所应有的权利。在佩克（1996：240）看来，这是一种有着损人利己行为的冷酷世界——一个"霸权专制"的世界（第五章将批判性地讨论这个概念）。

第五个神话跟第四个有直接关系：廉价劳动力神话。企业有能力在几个可能的生产场地进行选择，于是最终将企业建立在劳动力成本最低的地方。这可以追溯到20世纪60和70年代，一些跨国公司（TNCs）从西欧和北美迁往远东地区，从而出现了"新国际劳动分工"（Frobel et al.，1980）。因为资本主义企业的地址决策（locational decisions）远比单纯寻找廉价工人要复杂得多，因此这个神话就显得异乎寻常。尽管要考虑管理环境，地方的相对位置，但工人的技术水平，工人的顺从、主动性和工作效率还是非常重要。尽管如此，廉价劳动力的神话具有强有力的影响力，当劳动力成本在"第一世界"、"第二世界"、"第三世界"各地方之间差异显著时，"工人的战争"会普遍存在，这个神话业已成为这场战争的简称。

现在来看最后一个神话。不管是支持工人还是支持企业的文献中都可以发现这一神话。在这个神话中，如果工人不顺从严酷的全球化，那么他们就必须扩大自己的行动范围以抗衡破坏他们幸福的跨地方（translocal）的力量。特恩布尔（Turnbull，2000：383）这样说道："如果工人无法制定应对全球化的全球措施，那么全球化常常让我们看见的就是在资本流动的过程中，无能为力、任人宰割的工人形象……"这里的意思是如果不同地方的工人团结在一起，他们就能够行动起来阻止企业或者某些管理机构挑起的工人内斗。

的确，正如我们将在第八章看见的，最近几年已经有一些将各民族国家内部或之间不同地点的工人联结起来的创新实验（见 Wills，1998）。国际或全球性工会组织，如国际自由工会联合会（ICFTU）的存在，给这些实验提供了坚强的后盾。然而，虽然有这些跨地方实验，今天雇佣工人必须扩大他们的行动范围以争取更好的报酬、条件和权利这一想法仍然只是一个神话，其原因如下：首先，基于地方的工人行动不再是必须的或者足够的。我们将在第六章专门讨论这一点。另外，这个神话表明工人只能跟其他地方的工人团结，才能最好地服务于他们的利益。我们想再次证明事实未必如此，因为"利益"不是绝对的，它取决于空间尺度。赫洛德（2001：6）说得对："工人存在的地理语境不同，他们的利益就会发生很大变化。"这个"扩大"神话将工人的未来押在构建地方之间联盟之上，其实这一构建过程常常是痛苦不堪的。仅仅因为工人之间的相互依赖达到前所未有的程度，地方之间的工人团结就一定会自动出现，我们认为未必如此。

如果把六个全球化神话集中到一起，我们会看见它们是怎样形成相互促进、相互强化的一组信念的。虽然每一个神话都含有一点真实性，但是它们都将这点真实性夸大其词。就像所有神话一样，它们"忽视了这个世界的混乱以及由此引发的种种不便"（Jessop，2001：444）。因此，我们对它们的兴趣不在于其本身的精确性/非精确性，而在于它们是怎样影响特定的社会和地理议程（agendas）的。正如前文提到的，跻身最早提出疑问的批评家之列的哈维（1995：1）提出他的问题："在政治上如何使用全球化这一概念的?"下面两个原因可以说明这个问题好在哪里。首先，它让我们注意到一个现象：不管概念描述事实的精确性如何，它都可以具有自己的生命力；吉普森·格拉哈姆（Gibson Graham，1996：120）尖锐地指出，概念如果被广泛传播，它就会具备一种“表演性”，从而创造出虚假的现实。第二，哈维的问题让我们思考，假如当工人和社会卷入上述六个神话时，谁会是真正的受益者？答案很明显，最大的受益者是某些企业或者支持企业的管制机构，因为六个神话都将工人置于不利的处境。它们让人联想起全球化就是“变革的海啸”（Herold et al.，1998：3），工人身在其中，却几乎没有权力或者话语权，除非他们做出艰苦卓绝的努力，进行跨地方组织。从这层意义上说，全球化神话对于那些想要尽可能榨取基于地方（place-based）的工人血汗的企业和机构在政治上显得极为有用。这恰恰是我们对这些神话进行批判的原因，本书的论点是雇佣工人的前景并不像全球化神话力图让我们相信的那样灰暗。

然而，在充分论证这个论点之前，我们需要提供一个分析框架以帮助大家弄明白资本主义世界里工人的机遇和限制究竟是什么。在下一章开头，我们会先解释决定雇佣工人的一些社会参量，第三章和第四章里会在地理学上纳入这些参量。从一开始我们就应该声明我们的理论框架绝对不可能包罗万象（综合性的）：没有任何一个理论框架能做到这点。例如，近期一些著述质疑“身份……工作场所文化、符号和工作和工人的代表的散漫构建，以及关于工作场所的生产和再生产中的性别和权力的不平等”（McDowell，1999：146），我们对此着墨不多；一些学者已经开始总结工人们怎样应用笑声、聊天及其他策略反抗雇主（综述请参阅 Auster，1996），我们也未涉及他们的作品。我们也没有考虑特定工作形式要求个体某种形式的感情投入——一个微笑、一声大笑或者一个叫喊——或者某种美学投入——一种特别的服装、发型或者“表情”——这一切都意味着工人们以工作的名义付出更多（Auster，1996）。然而第一部分应该给读者提供基本的工具，让他们理解现代世界里雇佣工人身上发生的事情，他们怎样应对，为什么在此过程中地理学至关重要。

第一部分　劳动力地理学

第二章　劳动力的社会关系：在资本主义世界工作

雇佣劳动是一种社会活动，绝非只是将材料组装起来、制造商品，或者运送商品服务这样的干巴巴的技术过程。即便是最平凡乏味的生产行为也表明雇佣工人处于与他们的雇主及工友之间纵横交错的社会关系之中。它也蕴含着雇佣工人跟工作场所之外的群体和机构的联系，更不必说与性别、民族、年龄之类有关的很多非资本主义社会差异了。本章要探讨的正是这些社会关系、制度和认同感群集。在逐一探究社会差异和划分之前，我们先要明确一些雇佣工人的共性。事实上，雇佣劳动的社会维度离不开它的地理纬度。然而，出于清晰度的考虑，我们将在第三和第四章探讨后者。

资本主义劳动力定义：作为伪商品的工人

从全世界数百万的工作场所和企业的明显差异提取一下，一个能够制约这些活动的根本逻辑就显现出来了，这就是日常被称作“资本主义体系”的逻辑。这一体系存在于无数产业内部，由工人和国家实体共同构成，它既是他们活动的前提条件又是结果。它采取下面的形式出现：

$$M \ldots C \begin{cases} MP \\ \\ LP \end{cases} P \ldots C^{*} \ldots M + \Delta$$

在这个体系里，由企业主（资本家）出钱（M）购买两种商品（C），即 MP（生产途径：厂房、机器、原材料等）和 LP（工人的劳动力）。然后生产过程（P）生产出新商品或者商品（C^{*}），商品再分送到各地并以原始成本加利润（Δ）之后的价格销售给消费者，利润的一部分再次投资以进行下一轮生产，如此循环不已，最终完成资本积累的过程。

区别这种生产商品和服务的方式与过去和现在的其他生产方式的几个关键点如下：第一，资本主义主要以增长为导向，其目的是谋取更多利润，所有其他目的都从属于这个高于一切的目的。第二，资本主义本质上就是竞争性经济体系。在不同经济部门，很多企业竞相将自己的商品售卖给消费者，只有少数垄断性经济部门可以免受竞争之苦。第三，这种竞争伦理激励企业不断创新产品和生产过程，使成本更低产品更好，这样企业才能赚取更多利润，同时击败经济对手。

因此资本主义的生命源泉就是增长、竞争和创新。这是一种极其有活力但又动荡不安的生产方式。那么这与雇佣工人的关系何在？如图所示，劳动力是生产过程的一种投入，是最终资本积累的一种方式。更具体地说，它以商品的形式存在，正是这一点使得资本主义体系内的工人和非资本主义体系内的工人迥然相异。所有商品都有使用价值（即使用功能）和交换价值（即价格）。工人的使用价值就是他们的劳动能力——即在特定时期用特定技能完成工作场所的任务——作为回报，雇主会给以报酬。跟奴隶制不一样，因为资本家只购买他们的劳动能力，并没购买他们的权利。

现在来看看资本主义雇佣劳动力和“真正”商品的不同之处。大多数商品是无意识的，不管是汽车、电脑还是纸夹，它们都是人工制作的物品，公司可以视其所需任意处置；但是劳动力不同：它实际上是伪商品。迈克尔·斯多波和理查德·沃克（Michael Storper & Richard Walker，1989：155）做了这样的描述：“劳动力和真正商品的巨大差别就在于它是活生生的有意识的人……”这有三点含义：第一，劳动力仅仅只是暂时性的商品——不包括那些极端的令人烦恼的抵押或者合同工的情况（Bales，1999）。每个工作日他们以商品形式出现，但是这改变不了一个事实：即他们并非天生就是商品。雇佣工人是人而不是桌子或椅子，因此他们需要快乐、食物、住所、娱乐、健康以及其他所有生活元素。这意味着他们和其他投入资本主义生产过程的商品不一样，他们有不可削减的需求以及很多需要（尽管也许这些需求实际上并没有得到满足）。第二，因为雇佣工人在生理上和心理上都是具备独立思考和行为能力的复杂的人——再与常见商品对比一下——所以他们有自己的能动作用（agency）。用雷·赫德森（Hudson，2001：220）的话来说，“工人是活跃的主体，而不是被动的客体……”也就是说，在一定制约之下，他们可以决定在什么条件下愿意为雇主工作，工作到什么程度，工作多长时间（社会科学家安东尼·吉登斯曾经总结了有关社会能动作用的著名理论，我们将在第六章讨论）。最后，这意味着雇佣工人——不像其他商品——必须和他们的雇主一起进入一种社会关系，也就是马克思所说的阶级关系，这是因为工人的伪商品身份使他们作为一个社会群体，与购买他们劳动力的数量相对较少的资本家是极其不同的。这种关系既存在于工作场所内部又存在于其外部，内外两种关系结合便有了劳动力市场这一定义：即劳动力供给与雇主对劳动力的需求在质量和数量上达到一致。有时候直接在工人和雇主之间达成一致，有时候则通过所谓的“劳动市场中介”来使之达成一致。

资本主义生产过程中的劳动力

了解劳动力作为商品的特殊性能够帮助我们理解它在资本主义生产过程中的特殊位置。在投入生产的商品中，唯一不能被雇主当作物品的就是劳动力。因为劳动力被实体化而产生的雇员—雇主关系既是必要的又是不确定的，这种关系既是一种要求又是一种障碍。换种说法就是在资本主义社会，雇主和实际的或者潜在的雇员之间的关系是一种既合作又冲突的共同依存关系，二者就像硬币的正反面不可分割。但是为什么会形成这样的关系呢？

原因在于资本主义“规则”怎样借助雇主和雇工不同的目标和目的，使他们各自处于不同的位置。资本家的目的在于挣钱，这是他们的政治理由。在他们看来，工人既是生产成本又是必要的生产投入。即便在今天，工资仍然是世界上大多数企业最高的成本。同时，从大多数生产过程中去除雇佣工人是不可能的，也并非资本家想要做的事情。一些如飞机设计、房屋建造等生产任务是机器、电脑之类无法承担或者只能承担一部分的任务。就像斯多波和沃克（1989：160）所说：“劳动力，作为生产中的（重要）因素……不可能完全被替代。”在任何情况下，一般而言，如果资本家大量削减劳动力，那么他们就将失去较大的市场：也就是普通消费者（因为工人不仅仅挣钱，他们还要花钱）。因此所有企业都需要足够数量能够胜任工作的工人，一方面完成生产任务，另一方面购买作为他们（以及他们的家庭）再生产的一部分的商品。

虽然如此，但是对于在竞争环境中运作的个体企业而言，追求某些或者所有未必符合所有雇员利益的策略是很明智的做法。其中一些属于工作场所策略（见框 2.1）。其中一个策略就是压低工资；另外一个策略是用更有成本效益的机械来取代现有工人，或者在企业内部进行更能体现效率的任务分工；还有就是对劳动力进行最大限度的控制和监控，这样就使得每一个工作日，他都能够尽可能按照要求工作。还有一些策略就是调整企业内特定工作场所的“界限”，可以在企业内部实施工作场所之间的任务转换，或者将任务转包或外包给其他企业的工人。还有各种各样的策略，很多都是在工作场所之外的（如几个企业一起向政府施压，要求政府按照他们的利益来修改劳动法）。皮文和克罗沃德（2000：149）将这些策略统称为资本家的“权力清单”。这些策略因企业和经济部门而异，因为资本家寻求以最低成本（未必是便宜的）榨取工人最多的血汗。这些策略在企业状况良好（如戴森公司）以及不好（如 2001 年中时，由于欧洲手机市场供过于求，电信巨头摩托罗拉（Motorola）突然解雇了 3 000 名苏格兰工人（*The Guardian*，2001 年 4 月 25 日））时都起作用。有些企业单独实施策略（如戴森公司），而有些则是一些企业的集体行为（例如通过英国工业联合会这样的雇主组织）。

框 2.1　工作场所的雇佣关系

工作场所的雇佣关系——以及外部的——是双向或者“双边”关系。在所有工作场所都有下面所列雇主—工人的紧张关系：

工人自治	管理控制
培训和技术发展	无培训，低技术
高薪	低薪
较短的固定工作时间	较长而不固定的工作时间
晋升机会	无晋升机会

续

工作安全感	无工作安全感
全职身份	兼职或者临时工身份
非工资待遇（如公司津贴）	无工资之外的待遇
良好的工作设施	设施差

当雇主想要降低劳动力成本时，他们就会强调右边一栏的属性；而当他们希望提高劳动生产力时则强调左边一栏属性。另外，在同一个工作场所或者一个企业的不同工作场所内，因为在生产过程中所处地位不同，工人待遇也不同。（改编自 Gough，2001：19）

为保证以合适的价格招聘企业想要的工人并让他们在适当的生产力水平下进行生产，企业常采用大棒加胡萝卜策略，二者孰轻孰重因情况而异。这在一定程度上取决于工人愿意并且能够遵从雇主的要求的程度。一方面，工人需要雇主。在当代世界，无偿工作（non-waged employment）与有偿工作相比，机会相对较少。虽然我们很少停下来思考，但是我们得承认多数人在度过他们的童年和青少年时代后，除了成为雇佣工人之外，别无其他选择。事实上，大多数人早年的很多时间都花在这些事情上——如上学——为他们以后的雇佣劳动生活做好准备。年轻人实际上就是“等待中的雇佣工人”。但这并不意味着潜在的和实际的工人缺少选择或者说他们完全听命于资本主义企业（虽然在本书后面将会看见很多工人在特定的时间和地点的确处于这样的状态）。就如我们已经说过的，工人有自己的能动作用。雇主需要工人（反之亦然）这一事实使得后者能够在一定程度上潜在地控制劳动条款和条件。工人也同样拥有“权力清单”，他们也可以在工作场所内部或外部使出这些杀手锏向雇主施压（如举行罢工）或者支持雇主（如愿意接受再培训或者重新安置，见框 2.2）。看一下后者的权力清单，我们发现工人们可以在个体工作场所和企业内部或者企业之间追求这些权力。在历史上，工会为工人的权力清单提供了通道。

框 2.2　权力清单

皮文和克罗沃德（2000：413）说："'权力清单'在历史上和地理上都是劳资双方分别或一起采用的显而易见的权力策略。"让我们暂且把时空特殊性抛到一边，先区分一下雇主及其雇佣工人所采用的不同种类的权力策略。第一，首先要区分的是物质策略和非物质策略。对于前者，我们可以举出两个例子：比工人更有效率的新机器和抵制雇主的罢工。在后一种情况下，一方为了使另一方同意新的安排（如冻结工资或者缩短工作时间）常常采用劝说的策略。第二，我们可以区分工作场所策略和非工作场所策略。就后者而言，一个很好的例子就是公司或者工会向政府施压以改变雇佣法。第三，我们要区分的是增值策略和非增值策略。与前者形成对照，后者是突然"冒出来"的策略。比如我们前面提到的摩托罗拉公司解雇3 000名苏格兰工人事件，他们根本不让对方有思考和行动的时间。第四，我们可以区分正式策略和非正式策略。正式策略是完善而合法的策略；非正式策略大都具有原创性和/或者值得怀疑的合法性，比如工人破坏机器或者雇主违反最低工资制度就属于这种情况。第五，这里要区分的是应对策略和主动策略。前者指一方在另一方占上风时采取的抵制措施，而当另一方相对较弱时采取的控制措施。最后，仅仅针对工人，我们要区分调解和改变策略。前者旨在在资本主义世界经济范围中为工人争取最佳交易条件。后者更加激进，努力让工人脱离资本主义。理论上，这一点要通过革命来实现（见前言中对此的评论），或者说得低调一点，在资本主义继续存在期间，通过工人从资本主义分离出来并寻求一种不要工资的谋生方式来实现（见第六章）。在所有情况下，雇主和雇工的权力相互作用都只是相对而非绝对的。正如赫尔德等所言："要把权力理解成相关联的现象。"因此某一时间对某一个地方雇主和工人有用的策略在另一个时间换一个别的地方，也许就没有同样的作用。关于权力及反抗理论的调查可参阅夏普（Sharp，2000）等的引言。

框 2.3　雇主和工人组织

为了使不同尺度的工作场所、企业和行业内部或它们之间的雇主—工人关系更规范，关系的双方都发展了自己的组织和机构。雇主一方机构有两种主要类型。第一，将某一特定地方大范围的企业利益集中起来的机构。它们可能是地方型机构，如商会（Chambers of Commerce）；或者是全国性的，如英国的英国工业联合会（CBI）。第二，有很多像英国的计算机服务和软件协会（CSSA）那样的以部门为基础的行业协会；尽管是典型的基于国家的组织，但这样的机构也可能是国际组织的成员。例如，世界资讯科技和服务联盟（WITSA）就包括世界范围内 40 多个 IT 行业协会成员。而工人一方则有三种主要组织机构。第一，工人可以成为专业机构、协会或行会的成员，这些机构可以代表并授权特别才能和技术。英国皇家建筑学院（The Royal Institute of British Architects）就是这样一种机构。第二，工作场所内各种形式的工人委员会为雇工提供机会，代表他们将集体观点反映给管理方。正规的“劳资委员会”（Works Council）越来越流行，它们可以形成广泛的网络，使得多工厂企业工人能够分享信息，威尔斯（2000）所描述的欧洲劳资委员会是个很好的例子。第三，最重要的是，不同形式的工会给集体组织提供了重要工具。

需要注意的是不管是资本家还是工人都不可能自由地使用理论上可以任意支配的所有权力清单。首先有**结构约束**在起作用，这些限制是现行宏观经济和制度安排所设置的资本家和工人行动的障碍。例如，一个国家会对工人罢工设置非常苛刻的条件，如果没有达到这些条件，那么工人罢工就属于违法行为。其次，应该注意被理论批评家安东尼奥·葛兰西（Antonio Gramsci）称之为**霸权**的重要性，这一点十分关键。霸权就是掌权的社会群体如何使得从属于他们的社会群体赞成他们的议程。霸权思想看上去得到普遍认可，不是因为它们本身就是合理或者公正的，而是人们被社会化之后认为应该接受这样的思想。举个例子，前言中已经谈到的工人必须顺从全球化力量就是一种看似正常的霸权思想。霸权思想以这种方式限制雇主和工人的“许可的”或者“可完成的”行动。换一种说法，霸权通过社会上大家认为理所当然的话语发挥作用。因此，例如，如果全球化对于一些工人来说是不可抗拒的，那么他们在面对雇主冻结工资的压力时，就只能屈服，而不会采取积极的态度去抗争。

另外，压力和支持之间的平衡因情况而异。在这种合作和冲突构成的多变的几何结构之下，工人凭借自己在资本主义体系所处的位置，的确拥有共同利益。以下三点非常显著：

- 第一，最低限度，他们要挣一份“最低生活工资”。这份薪酬能够满足工人及其家属最基本的物质和社会再生产要求。随着时间空间不同，生活成本发生变化，最低生活工资也会发生变化。在第六章我们将看见，很多地方已经爆发了争取最低生活工资的运动，这些运动将工人和当地其他社会群体联合起来了。

  工人家属的问题强调了资本主义世界里寻求和保证有偿工作的重要性。如果没有一份工资，工人及其他们的丈夫、妻子、爱人、孩子或者其他亲戚只能勉强度日，这反过来又会破坏他们未来的就业前景。如此一来，大量领取养老金的退休人员生活将难以为继，因为他们的一部分养老金来自现在的工资。然而，资本主义的“逻辑”之一就是要造成短期或长期失业！正如前文所述，为了生存和/或中短期发展，企业所采取的合理策略就是解雇现有工人或者将来雇佣更少的工人。所以我们这里所说的就是在资本主义社会有一条线将四个社会群体联结在一起，即雇佣工人、雇佣工人家属、退休人员和失业人员，这四个群体中只有雇佣工人工作。这四个群体或多或少都直接或间接依赖出卖劳动力来谋生。如果我们重新看一下前面的一张图表，现在图表应该是这样的：

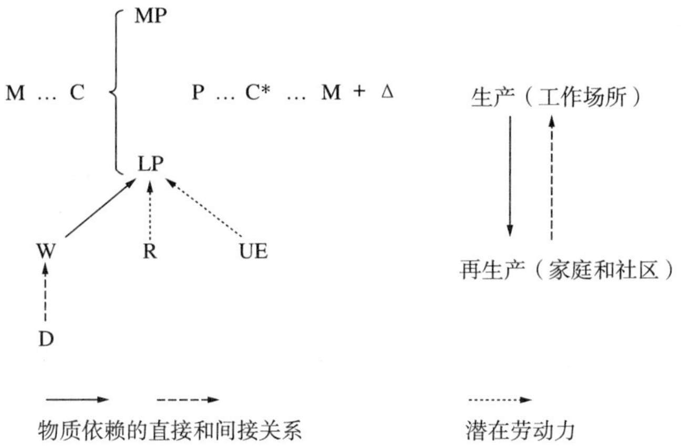

图中 W 代表工人，D 代表不工作的家属，R 指退休人员，而 UE 则是非自愿的失业人员。这些工作和非工作之间的联系强化了一点：即有偿劳动将资本主义社会黏合在一起。

• 第二，除了对于工资的最基本的依赖之外，从工人利益出发，还要将他们在职业位置上可以得到的潜在利益最大化。这并不只是提高工资的问题，它还事关权利（比如争取拒绝长时间工作的权利）和相关的非金钱方面的待遇（比如工作培训、企业医疗保险等）。普通雇主要比普通工人富裕得多：他们毕竟占有了企业利润的主要部分。当工人和雇主之间的“财富差距”过于明显时，接踵而至的就是工人某种形式的抗议。通常，工人在职业阶梯上爬得越高，他们就越可能从雇主那里得到更慷慨的金钱回报、工作权利以及工作待遇。为什么？因为拥有高水平和稀有技术的工人被定义为稀缺的伪商品。因此至少在企业里这样的人才没有饱和之前，他们可以要求更高的报酬和更优越的工作条件。

• 第三，纵览前文提到的社会劳动分工，可看见工人因为工作而产生直接或间接的相互依赖。这是除了工人和雇主间的“纵向”关系上的第二种（“横向”）双边关系。为了理解这种工人间的相互依存关系，我们可以把资本主义体系看成一个由上百万不同生产单位之间网络关系构成的体系（Yeung，1994）。如图 1.3 所示，只有最简单的经济活动才能避免产生无数企业大规模雇佣现象。塞耶（Sayer）和沃克（1992：111）做了如下陈述：

> ……经济可以分为成百上千个生产单元，每个单元从很多（工作场所）获取输入……然后再向四面八方输出；在较高度发达的劳动分工中，一切事物息息相关。钢铁被做成钻头、汽车车架和滚珠轴承；滚珠轴承又用在自行车、汽车和纺织机械上；反过来比萨饼店、园丁和航空公司又使用汽车。这就形成嵌套式和分支式综合体系。

简言之，工人在企业内、企业间和最后的消费者的基础上相互依赖。在第一种情况下，多工厂的公司（如 TNCs）一个工作场所生产的商品会下行到其他生产部门。就第二种企业间的联系来说——转包安排——涉及相似的高度综合的商品流通。最后一种关系是一种比较间接的关系。作为日常消费者的工人会购买他们从未谋面的工友所生产的商品。在上述三种情况下，这个关系网络中每一部分的工人都要依赖其他部分的工人——不管是作为劳动力还是消费者——加工、组装或者购买离开他们的工作场所的商品和服务。

当然，一个人要是把理想世界的雇主和雇工对彼此的需要加在一起，那么就会面临零和博弈。总起来说，工人永远不可能，比如一个星期只工作一两天并且还领取高工资，正如企业永远不可能强迫工人每天辛苦劳作 20 小时而只付给他们微薄的薪水（除非工人是奴隶：见 Bales，1999）。斯多波和沃克（1989：168）说得非常正确：“雇主和工人彼此成为对方的俘虏，任何一方都不可能随心所欲得其所愿……于是在双方展开谈判的过程中，生产得以成功进行。”

劳资关系——一个充满紧张关系的领域

劳资关系显然是一种紧张而矛盾的关系。就像我们在前文已经看见的，劳资关系已经远远超出工作场所并延伸到如家庭这样的工人再生产场所。在明确了雇主和雇佣工人（还有附属于雇佣工人的群体，如家属、退休人员和失业人员）普遍的阶级利益之后，我们可以精确地说明到底在什么问题上二者反复达成一致或者发生冲突。在资本主义企业看来，在企业规定的条件下，企业提供自认为合理的工资，能够雇佣符合企业需求的合适数量的工人，这时候的劳动力市场就是“完美”的。然而，佩克（1996：26～40）指出，实际上这个劳动力供给、劳动力需求和工作场所控制的理想化等式存在四个问题：

劳动力吸收问题

男性和女性为了保住劳动力市场的位置而不要孩子（或者至少偶尔出现这样的情况）。那么资本主义企业就不太能够控制劳动力供应的种类和数量，也无从控制潜在工人是否愿意成为实际工人。这个难题只能留给那些不能化简为资本主义阶级关系的奇特事物了，如家庭观念、国家的生育政策、教育体系的性质（如果存在的话）等等。假如雇佣劳动只是一种例外而非常规情况；假如生育人口过少；假如只有40岁以上的人才能从事有偿劳动；假如这样那样的劳动力供应限制都存在的话，那么资本主义企业就面临这样的主要问题：资本主义体系如何才能吸收足够数量种类齐全的工人。同样，如果没有非资本主义谋生方式的话，潜在工人将难以生存。

劳动力分配问题

就像我们第一章的5个生动的故事所阐释的一样，不同种类的工人需要被安放在不同企业或者资本主义经济体的不同部门。这些劳动力的变化不仅跟进行的工作或者要求的技术水平有关，还与涉及的工人的社会特征有关。从雇主的角度看，男人而非女人、黑人而非白人、同性恋者而非异性恋者也许更适合做某些工作。因此，对于资本家，在一个完美的劳动力市场，他们应该为他们恰当种类的工种找到与之相对应的工人——不多也不少。然而，就像我们后文要说到的，对劳动力市场之外的工人如何获得社会标签，企业控制十分有限，因此劳动力分配就成为一个问题。即便不是这样，实际上一些工人群体也许不愿意只提供给他们有限的就业机会。另外，为了应对竞争，企业对劳动力的需求也会因时而异，那么现有劳动力也许在数量和质量上就无法满足企业的需要。当然，后面这种情况也成为工人的问题，因为这会使他们面临失业或者被迫迁移到其他地方工作。

劳动力控制问题

前面两个问题是供应和需求问题，第三个则是工作场所问题。工人之所以被雇佣是因为他们展示了工作能力，这种能力也就是他们在规定时间内以某种水平完成某种工作并得到一定报酬的潜力。这种能力能否让雇主满意取决于几点：工作复杂度；雇主对工作场所的控制程度；工人从学校教育、家庭和朋友处获得的职业道德；控制工人在何种条件下劳动多长时间的法律条文；工人组织（如工会）的权力等等。虽然在理想世界里，雇主想要完全控制劳动过程，但实际上他们却不可能做到。部分原因是因为工人经常会发挥能动作用，提出一些要求，他们的工作时间、工作报酬，以及工作的物理环境——尤其是处于职业阶梯上层的工人。还有一个原因是很多因素使资本家只能在工作场所之外寻找潜在的或者实际的“顺从”而“富有成效”的工人。

劳动力再生产问题

最后一个问题是短期或长期劳动力供应问题。雇主需要工人足够快乐和健康以保证好好工作，他们也需要工人拥有必要的技术、较强的能力和良好的态度以完成分配给他们的工作。这些都受到家庭和社区等再生产领域的影响。如同前面所提及的三个问题，企业对再生产过程只能实行部分控制。工人一离开工作场所就“自由”了，夜以继日的劳动力再生产需要花费时间和金钱，还需要其他人（如家庭成员）的无偿劳动。一个雇主不可能自己或者与其他雇主共同协调再生产活动以得到他们想要的结果，即拥有富有成效而又高质量的工人。相反，虽然工人花费再生产时间并不仅仅只是为工作做准备，但是他们还是需要必备的再生产活动和资源，使自己能够得到或者保住一份工作。对于再生产，尽管工人比雇主更有控制权，但是他们却无法决定其节奏。在任何情况下，一些再生产活动与雇佣劳动力要求是相互矛盾的。举个例子，想想一个离异工人，他/她对4个年幼的孩子负有监护权，他/她必须工作以养活孩子，但是工作之余抚养孩子又让他/她疲于应付，无形中旷工次数便增多了。最后，除了目前的雇佣工人，退休人员和失业人员还有短期或长期再生产的必要性。如果退休人员收入不够或者没有固定收入，如果失业人员面临没有收入和没有工作前景的双重压力，那么整个社会结构就会受到威胁。

由此我们可以得出什么结论？最主要的一个结论是：单单在资本主义范围之内，不管是雇主还是工人（抑或是我们已经提到的附属于工人的群体）都无法满足个体和群体利益。资本主义“规则”及其固有的阶级关系无法为劳资双方（以及间接涉及的群体）提供有效途径，让他们实现自己的经济抱负和其他雄心壮志。在缺少非资本主义制度和过程的情况下，这些规则和关系事实上会引起劳动力社会科学家安东内拉·皮乔（Antonella Piccio，1992：108）所称的：“持续的并且经常会产生伤害的冲突……”很简单，雇主和工人双方都会向对方提出要求，而他们对自己都不会提出这样的要求。同时，资本主义的本质倾向就是要造成短期和长期失业，任其发展的话，这种倾向会造就许多极其不幸福的个人和家庭。换句话说，不可能只存在“纯粹的”售卖、购买、使用和解雇劳动力的市场。劳动力供求，伴随着工作场所发生的一切事情，还需要另外两件事情。首先是大量有助于规范劳动力吸收、分配、控制和再生产的非资本主义机构，其中最主要的就是国家。其次是大量有助于区别和团结工人的资本主义内部和非资本主义社会关系和身份。二者共同构成更广泛的社会背景，并使之更复杂化，雇佣工人在此背景下出卖他们的劳动力（图 2.1）。二者在忠于雇主、工人、工人家属、退休人员和失业人员明显一致的利益的同时，也共同限制资本主义的动力和阶级关系。我们将在本章余下部分看见，对于雇主和工人在工作场所内以及之外的互动时所部署的权力清单，以上提到的两方面将起着加强或者阻碍它们的作用。

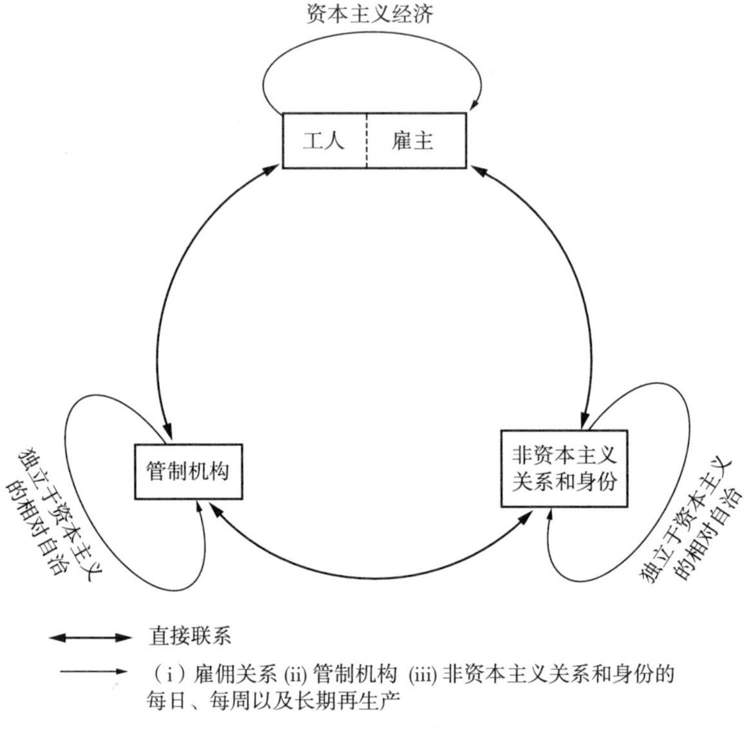

图 2.1　劳动力买卖的社会背景

劳资关系的社会管制

如果雇佣工人和雇主要将他们关系中的矛盾包括在可以忍受的范

围内，如果那些依赖他人雇佣劳动的人要进行自我再生产，如果失业不会周期性达到危机比例，那么就需要社会管制了。“管制”指使一事物或者关系保持一致。就劳动力而言，因为人们总是陷入以社会制度为条件的多重社会关系中，因此管制是“社会的”。就像我们正在解释的，资本主义企业和工人，以及劳动力之外的群体都受到社会管制，这种管制不言而喻，也十分明了，有时候是无意的，有时候又是有计划的。如果你愿意，可以认为管制提供了又一套“规则”和要求，来管束对于雇主和雇员来说可能或不可能发生的事情，这些规则和要求与资本主义内在的规则和要求是一致的，但它们并不总是完美地或者有意地保持一致。提供管制的社会机构也许并不总是能控制资本主义劳动力市场呈现的潜在问题。许多这样的机构一开始并不是管制机构，但是随着时间流逝，却扮演起这样的角色。实际上，这些机构甚至可能无意间造成自己的问题。

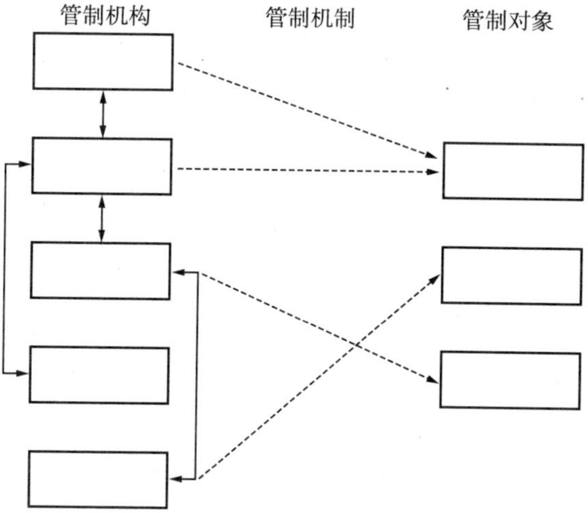

图 2.2　社会管制的几个方面

所有社会管制都包括管制对象、管制机构和管制机制。从理论上看，可以创立很多不同的机构，它们可以运用很多机制来管制相同的或不同的对象（图 2.2）。下面我们会明确劳资关系中三个主要管制对象并概述涉及的管制机构和机制。在这三种情况下，国家是主要的机构主体，它是独一无二的强大机构，调解包括企业和工人在内的很多社会参与者/行为主体的需要和要求，国家通过独立于这些参与者之外的“相对自治”和对于公共政策、法律和秩序的垄断起着调节作用。虽然事实上最低限度干预和干涉主义国家可能是一个统一体中对立的两个端点，我们还是可以从理论上进行区分。前者采取“轻触式”管制，几乎不干预其治理之下的人们的生活。在此情形下，经济学家所说的市场这只“看不见的手”便起到主导作用，并通过竞争来管制企业和工人。相反，后一种国家在公共事务中十分活跃，例如，它们会通过税收的方法精心设计并建立福利国家。这样，国家就可以采用各种各样的方法来促进或限制企业和工人的活动。这两种类型国家均符合民主或专制的统治模式。民主制国家公选一些政治家，在有限时期内控制国家机构；后者并没有这样的民主选择（苏联就是最典型的专制国家）。最后很重要的一点是，一些类国家团体也会像国家机构一样，对日常事务施加影响力。类国家团体并非正式的国家的组成部分，但是它们却被授权代表国家行事。在全球范围内，最好的例子就是世贸组织，它可以代表其成员国国家政府执行全球贸易规则。

上面最后一点说明实际上我们需要讨论的是很多国家，因为现实中存在地方、国家、超国家和类国家团体，其中每一个都拥有自己的权力和责任（例如，我们三人的工作所在地英国曼彻斯特由当地政治家治理，这些政治家从属于伦敦的英国政府，而英国政府又要遵从欧盟的法律）。我们还要认识到国家机器的组成部分还会因时因地而不同。然而我们现在要讨论单个国家以便从理论上梳理那些实际上占据了资本主义国家的中心管制焦点及其应对措施。我们也采用了“国家”的一般定义，它包括了立法（政策制定）、行政（政策执行）、生产（商品和服务生产）和法律（规则实施）武器。当我们在本书余下部分使用“机构”一词的时候，我们一概指本节讨论过的这些机构。

管制资本主义企业

在资本主义社会，国家是经济活动最强有力的调节者。像赫德森（2001：第三章）这样的马克思主义和新马克思主义国家理论学家认为，国家既内化了资本积累的矛盾，又要解决这些矛盾。为了扮演好这个管理角色，国家必须正式独立于经济之外，它不能为了支持一个经济群体而牺牲另一个群体。但同时国家又不能过于独立，它只是在某种程度上脱离资本主义积累和阶级关系的政治领域。实质上，国家是一个“相对自治……的‘调解’机构”（Hudson，2000：50）。国家尽其所能平衡资本主义企业和雇佣工人及其家属、退休人员和失业人员的需要和要求。在这样做的时候，它体现了两个功能：一是保证经济持续发展的物质条件（积累功能）；二是防止普遍的对资本主义的不满情绪（合法化功能，Habermas，1976）。在这一小节我们考虑的是国家—企业关系；之后两节我们将着眼于对直接或间接依赖出卖劳动力的那些人的国家（和非国家）管制。

20多年来，赫德森（2001）总结了马克思主义关于资本主义国家的理论，他说资本主义国家在面对企业更含蓄点，面对企业共同构成的经济体时，担任两个相关角色。第一，国家设置了所谓的框架条件，即关系到企业之间和它们的劳动力的时候，限制企业能做什么不能做什么的正式规则和条例。如果你愿意这么理解的话，它们就是一些政治参量，规定雇主必须在此范围内经营企业。这里特别重要的是公司法、劳动法和养老金制度，这些都是通过工人、雇主和其他人的协议而制定的。这些法律条文维护公司、工人、非工人和退休人员的权益，同时制止企业的过分行为——例如，雇佣未达法定年龄的工人或者通过垄断暗中破坏竞争。框架条件必须强制执行才有效果，资源不足、权威不够的弱小国家很难做到这一点。

首先，国家能够更公开地干预企业行为。就像赫德森所论述的，这包括两方面：一是直接提供经济上必需的商品和服务。总的来说，企业需要一些它们无法单独提供的东西，如广泛的交通网络、供电系统、供水网络、宜居环境和教育体系。虽然企业集团无法从整体上为社会生产这些商品和服务，国家却可以通过一般的税收拥有这些资源——并有全责为社会提供至少其中一些“公共服务”。像英国国民医疗服务（Britan's National Health Service）和美国环境保护机构（United State's Environmental Protection Agency）这样的公共部门机构就从事这些工作。二是国家力求直接影响经济体中企业活动的次数和种类。一般国家会在宏观经济层面上通过控制货币供应量、利息和汇率、关税和税收这些手段来做到这一点。但是它们有时候也会在微观经济层面上采取一些措施，比如给特定公司提供为特定目的而制作的设施，对一定行业减税，或者为新创企业提供免费咨询服务等等。另外还需说明一下，具体的国家机构会负责采用不同种类的管制机制。

类国家团体也可以参与这些国家行为。虽然很多这样的团体并非由公众直接选举产生，但是它们仍然十分强大。这些由国家建立的机构在行动上被赋予不同程度的自治权，这使得它们可以在地方、国家或者国际尺度上运转。至于为什么会建立类国家团体这一点，存在以下几个相互关联的原因：第一，它们的形成可能仅仅只是国家的一个手段，这些团体可以代替它们在一些国家无法行为的方面起作用。例如，世贸组织允许很多国家一起规范国际贸易。第二，它们的成立反映了一些不是选举产生的社会团体——如商业或者文明社会机构（civil society institution）——可以在决策制定和管制中起一定作用。在过去20多年间，英国的诸如城市再生和劳动力培训等领域就有越来越多私营部门介入。第三，成立这些团体是为了绕过或挑战那些现存管制机构或者管制实践，因为它们未取得既定结果。例如，一个城市再生机构可以被授权取代那些先前由地方政府建立的机构。第四，建立一些类国家团体是要尝试去掉一些管制行为的政治化，对此直接的国家干预并不合适。由一些大型企业主导的某些部门的管制可能会转移给类国家团体，这样就不会再看见国家在做管制决定时与个体公司联盟。

管制雇佣工人

就如国家是企业的主要管制机构一样，它也是潜在的、实际的和以前的雇佣工人的主要管制者。这主要体现在以下四个方面：首先，国家，尤其是拥有最复杂国家机器的西方国家，是主要雇主。目前，世界上有 3 亿工人受雇于国家机构，这个数字十分惊人。仅英国一个国家 2000 年雇佣工人的费用就达到 960 亿英镑（GMB，2002）。当然，这些工人并没有因为自己是公共部门而非私营部门的员工，就保证有特殊权利和报酬，但是工人，特别是如果他们受雇于主要的国家机构，如警察局、教育系统或者消防部门，可以摆脱残酷的资本主义劳动力市场。其次，在私营部门，赫德森所认定的框架条件设置和两种形式的直接干预显然影响了雇佣经济的水平、种类和质量。这其中对工人来说最重要的一个元素就是国家在公共部门和私营部门都能保证（或无法保证）基本的就业权利和应享权利的方法。第三，如高夫（Gough，2001：27）所言，在工作场所之外，国家应该对工人再生产的某些特定方面负责，因为如果没有国家干预，这些将很难实现。正如资本主义企业需要一些只有国家才能提供的基础商品和服务，同样工人也会提出一些国家才能满足他们的再生产的要求。其中最显著的三点是：医疗保健、住房和工作培训，对工人来说，三者都很昂贵。只有当国家同时满足很多工人的这三项要求，才能产生规模经济。最后，国家是人口迁移流，尤其是跨国界的人口迁移流的主要管制者，民族国家可以直接控制外部移民的数量和时间，除非条件和资源不足。另外，类国家团体在上述四种情况中也扮演重要角色。

国家的作用先说到此了。虽然国家是一个主要管制机构，但在生产和再生产范围内，它绝不是管制雇佣工人（及相关社会群体）的唯一机构。看一下政治理论家所说的“文明社会”，我们就会发现形形色色的既非商业又非国家机器的管制机构（图 2.3）。一方面是家庭，当然很多工人是单身，但是在他们生活中的某些方面，所有工人实际上是在家庭这个单位里完成社会化的。尽管在资本主义社会家庭的作用就是产生“好工人”这种说法太过粗浅，但是家庭是生产和再生产能够有效产生个体雇佣劳动者的重要组织。另一方面，很多地方、国家和国际慈善机构、非政府组织、基金会、智囊团、协会之类的组织致力于在工人生存的某些方面提供帮助，它们与家庭单位互为补充。这些团体——从住房协会、婚姻咨询组织到教堂——共同填补了国家和家庭无法完成的“管制缺口”（框 2.4）。当然，它们中的大多数并不是为管制雇佣工人而设置的，而在生产和再生产范围这些团体的全部或部分作用只是碰巧给予工人直接或间接的支持。

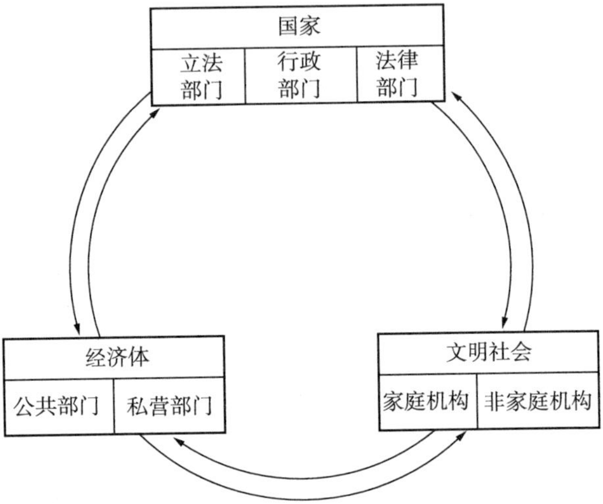

图 2.3　文明社会、经济体和国家三位一体

框 2.4　支持工人再生产的非国家机构

工人的再生产过程直接或间接牵涉到很多非国家机构。它们成为“文明社会”的重要部分，而文明社会指介于国家、企业和家庭之间的中间领域，多由一些社会成员自发组成的团体构成，这些团体旨在保护或者扩展它们的利益、价值观和身份。这样的机构在与国家的关系中享有一定的自治权。文明社会机构可以宽泛地分成几种类型：

续

- 社会/娱乐组织：如青年俱乐部、体育/娱乐协会
- 利益组织：如小企业协会、职业协会、工会
- 提供服务组织：如婚姻咨询、咨询局
- 自助（常以社区为基础）组织：如城市社区联盟、合作社、信用社
- 宣传组：如环保协会、妇女协会（妇联）、基于某一议题的压力集团（代表儿童、残疾人、外来移民等等）
- 文化/宗教/“民族”组织：宗教协会、语言群体/文学/文化协会
- 社会运动：致力于推进某一具体事业（如为发展中国家争取债务免除）或者为缺乏政治代表的群体争取利益（如墨西哥农民、女工）

管制家属、退休人员和失业人员

本章第二节探讨了雇佣工人、他们的家属、退休人员以及失业人员之间的紧密联系。非雇佣群体与雇佣关系中的两个主要角色一起，也要经受机构干预。我们依次分析一下吧。家属分为两种：将来的潜在工人（如有偿劳动者的子女）和永久依附于雇佣工人的家属（如残疾者）。国家要承担起这两类人再生产的职责，以此方式有效资助资本家和工人。例如，保育院和学校有助于塑造未来工人的“良好”性格并让他们掌握适当的技术，以使他们成为劳动力供应中的主力军。同样，国家通过提供免费或者廉价服务，帮助工人和他们的家庭承担病人、老人和永久依附于他们的家属的负担。

继续我们的讨论，如前所述，退休人员是主要的社会群体——特别是在西方社会，由于医疗保健不断改进，人的寿命越来越长。虽然不工作了，但是他们仍然需要资源维生，这就需要国家和非国家团体的帮助。养老金是最关键的一点，国家要么负责提供养老金，要么为保证足够的私人养老金计划设立框架条件。因为领养老金者是一个主要消费群体，这对企业造成冲击。换言之，如果不提供适当的养老金，

资本主义企业也将丧失主要的消费需求来源。我们也应该注意到越来越多的退休人员暂时或临时返回工作职位。这时他们又成为工人，受制于管制干预，这点我们前面章节已经提到。

最后，不可能让失业人员自行生活。在“纯粹的”资本主义体系（即经济社会学家卡尔·波兰尼（Karl Polanyi，1944：3）的赫赫有名的“彻底的乌托邦”）里，失业人员得依靠他们工作期间所积累的货币资金或非货币资金生活。对长期失业者来说，如果他们想生存下去，他们必须有相当数量的资源。事实上，只有那些高薪工人有能力积累这样的资金。结果是如果这些失业人员没有得到其他支持，他们就将面临无法克服的再生产困难，反过来，这种情况最终会导致社会不安定。因此，在大多数资本主义社会，常规的做法是国家和非国家机构担负起失业者的再生产成本，那些机制让失业者重新获得工作，大家耳熟能详的例子很多，如国家提供失业救济、工作培训计划和就业服务中心等。

总而言之，资本主义社会雇主—雇工关系的社会管制是一件复杂的事情，需要很多机构共同完成，其中国家起主要作用（图 2.4）。但是这也是一件不完美的事情。社会管制是一门艺术而不是科学，在管制过程中容易出现问题，管制也容易失败。原因概括如下：第一，社会管制只能控制却永远无法消除资本主义社会的矛盾。第二，管制对象数量众多，种类庞杂，这就意味着没有任何一个机构可以在某种程度上对管制进行监督。最后，管制机构管制的是人而不是物体，这也意味着管制目标和管制结果之间可能产生差距。因此企业也许会对企业的税收水平感到不满，工人也许会反对现行雇佣法，而失业人员也许会对失业救济金过低而表示抗议。在极端情况下，作为主要管制机构的国家也许会面临“合理性”、“合法性”和“财务”危机（Herbermas，1976；O'Connor，1973）。前者发生在国家不能稳定地维持经济发展的情况下；当内部经济或者整个经济出现滑坡时，在大的公共部门中，资本主义生活方式的合法性引起异议，这时候就会爆发第二种危机；尽管国家依赖税收和来自私营部门的投资，它也会受到经济危机的冲击，这时就会爆发第三种危机。这三种危机都会在不同地理尺度上发生，涉及地方、国家或者超国家团体。它们也会在整个经济范围内发生，或者没有那么严重的话，在一定的经济部门、工作场所和国家内部发生。

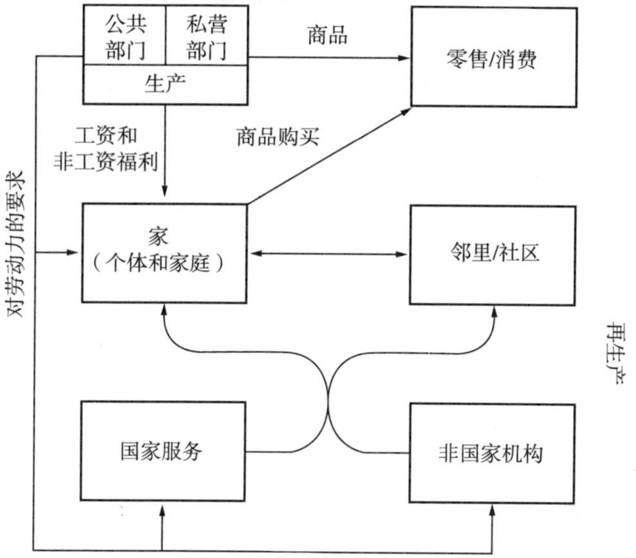

图 2.4　劳动力的社会管制：机构框架（摘自 Gough，2001：图 2.7）

行为主体多重化：资本主义内部差异和非资本主义差异的作用

资本主义社会的主要社会关系是雇主—雇工关系，次要关系则是我们前文已经讨论过的其他三个社会群体关系，管制机构在斡旋这些关系中扮演重要角色。然而，我们在本章倾向于把资产阶级和工人阶级当作马克思主义理论学家所说的“自在阶级”和“自为阶级”。因为那些生来就隶属于某一阶级的个体的阶级地位而导致自在阶级存在（“工人阶级”与“资产阶级”相对抗）。当阶级成员自觉地把自己当作这一阶级的成员时，自为阶级就形成了。如果说自在阶级是资本主义主要社会关系的客观方面，那么自为阶级则是主观方面。前者阶级是“社会结构”现象，而后者则是生动的经验现象。本章大部分都把资本家和工人作为单一的对象讨论，但实际上阶级的这两方面并不是完全相互对照的。换句话说，资本主义体系将每一新生代的大部分人定位成工人，少数人定位成雇主，但是却无法保证这些人能够把他们自己当作较广泛社会阶级的成员。事实上，资本主义社会并非只有两个主要阶级角色，还有三个主要的亚群体，其中每一个都有清晰的身份。然而，这些角色和群体都已经在内部分裂了。就像赫德森（2001：218）说的，他们“沿着几个裂面被分隔成很多层”。在资本主义社会，之所以潜在的阶级对抗没有继续演变成彻底的、普遍的冲突，这种分异是主要原因。这也意味着雇主和工人之间的相互依赖在工作场所、企业和部门层面表现为不同形式，而不只是在整个经济层面上的一个统一表现形式。

对于资本主义而言，这些裂面同时是“内部的”和“外部的”。我们给这两个词加上引号是因为虽然在理论上可能将它们分开，但实际上二者却交织在一起，相互强化并加深对方的复杂性。我们在前面章节中粗略地讨论过前者，但对于后者着墨甚少。现在让我们逐一论之，把更多的注意力放到资本家和工人阶级的划分上。

资本主义“内部”差异

劳动的社会和技术分工　发达资本主义由构成不同经济部门的上百万的工作场所和企业组成。在这些不同部门之间，企业为赢得市场份额而竞争，这种企业间的竞争关系实际是一种阶级内部关系：它使一些企业的雇主和雇员与其他企业的雇主和雇员相互抗争（Hudson，2001：第五，六章），因此这是**阶级内部对抗**。所以，尽管都属于同一行业的雇主，世界上最大的两家“生命—科学”公司孟山都公司（Monsanto）和宏彻公司（Hoescht）的行政总裁也要相互竞争，他们的工人亦如此。即使企业不竞争——例如通用汽车公司（General Motors）和药业巨头联合利华（Unliever）不需要争夺相同的市场——它们之间仍然存在差异。这让我们回到第一章提到的劳动的社会分工。复杂的经济通过将不同类型的劳动、技术和材料进行不同的组合，为一系列中间或最后的消费者生产了不同的商品。虽然在资本主义经济中这种扩大了的社会分工显得特别复杂（因为竞争迫使企业不断创新生产方法和产品，也会造成企业甚至整个行业部门的连续不断的起起落落），但是在所有现代经济体系中都存在这样的分工（Sayer，1995：第三章）。这意味着雇主和工人都存在于经济体中相对自治的阶层，也就是说，在资本主义世界经济中，特定的企业或者工作场所跟大多数其他的企业很少或没有直接联系，却反而跟那些企业下属的子企业（尽管是潜在的大型企业）有关联。

对于工人，这些阶级内部差异被所谓的“技术分工”强化了，这种分工是指企业和工作场所内部的工作任务划分，苏格兰经济学家亚当·斯密（Adam Smith，1776）是最早注意“技术分工”的学者，他在《国富论》（*The Wealth of Nations*）中说如果雇主将劳动过程分成更小数量的任务，他们就可以更有效率地使用劳动力。付给工人的工资会反映出完成任务所需要的技术水平，在查尔斯·巴贝奇（Charles Babbage，1835）看来，雇主可以将一些职业划分成单独的工作任务，从而去掉这些职业，这些任务可以重新包装成分离的较低—或者较高—技术的工作。大多数工人会成为较低技术工人，获得较低报酬；而对较高技术，报酬丰厚的工人的需求则较少。最“经典”的劳动技术分工是“福特主义”大规模生产公司，在这样的公司里劳动过程被分解成许多分离的任务，从研究到设计再到最后的产品组装（Braverman，1974）。但即便是中小型企业——假设它们是农场、当地超市或者是小提琴制造商——在工作场所内部或之间也涉及横向或纵向的工作分工。特别重要的是“概念化”功能和“执行”功能的分离。这个过程常指去技能化，以前一个任务包括构思、组织和执行几个过程，但被分解后该任务的建立和实施就各自变成分离的工作了。最终结果便是依据工作性质和复杂性而划分工作等级，某些工作要求更多技能，某些工作要求一些精确的技能；一些工作是体力劳动，而另一些则是脑力劳动；一些工作是既定工种，而另一些则要求工人有相当的自治，等等。这些不同的工作既体现数量上的差异也体现质量上的差异。它们要求工人要有许多不同的能力，这些能力使他们享受/遭受以工作地位而设置的不同工资和工作条件。有趣的是，就像马西（Massey，1984）描述的，一份工作的社会地位并不仅仅只关系到技术水平和涉及的自治，它也要取决于劳动力市场的社会和文化背景。例如，某些特定的工作要由大学毕业生来完成，而工作本身并无特殊要求，这一点决定了这些工作具有较高的社会地位。工作的社会地位随着时间而改变，同时它又反映和引发了更广泛的文明社会的变化。

职业和阶级分层　资本主义中劳动的社会和技术分工一起将雇主和工人都分裂成“自在”和“自为”阶级。通常工人家属关心的是他们家庭的“顶梁柱”能否保护和改善他们的具体职业，因此这种细分对家庭产生冲击作用。致力于阶级研究的社会学家多年来一直孜孜以求想要理解资本主义社会中双阶级结构内部的所谓“阶级分层”（见，例如，Wright，1985）。阶级内部差异数量如此多，转换如此快，以至于我们根本无法对它们进行分类。关键是无论我们怎样对它们进行分类，它们在客观上和主观上都关系重大。在客观方面，阶级内部有很多物质差异，比如一个薪水很低的工厂临时清洁工和麦肯锡（Mckinsey）公司的管理顾问之间的物质差异，这种差异不仅仅在于他们所从事的不同工作要求不同的能力，还在于后者的工资能为他挣到前者梦寐以求的生活方式。主观上，人们对个人身份的感觉与他们的职业紧密相关，这是一种得到普遍认可的社会现实（McDowell，2003）。在一定程度上，人们依据他们所从事的工作来定义自己（或他人），他们怎样定义自己，这对他们意味着什么，都受到性别、种族等问题的影响（Pollert，1981）。再者，这也有社会地位的含义。因此，在既定工作场所，尽管管理者和受管理者都是雇工，但是管理者也许会认为自己比那些受他们管理的人社会级别更高。同样，一个小的“清洁技术”企业——比如生产太阳能电池板的企业——的雇主也许会认为他/她的职业比一个“肮脏技术”企业（如煤矿和石油公司）的首席执行官（CEO）更“受人尊敬”。

这并不是说在工作场所或者企业层面雇主和雇工是孤立的，相反，在劳动技术和社会分工中和别人发生正式联系对他们是有利的。就像我们前面注意到的，对于雇主来说，在具体部门，行业协会可以代表企业团体向国家施压。例如，几个主要的欧洲生命科学公司自愿组成欧洲生物技术工业协会（EuropaBio），这个组织可以在全球（如在WTO会议）、欧洲（如欧盟议会）和国家（国家议会）等层面代表它们的经济利益。同样，工会可以在企业内部或企业之间将工人组织起来，让他们团结一致，而不是被职业、工作场所、企业和行业分异。但虽然这些机构分别将雇主和雇工联系起来，它们仍然会保证现存的分工。例如，很多工会是在行业的基础上建立的，如美国钢铁工人联合会（USWA），正如它的名字所显示的，它是美国钢铁工人（不论是哪个钢铁公司）的工会，但因此它也在某种程度上使得钢铁行业的工人自我封闭，他们不仅与重工业其他工人还与其他经济部门的劳动者隔离开了。与此类似，企业和经济部门内部的工会用职业将工人与其他工人分隔开。举个例子，虽然我们四位作者和本书制图师尼克·斯卡尔同在一所大学工作，我们和他却分属于不同的工会。

其他差异轴　最后，还有另外两个资本主义内部的重要的分裂面：那些将就业者、失业者和退休者分开的，以及那些按照永久性、周期性、合法性和工作的地点划分工人的。我们现在来逐一分析一下。在本章较早部分我们强调过就业者、失业者和退休者之间的联系，为了长期生存，三者都依赖或者向往雇佣劳动。在更具体的程度上，雇佣工人实际上和他们那些寻找工作（和想要提高家庭收入）或者领取养老金的亲戚一起生活。然而，事实上，三者之间又存在紧张关系和差异。失业者是就业者工作上潜在的竞争者，他们之间的竞争会因为经济体内或高或低的失业率而变得很激烈。在失业率高的情况下，潜在工人过剩让雇主能够冻结或者降低现有雇工的工资；反之，当就业率高的时候，对其他尚处于失业中的人来说就很难找到工作。事实上，这种竞争在劳动力低端市场最激烈，因为这里工人的准入门槛很低。与此同时，退休者也许没有意识到他们的养老金在某种程度上要取决于当前雇工的总退休计划准备金。

似乎资本主义内部的不同分裂面还不足够多，我们一定要记住在劳动力内部，工人的客观条件和主观经历会因为他们是永久的和临时的，全职和兼职，合法和非法，在家庭和工作场所的工人而发生变化（见图 1.2）。工人很难识别他们的共同点，比如一个是在家里为服装承包商做兼职工作的缝制工，而另一个是拥有哈佛教育背景的，在索尼公司担任全职游戏设计师，他们的共同点会是什么呢？那些处于劳动力市场边缘的人们——从事临时、非法和兼职工作的人们——时而属于失业人员时而不属于失业人员，和那些拥有固定、永久性职业的人们之间有着巨大差异。

资本主义“外部”差异

资本主义并非处于社会真空，阶级，不论在其客观方面还是主观方面，都和非资本主义社会分异轴深深交织在一起。佩克（1996：31）说，这些分异轴“不是资本家或者工人创造出来的，然而它们却对‘雇主—雇工关系’具有极大的影响力”。最主要的分异轴是性别、性偏好、种族、国籍、年龄和宗教信仰，它们有三个共同点：第一，就像阶级一样，它们都是社会分异轴：也就是它们优先于被安置于（或者自行进入）分异轴中具体的个体；第二，它们是被赋予的分异轴：也就是它们不是个人性格或行为中天生就具有的，因此所有妇女都有某些显著的生物相似性，但这些相似性无关乎性别，性别是社会对于“女人”的特定定义方式；第三，这些分异轴对于个体而言，既是资源又是限制。例如，在一个异性恋社会，那些宣告“出柜”的同志为能够把自己称为“同性恋”而感到放松并有一种解放的感觉。但是，同时，在很多社会，同性恋因为违反了异性恋规范而受到歧视。性别、性偏好、种族、国籍、年龄和宗教信仰以何种方式在何种程度上遭人不齿或是受人称道，显然因社会不同而异。同样清楚的是，当一个人寻找工作时，这些分异轴并不会奇迹般消失。相反，个体被“标上”某些强加在他们身上的特征，这些特征既影响他们要寻找的工作种类也影响着他们可能得到的工作种类。

明确表现阶级和非阶级差异的具体方式是一件复杂的事情。一个既定个体可能会被标记上所有他所在社会中的“非资本主义”差异，这使得他们在劳动力市场上成为弱势群体，也使他们面对工作场所歧视的时候很容易受伤害。相反，另一个人也许拥有“合适的”规定特征。在任何特定场合，我们需要细想一下别人（工人和雇主）如何观察到这些强加的差异种类，被标记上这些特征的人自己又是如何发现它们的。如果看一下前者，我们会发现在世界范围所有社会中最令人吃惊的是似乎某些群体的个人常常在劳动力市场和工作场所很容易成为“胜利者”或“失败者”，比起女人来，男人常常会得到更好的工作、报酬和工作条件！在白种人占主导地位的国家，有色人种似乎难以登上职业阶梯的高层，而白人却拥有更好的职业前景。例如，在英国，巴基斯坦人的失业人口可能是印度人的两倍（Cabinet Office, 2002），与此同时，在大多数穆斯林世界，非穆斯林们很少能到达劳动力市场的上层。我们还可以继续列举很多例子，但关键的一点很明确：潜在工人和实际工人被雇主（或者他们的中间人）划分成不同等级，不同等级对应相应的工种和工作条件。

最后来看一下个体是怎样内化附加在他们的规定特征上的社会意义的，他们中很多人也许会把男人或女人，黑人或白人，同性恋者或异性恋者等等看成自己的首要身份，而把阶级个体看成次要身份。所以非资本主义分异轴深刻影响到工人的自我认同——更切题一点，也许他们只拥有非常微弱的阶级意识。用赫德森（2001：106）的话说：“作为雇佣工人，他们有着共同利益，但他们拥有可能将他们分离的其他身份。”因此类似身份这样的非阶级基础削弱了阶级团结，或者说阶级团结受到它们的挑衅。

分割的劳动力市场，分割的工人

当我们将前两节讨论的大量管制机构、管制机制、资本主义内部分化以及非资本主义差异性放到一起的时候，我们便开始理解现代世界里雇佣劳动力的社会景观异乎寻常的复杂性。虽然资本主义逻辑和关系位于事物的中心位置，但是它们内部产生如此剧烈的分裂，它们也受到非资本主义机构和过程如此深刻的影响，以至于我们在本章开头所说的双阶级模式开始显得难以置信。事实上，我们有分裂的资产阶级和分裂的工人阶级（包括他们的家属），而失业人员和退休人员与后者有联系，但是他们未必与工人结成同盟。这一切都无法改变一个事实：劳动人民发现他们处于共同的阶级地位（自在阶级），但它也解释了为什么资本主义社会资产阶级和工人之间没有爆发广泛的冲突。进一步说，它也表明如果想要在工人阶级里发展一种共同的阶级认同感（自为阶级），那就需要付出相当大的努力，向工人强调把他们团结在一起的事物并淡化将他们分裂的事物。较广泛的阶级意识不会“自然”形成；反之，它需要工人共同构建。在倒数第二节，我们把前两节的观点结合在一起，这样就可以理解资本主义雇佣工人间如何存在不同程度的差异，梯利和梯利（Tilly & Tilly，1998：256）恰当地将之称为“变化原则”。工人间的差异虽然很多，但绝非偶然。隐喻地讲，劳动力社会景观具有数量众多但又相对持久的轮廓。

这些轮廓是关于劳动力市场理论学家所称之为的分割。就像一个所谓的“分割理论学家”所说，“将分割与单纯的划分区别开来的是每次分割都依据不同的原则”（Michon，1987：25）。本质上，不同个体和群体是在更宽泛的资本主义世界中的不同“亚工作世界”出卖和使用他们的劳动力。这些容易被输送到不同劳动力市场和工作场所分部的工人很难在亚工作世界之间流动。有三个原因共同造成这一分割过程（Peck，1995：第三章；Storper & Walker，1989：第六章）：具体说就是劳动力供应分割、劳动力需求分割和工作场所活动要求分割。

·劳动力需求分割：不同企业对劳动力数量和质量的需求具有巨大的可变性，每一个生产过程的技术特色造成对不同数量具有具体特色的工人的需求的细微差别。我们已经看到在所有情况下，雇主在希望控制工作场所和需要工人合作之间寻求平衡，于是产生了“劳动力队列”（Thurow，1975），雇主按照工人对具体职业的“适合度”把拥入劳动力市场的工人划分成不同的等级。用斯多波和沃克（1989：167）的话说：“因为缺少工人个体的信息，他们必须使用一些间接的指标。……雇主努力确定一些好的预定指标的背景特征：比如说教育水平可以说明一个人接受培训的能力如何……”不必惊讶，当以这种方式划分工人等级时，雇主会求助于传统的社会差异种类，因为这些差异代表个体是否适合某一个特定工作。因此个体的性别、性偏好、种族和宗教差异等使得他们在面对社会歧视和劳动力市场的歧视的时候显得无比脆弱也就不足为奇了。

·工作场所分割：当然，工人就业前就已经被等级化，但一旦进入工作场所，他们发现要摆脱他们被分配到的职业部门的束缚更是难上加难，很多职业并没有“职业阶梯”：就是说，没有晋升和上升的可能性。从事另外一些要求很低的或具体技能的工人发现他们很难得到更换职业的机会或者很难找到更好的职业，这种形式的分割源自劳动技术和社会分工的综合效应。由于工作前和工作中分割的综合效应，雇主得以在工人之间设置一堵“墙”，从而将他们隔离。

·劳动力供应分割：正如前面提到的，劳动力的供应和再生产远远超出企业的控制范围。但是家庭、教育和培训体系、文明社会的各种机构、传统的非阶级社会差异轴等的综合效应大大提高了劳动力供应的分割程度。因此，在许多情况下，男人期望女人承担大部分家务活并抚养孩子，那么不管这些女人多么想要担任全职雇佣劳动，她们也不可能做到。不同的是，子女将会内化并一直坚持自己父母的价值观和愿望。因此，社会学家保罗·威利斯（Paul Willis，1977）在他的著作《学会劳动》（*Learning to Labour*）里的著名论断是，社会地位较低的工人阶级的孩子最终会从事地位较低的工作，其原因是这些孩子像他们的父母一样，不愿意得到受教育机会以突破低收入和低愿望的循环。

将劳动力需求分割、劳动力供应分割、工作场所活动分割结合在一起，我们就可以理解劳动力中的断层线（图 2.5）。在世界范围各个国家内或者国家之间，这些断层线是系统的而且无法转换，因此我们可以谈论不同工人群体的工作种类、职业流动（mobility）、升职前景、工资、工作条件、非工资福利等的结构差异。要是概括一下，我们可以分辨出“一级”、“二级”和“三级”劳动力市场，每一级市场都有自己特有的工人组群。一级市场包括“核心工作”，即全职、高薪、自主性高且相对安全的工作，这些工作需要受过良好教育或者高等教育且有技能的工人；二级劳动力市场包括全职、中低收入、有适当自主性且相对安全的工作，需要受过一定教育、有一定技能的工人；最后，三级劳动力市场包括临时的、不固定的工作，这些工作收入很少，是规定的范围内的（prescribed），且非常不安全，需要教育程度低、没有技能、处于社会边缘的工人。三个劳动力市场中的每一个都可以依次被划分成次/亚市场（图 2.6）。另外，在所有三个市场，我们都可以确定内部和外部劳动力市场。前者是“受保护的”市场，这个市场是在企业或者部门内的工人中雇佣或者提拔工人；后者则是一个更“开放的”市场，企业或部门外面的工人通过竞争得到工作职位。

分割是资本主义社会劳动力购买、出售和使用的具有渗透性的一个方面，它使工人多样性和分离性具有一定秩序。更重要的是，它在工人之间设置了障碍。在客观和主观意义上，工人发现自己所在的职业部门构成他们的职业生活。不同部门（segment）之间——甚至部门内部的转换极其困难，在一级和二级劳动力市场这种转换尤其困难。一如哈维（1985a：136）曾经说过的：“制鞋匠不可能马上变成科学家，实际上，条件可能的话，一个很有天赋的修路工很容易转而进行

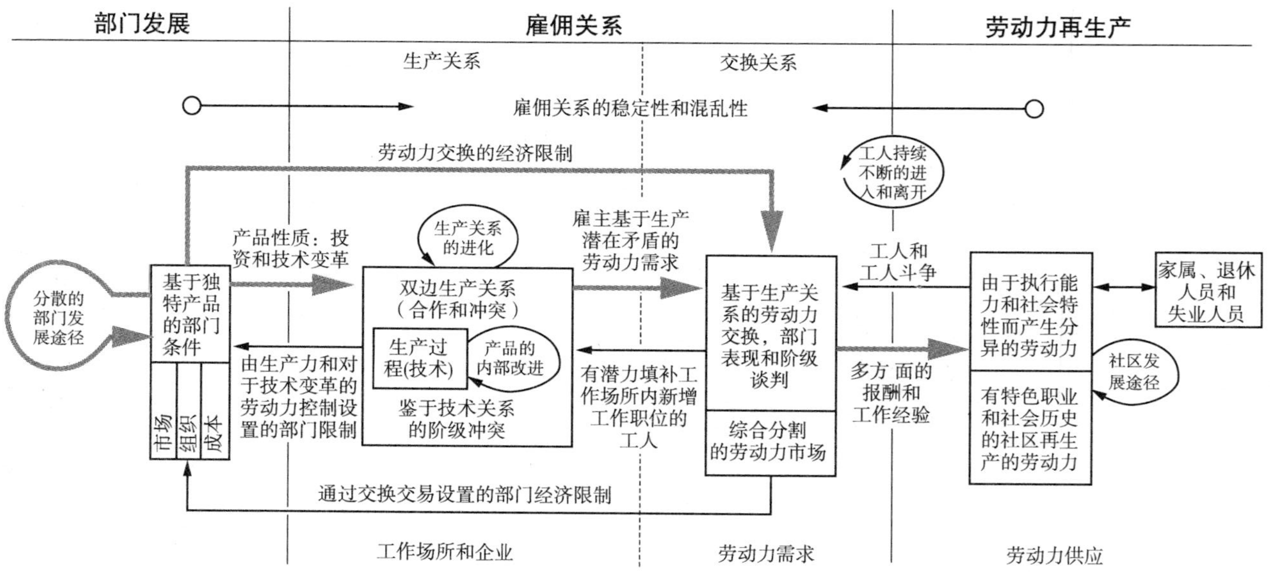

图 2.5　劳动力的分割(摘自 Storper and Walker，1989：图 6.3)

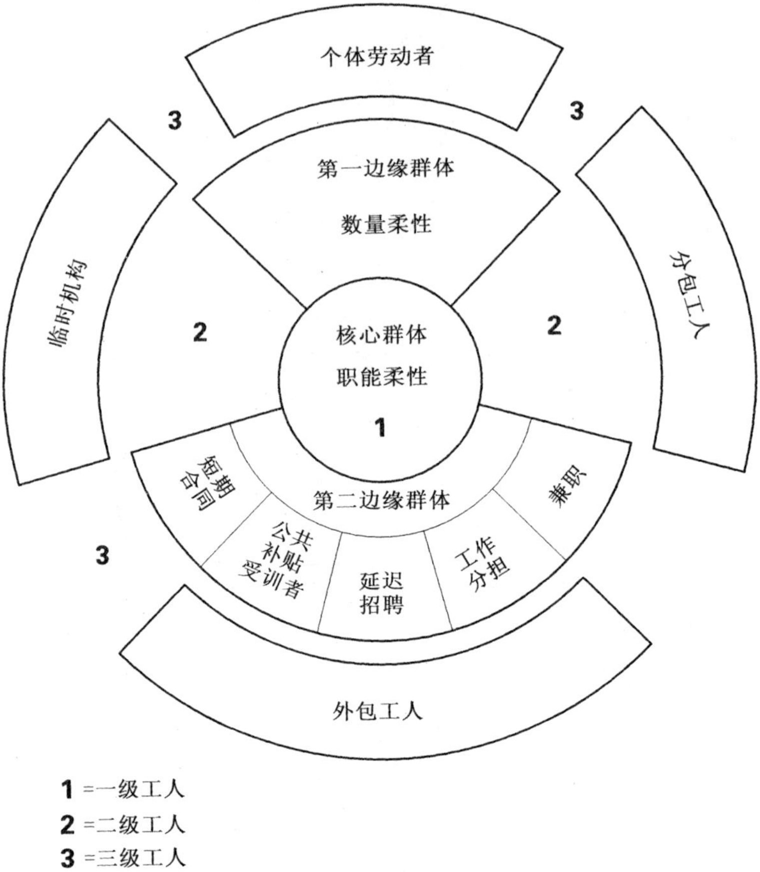

图 2.6　资本主义制度下的劳动力分割（摘自 Peck，1996：图 3.1）

教学工作。”

雇佣工人的复杂政治学

在结束本章之前，让我们一起回顾一下前面对雇佣工人政治利益的分析。古典马克思主义思想认为所有在资本主义体系里劳动的人们拥有共同的政治利益，这不仅体现在工人要求更高的薪酬和更好的工作条件，而且还体现在最终创造一个多数人不必为少数人工作的后资本主义体系。然而，在本章我们看见的是因为多重社会分工的作用，雇佣工人的政治利益显得异常复杂。虽然下面的分类有些简单化，但是却可以帮助我们同时掌握不同的工人可能拥有的政治议程种类，或者相同的工人可能阐明的政治议程：

- *阶级政治*：在马克思主义者看来，工人可能强调他/她的利益，即作为更广泛的工人阶级或阶级分层的一部分，他/她应该得到更高的报酬和更好的工作条件。
- *职业政治*：工人存在的政治元素不如他们的职业重要，因为职业成为他们将自己定义为工人的主要方法（比如网站设计师；教师）。
- *身份政治*：工人也许不是从阶级或者职业角度强调获得更高报酬和更好工作条件的利益，而是选择强调与职业生活相关的非阶级方面：即他/她的身份。因此，在某些情况下，女性也许会强调她们作为妇女的共同身份以突出一点，跟男人相比，她们的薪酬更低，工作也不如男性的工作受人尊敬。女同性恋者、男同性恋者、有色人种、少数宗教派人士等也会表明他们的身份，以此表示（并质疑）因身份而受到的工作场所歧视。
- *再生产政治*：再生产政治与阶级政治有直接关系但又不同于阶级政治。失业者和就业不足者会争取最简单的权利：即工作和挣钱养活自己和家属的权利。这也是再生产权利：得到最低生活工资，保证物质和某种程度的社会再生产。
- *生活政治*：生活政治就是在包括但又超出工作场所所关注的“生活质量”问题上，工人和文明社会所有群体团结在一起。因此，在一个干净的环境里生活就是一种影响所有人——工人和非工人的“生活政治”问题。重要的是我们要注意生活、再生产和生活政治不能简化成工作问题，而是影响工作的因素。

即使用这样简单的五部分划分方案，任何工人如何选择定义他/她与工作相关的主要利益仍是复杂多变的，这一点十分清楚。我们想象一下在澳大利亚有一位富裕的土著女性报刊编辑，她的工作利益在哪里？她主要是一位应该对工资比她少的人们感兴趣的雇佣工人吗？还是一位编辑（一种职业分类）或者只是一位在女人很少能达到职业阶梯上游的世界里打拼的女性？也许存在另一种可能性，她可能选择强调自己的土著身份，也因此跟那些不如她幸运的澳大利亚土著们结成同盟。事实上，她的利益同时存在于所有这些领域。在任何特定情况下她选择强调工作存在的哪个/哪些方面，以及她可能与哪些其他工人结成同盟，这是一个开放性问题，但这个问题让我们知道了她可能参与哪种政治。

小结和前瞻

本章已经探讨了有偿劳动者身在其中的社会关系网络和机构网络。我们已经看见这个网络的复杂性，这一网络掩盖了一个简单的概念，即工人、雇主和附属群体拥有清晰的、一致的利益和身份。雇佣工人作为社会成员是相互关联的又是有所区别的，既相似又不同，既联结在一起又是分裂的。理解雇佣工人、他们的雇主以及非雇佣社会群体在特定情况下如何相互作用是一件依情况而定的事情。这取决于管制、内部差异、外部差异和共性轴如何因为个体、家庭、家人(households)、工作场所、企业和产业而结合起来。在特定场合具体的雇主和雇工可以运用的权力清单的性质和力量则取决于他们是谁，以及他们发现自己处于什么样的管制和经济条件下；但是也在极大程度上取决于地理学，这一点将在下面两章讨论。我们已经从地理的外壳中抽取出雇佣工人存在的社会方面，接下来应该解释为什么地理学会对世界范围内发生在工人身上的事情以及他们所采取的应对方式产生重大影响。

第三章　处于相互依赖的世界中的劳动力

什么造就了地方？

工人的位置

企业的位置：生产的地域性

地方社会管制

为工人—雇主关系建立牢固的基础

小结和前瞻

地理学对工人很重要，反之，工人对地理学也很重要。但“地理学”究竟是什么？它又在什么意义上对工人很重要（反之亦然）？我们在本章和下一章提出了很多问题，正如我们将要看见的，地理学对于我们的分析根本不是“备选附件”，而是哈维（1985b：xi）所说的“活跃的元素”。也许一开始你会认为这是一个奇怪的声明，毕竟社会学、经济学和政治学以及类似学科的学生经常认为地理学家的工作不过是把关于地球的事实和数据编目分类，仅此而已。与此同时，那些攻读人文地理学学位的学生——他们应该更清楚一点——也不知道他们所研究的东西的理论重要性。长久以来，人文地理学只是社会科学的一门“可怜的亲戚”，但正是这门学科将其他学科的理论融会贯通并展示了该学科所描述的过程在不同地方如何进行的。然而，过去10年间，大家已经开始明白人文地理学家的研究并非只有实证重要性。如本章和下一章要呈现给大家的，这一点很显然也适用于在资本主义世界谋生的雇佣工人。如果说建构理论就是确定一些基本过程的话，那么地理学就具有理论重要性（Massey，1985）。在概念上它不能与前面章节已经讨论过的社会问题分离，它也不能只被视为是社会过程发现“经验公式”的领域，相反，它是由这些过程构成的。如果我们想要恰当理解资本主义制度下工人的现状和前景，就尤其需要掌握地方、空间和地理尺度这些概念。作为本章的开端，我们将论证雇佣工人在资本主义世界的生存本质上仍然是地方性的（基于地方）；在下一章，我们将介绍空间和尺度概念，以形成地理学框架。虽然出于分析的目的，第一部分在结构上将限制和促进雇佣工人生活的非地理学和地理学因素分开讨论，但在现实世界里，这些因素紧密交织在一起，不可分割。

什么造就了地方？

客观和主观维度

本节开篇考虑两点：地方的本质及其存在的重要性。就地方而言，我们指日常生活尺度：城市、城镇和社区尺度。地理学家蒂姆·克雷斯韦尔（Tim Cresswell，1999，226）这样说道，“地方是……一个逃脱了简单定义的术语”（参阅Staehli，2003）。说得更简单一些，地方指大家非常熟悉的两点：一是地球表面清晰的某一点；二是地方尺度（因此前文提到两个可以互换的术语“local”和“place”）。与之相关的概念“地域性”（locality）捕捉到双重意义：不同地点的人、制度和事物怎样以独特的方式共同造就一些或远或近的地方。地方不是自然而然存在的，而是在社会中形成的，虽然受到地方环境条件的影响，但是地方是无数人类实践活动的产物，也正是这些活动的沉淀使得地方具有各自的特殊性。

即便在假想的新千年“没有摩擦”的世界，考克斯和迈尔（Cox & Mair，1989）所说的“地方依附”（localit dependence）仍然十分显著。这一术语描述了具有高度地方嵌入性的社会关系、规则和制度，它们或者是完全地方性的或者是部分地方性的。就像考克斯说的：“因为要实现基本的利益，也因为地方没有替代品，所以人们依赖它们；它们定义了人们物质幸福的地方特定的条件。”地方依附指资本主义社会的主要社会关系，阶级的主要关系实际是企业和劳动者之间的地方特定的阶级关系，这些关系都由管制机构斡旋。与我们第二章的讨论一致，这些关系涉及不同地方的工人和雇主以独特方式组合在一起的“内部”和“外部”的社会差异轴。因此地方是那些随时间流逝而建立起来且不断变化的工人、工人家属、退休人员、失业人员、企业和机构的复杂结合体，它们具有哈维（1985b：139）所谓的“结构一致性”。虽然地方由众多的人、企业、组织和人造环境构成，但地方复杂性还是有一定秩序的。通过社会学家所说的地方行为主体和制度之间关系的“程式化”，地方形成了，这些行为主体和制度必须保证它们相互作用的规律性，否则，日常生活就会变得混乱不堪：不管是生产、再生产，还是消费——这些日常生存的命脉——都将难以为继。

与此相关，我们也必须认识到这种地方日常活动的特有形式也具有重要的主观和情感维度。地方是人们——工人和雇主、失业人员和退休人员、或老或少的工人家属——生活所在地，马克思主义理论学家说生活在某些地方的人们最感兴趣的是这些地方的“使用价值”，而有解释学嗜好的理论学家则强调地方的情感价值。使用价值是一个地方的基础设施所产出的实用利益，而情感价值来自人们对生活所在地的依附感，虽然它们是无形的，但也同样真实。对于人来说，地方有很多意义，反过来，人对地方也有很多意义。如果人们对其家园所在的地方没有依附感或者说根本不在乎他们的地方发生的事情，那么他们就好似在方方正正的平原上工作和生活。相应地，不同的地方拥有自己的竞争方式，或者像文化批评家雷蒙德·威廉斯（Raymond Williams，1975）曾经说的能唤起人们情感的“感觉结构”。这些情感纽带能够将部分或全体行为主体和机构团结起来，一起履行对于他们居住地的义务和职责（我们将在第六章看见这一点）。

概念化地方

因此，不论在客观意义还是在主观意义上，地方都具有它存在于现代世界的重要性。地方既是日常生活行为的物质竞技场，又是发展地方认同感和忠诚的场所。但是这也提出了一个重要问题：在21世纪我们应该怎样概念化“地方”？大家常常认为造就地方的就是地方内部所发生的事情。然而，这个关于地方的常识性概念存在两个问题：第一，它暗示了“地方”和“非地方”之间的明显界限。这就是菲尔·克朗（Phil Crang，1999）在评述地方概念时所说的“马赛克观点”，即认为地方就像较大的地理马赛克上的小碎片，因此地方的“内部”和“外部”非常明显，这一观点现在已经完全过时了。第二，我们生活在一个不仅相互联系而且相互依赖的世界里，这一点越来越清楚，这是“全球化”这一术语力求涵盖的众多事物中的一个，它暗示了构成地方的元素与延伸至更大空间的“远距离的”事件、过程和制度紧密相关。认为在地理上并列的事物比地理上分离的事物更重要的观点也不再正确了。相反，地理上呈现的和未呈现的事物以各种不同方式交织在一起。

如果把上述两点融合起来，我们就会开始把地方看成是大量“地方”和“非地方”事件、过程和制度的交会点，而不是更多的相互关联、相互依赖的空间里的有限区域了。地理学家多琳·马西为了推广这个关于地方的相关观点，做了大量工作。用她的话说，我们现在需要将地方概念化为“社会关系的特殊表现，这些社会关系包括地方内部的地方关系及远远超越该地方但又与之相关的关系。而所有这些都嵌入复杂的有层次的历史中。这是一种开放的、有渗透力的、混杂的地方……”（Messey，1999：22）。这里，空间和地方已经相互融合了。虽然理论上可以将它们区分，但实际上它们是混合在一起的。再次引用马西的话：“社会关系已经蔓延到如此程度……很难在社会空间里再区分出任何可以称为地方的相关区域了……”

具有渗透力的地方这一概念有三点重要含义和优点：第一，它向我们表明如果我们想要理解位于地方的工人、企业和机构所从事的活动以及他们行动的效果，那么只关注这个地方内部就具有误导性，一位工人的活动空间图能够简要地说明这一点（图 3.1）。例如，以我们为例，我们都居住在距离上班地点 12 公里范围内，但是我们短期或者长期地——生产、再生产和消费活动——将我们置于一个广泛的地理空间，而不仅仅局限于我们工作的办公室。因此地方越来越不会只是本地的：它们是马克思主义地理学家埃里克·史温吉道（Erik Swyngedouw，1989）所说的“全球本土化”（glocal），史温吉道造出这个新词的目的是为了强调非地方越来越包括在地方内部了。

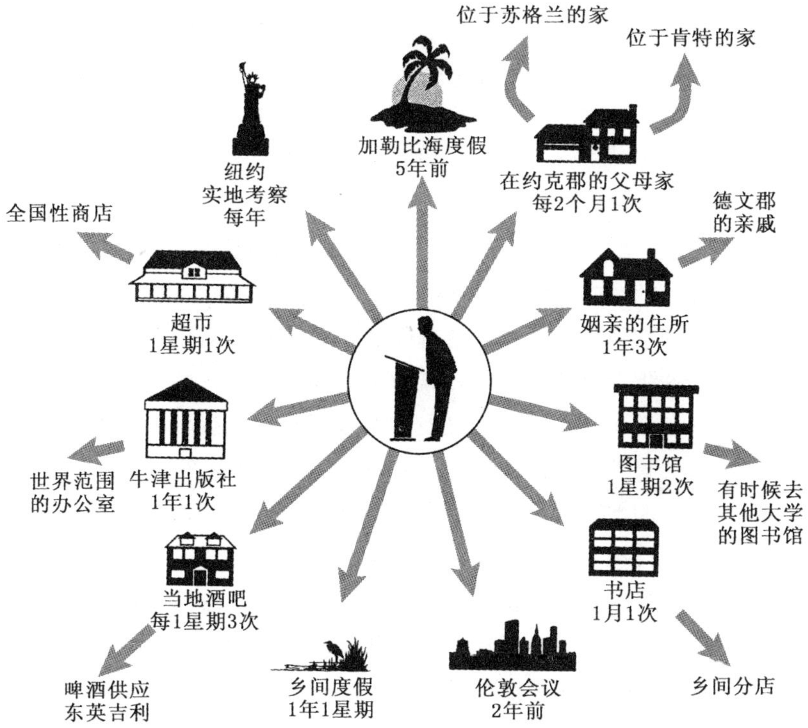

图 3.1　一位大学教授的邻近活动空间

第二，然而第一点会导致一个显而易见的悖论：如果并不仅仅只是地方内部事物造就地方，如果我们说地方是人、机构和企业的独特结合体，那么当地方越来越受到“外部”力量影响的时候，如何保持地方的独特性？换言之，不是说尽管，而是因为地方之间高度的相互联系，如何保持地方差异？——这是地方的相关观点所表明的。答案在这里：跟以前相比，跨地方相互关联凭借遍及全球的商品、人、信息和形象，实际上把更多地方联系起来。全球化概念使我们关注一个事实：不同的地方都被卷入到相似的经济、政治和文化流中。高度的地方间相互关联的经典实例便是在全世界遍地开花的麦当劳快餐店。但这并不意味着世界范围内的地方变得更相似了。关键是，按照马西的说法，“非地方”的过程和现存的地方差异结合从而产生了独特的结果。地方用特别的方式“内化”了这些过程，这也是为什么地方的相互关联并未催生地方同质性的原因。

这种内化的出现在一定程度上是因为基于地方的形形色色的行为主体和机构在如何应对外部力量影响方面有不同程度的选择。但是由于并非所有地方都以同样的方式产生相互联系，因此地方差异出现了。反之，不同地方被不同的更广泛的关系和联系包围着。阿敏（Amin，2002：391）把地方称作“相关联的环境中的中心点”。例如，对于处于世界城市外围地区的城镇，地方的性质受到每日通勤节奏的巨大影响；而对于处于金融地区的世界城市自身而言，地方的本质取决于长距离的资本和知识交换，这些交换也构成了全球金融体系；对于非洲西部的可可生长地，与西欧巧克力市场的联系就显得至关重要。当然，事实上，大量的地方和地方外的联系复杂地混合在一起，从而决定了大多数地方的性质。

第三也是最后一点，认识到地方的开放性和渗透性可以让我们理解为什么它们不只是相互间有差别，而是以不均衡、不固定的方式相互联系。这让我们回想起前面已经探讨过的关于地方相互关联和相互依赖的重要特性。前者只是陈述了在21世纪地方之间是相互关联的，而后者则更精确、更有意义：它暗示了地方的性质和命运与其他地方发生的事情紧密相关。让我们回想一下第一章提到的关于马姆斯伯里—马来西亚的戴森公司的例子，正是地方差异性迫使戴森放弃了以前的生产地点，但是尽管两地相距千里之遥，这两个地方却是相互依赖的，因为在马来西亚的新投资引发了马姆斯伯里严重的失业。因此，在地方关系里有一个共同决定的因素，这一因素既来源于地方差异同时又改变了现有的地方差异。就像约翰·艾伦和克里斯·哈姆内特（John Allen& Chris Hamnett，1995：235）说的，“跨越空间的社会关系网络不仅仅（在它们的地理范围内）是不均衡的……它们也设法克服（地方）多样性和差异性。在这种情况下，地理学至关重要，正是（地方）关系造成不均衡性而地方关系通过这种不均衡发展的模式而运作”（first emphsis added）。在当代世界，从平均成本到生活水平再到工人的平均技能水平的不均衡的地理发展既是地方相互依赖的先决条件又是其起因。换句话说，地方相互依赖催生了“赢家”和“输家”。

总而言之，21 世纪的地方是开放并相互依赖的，但是它们并没丧失自己的个性和独特性。地方的命运只是部分掌握在其居民手中。虽然传统上“地方”会让人想起固定和稳定的社区的形象，但是有一点越来越清晰了，那就是资本主义世界的地方是动态的，不断变化的。借用马克思和恩格斯的《共产党宣言》（*Communist Manifesto*，1853）中的一个词语，地方的坚固性不断消散在空气中。曾经繁荣的钢铁制造城也许今天会变成失业率居高不下的地方，而昨天沉睡的大学城也许就是明天的高科技发展轴心。这非常简单，地方的起起落落就是资本主义生活的客观事实。

工人的位置

为什么地方对工人很重要

资本主义世界的日常生活既是地方的同时又是跨地方的。在本章这一节和接下去几节，我们将一一探讨。开始我们想解释一下前文的主张：即雇佣劳动和雇佣工人必然具有地方性。我们认为地方为今天的几乎所有有偿工作提供了现在的客观和主观舞台，就如两位最早的研究工人的地理分析学家所言，“虽然世界联系越来越多，我们还是要掌握好一个平衡，大多数人还是过着极具地方性的生活：他们的家、工作场所、娱乐、购物、朋友及其家庭都位于相对较小的轨道里”（Pratt & Hanson，1994：25）。那么，为什么在可能已经全球化的世界里，工人还是不可避免地以地方为基础呢？这似乎有七个理由：

第一，大多数工人没有时间和资源长途跋涉去上班。即便是在发达的资本主义经济中，平均每人每天上班的路程为 25 公里（Holloway & Hubbard，2001：27），而在世界其他地方这个数字是近 5 公里，戴维·哈维（1989：19）曾经简明扼要地说过一句话：“劳动力每晚都得回家。”

第二，实际上所有的生产活动必然是地方的。只有“流动的”企业——如航空旅行——会拥有“在移动中工作的”劳动力，绝大多数有偿工人都在固定的场所进行生产，即使如微软和通用汽车公司这样最大的跨国公司的员工也是如此。虽然这些企业比大多数中小型企业流动性更强，但是它们也要把工作场所的劳动力、物质和技术结合起来。没有这个物理支撑点，商品生产就不可能进行。

第三，劳动力再生产也必然是地方性的。斯多波和沃克（1989：157）说得非常恰当：

> 日常生活的中心机构——如家庭、教堂、俱乐部、学校、运动队、地方工会等——的形成需要时间和邻近空间……这些机构一旦建立起来，就将比个体参与者存在的时间更长，也将造福世代工人，但它们也需要世代工人的支持。这样一来，一种持久的、与众不同的地方社区便成为劳动力景观的一部分。

第四，在上一章我们就注意到作为再生产一部分的工人不仅是商品生产者，也是商品消费者。如果没有购买、使用和紧随其后的商品购买，资本主义就会陷入停顿。这具有地方维度是因为在大多数时间对大多数人来说，消费必然是地方性的，买卖商品都需要实际的地点，不论这些商品是在多么遥远的地方生产的，或者是从多么遥远的地方运输来的。进一步说，特定的消费实践活动带有明显的地方色彩。例如，吃寿司已经成为英语国家城市职业人群最喜欢的新生活方式，而在新加坡，拥有一辆宝马或者梅赛德斯轿车成为真正显赫地位的标志。

第五，由于上述四点，对于工人的管制也带有地方性。尽管管制机构是国家或者国际的，工人的地方性存在也意味着这些机构的管制机制最终还是要在地方尺度上运行。例如，大多数工会主要是国家组织，然而，它们却拥有众多的地方性成员，这些成员一起构成国家工会。反过来，任何国家工会领导代表其成员采取的行动必须得到这些成员的同意，并由他们施行（本章稍后部分会讨论非地方尺度问题）。

第六，鉴于上述几点，为什么劳动力市场必然具有地方性就显而易见了。雇佣工人的买卖是在劳动力和雇主都是基于地方的条件下进行的，而管制机构如果要影响雇主—雇工关系的话，也必须找到它们在地方的运作形式。既然从一个地方到另一个地方，工人、雇主和机构不可能是相同的，因此我们可以说地方构成了劳动力市场（Peck，1996：第四章），“它们在不同的地方以不同方式运作”（ibid：86）。

最后，因为劳动力不同于其他商品，它有能力发展地方情感，其中最清楚的形式就是**地方认同感**。“祖籍地”这个词对很多人的自我感觉包含着地方维度。地方变成熟悉度、亲情甚至爱情的地点。众所周知的场地和味道、日常工作、始终存在的地标，持久的友谊、家庭纽带：即使在今天，这些仍然是绝对具有地方性的。再者，这种来自某个地方的感觉——即地方已经融入自己的感觉——是工人很难排除的。雇主也同样有很深的地方情感，因为他们也必须生活在某个地方。同样，不从事有偿工作的人——尤其是孩子和老人——因为流动性受到限制，所以经常受困于高度地方化的活动空间。这些地方（和亚地方）空间成为这些群体的主要的“体验背景”。

简言之，即使人员、企业和商品流动性似乎比以前任何时候都强烈的时候，工人还是具有一种特定的“黏性”（stickness）。这就是说，显然劳工移民不仅仅拥有“根”（roots），他们还拥有“路线”（routes）。他们自愿或者不自愿地在更广泛的空间迁移，目的是得到就业机会。在第七章，我们将会看见，这种流动性——不管涉及的工人多么讨厌它，也不管它给予工人多大的压力——可以被看作是摆脱劳动力基于地方存在的限制的一种方法。实际上，劳工移民表明了虽然雇佣工人是基于地方的但是他们并未受到地方的束缚。然而，尽管如此，劳工移民最终还是无法摆脱地方的牵引力（pull）。简单地说，他们总是千里迢迢从另一个地方迁移到一个地方。此外，如果他们正养活着家乡的家属，那么这就会对他们的日常生活，甚至新的工作地产生一种持久的物质影响。

总之，尽管到处都是鼓吹生活在地球村的说法，雇佣工人仍然生活在“地方世界”里，这些世界在地理上是分离的（虽然不是孤立的）。即便在21世纪，工人每天上班的路途是地方性的，工人的再生产基于地方，商品生产和消费也蕴含在地方内，工人和雇主的管制仍然具有地方的表现形式。同时，在写明某人身份时，会把他出生并成长的那个地方包括进去，有时候那些已经永久迁移到其他新地方的人的身份上也会写明他的出生地和生长地。

地方内的工人

前面小节表明雇佣工人在地理上被分异在很多地点。他们在世界上很多民族国家里的不同地方生活、学习、劳动。这种地理分异使得前一章后半部分所探讨的工人之间社会差异的划分和复杂性又增加了一个层面，我们称之为劳动的空间分工（见第8页）：也就是表现在地域方面的劳动的社会分工方式。但是我们可以更深入地看这个问题。虽然上文已经暗示不同地方各自拥有相对同质的——或者至少相似的——雇佣工人群体这一观点是错误的，但不可否认的是一些所谓的"单一产业"区或者"公司城镇"的确拥有毫无差别的工作人口，阿巴拉契亚或者英格兰北部矿区就是很经典的例证。但是很多——实际上可能是大多数——地方包括几种工人群体，他们在大相径庭的条件下劳动、再生产和消费。简言之，我们需要理解地方内部工人之间的差别，即便是这些工人拥有共同的地方情感。如果你愿意这么理解的话，在既定地方的"地方世界"里还存在一些"亚地方世界"。

第二章结束时所描述的劳动力市场分割断层线显然贯穿不同的地方和地方之间。在工人的属性，如技能、性别、种族和年龄等方面，地方内部的工人之间有很多差异；差异也体现在他们的地方情感上，这可以从社会文化方面也可以从房地产市场的不同流动水平看出来。亚地方的分割常常既是职业的又是地理的。特定群体在地理上受困于特定的区域。例如，没有技能的低薪工人更可能更换工作而不太可能更换住宅区位，他们也无法承担远距离上班而产生的费用，这往往限制了他们的就业机会范围。找不到合适的就业机会，失业就产生了。由于需要兼顾有偿工作和无偿的家务活和照料家庭的责任，很多地方的妇女常常遇到这些困难（Mcdowell，2001，图3.2和框3.1）。另一方面，高薪工人不仅有财力去很远的地方上班，他们也能够转换住宅区位。在某些情况下，他们可以迁移到另一个地点。由于工人生活所在位置、工作所在位置，以及这两点之间的潜在的流动性不同，于是出现了地方内部的"巴尔干化"（balkanized）。房产体系的性质常常在两方面加剧了这种"巴尔干化"[①]（balkanization），即特定种类房子的

① 巴尔干化（Balkanization）是一个常带有贬义的地缘政治学术语，其定义为：一个国家或政区分裂成多个互相敌对的国家或政区的过程。

位置和存量住房的分配机制这两个方面。你只要想一想典型的城市以及市中心和郊区的差别，马上就会对这种分离过程一清二楚了。在某些情况下，社会和亚地方分割的效果就是：在同一个地方生活和工作的不同群体，却可能永远不会——或者很少——走到一起。

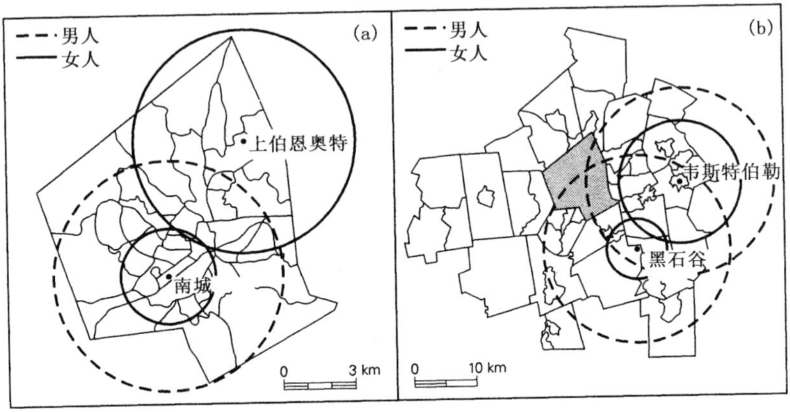

图 3.2　马萨诸塞州伍斯特市 4 个当地区域男性和女性的上班路途：(a) 伍斯特城 (b) 伍斯特市
来源：Hanson & Pratt，1995：图 4.2

框 3.1　劳动力“地方世界”内部的性别划分

汉森和普拉特（Hanson & Pratt，1995）对马萨诸塞州伍斯特市精彩的案例研究生动地展示了特定地方的劳动力市场是如何由性别关系构建的。伍斯特案例研究表明表现为明显的日常活动的亚地方尺度的性别关系具有多重维度。与男人相比，妇女（尤其是处于职业阶梯底层的妇女）倾向于选择离家更近的工作，这样可以更方便她们平衡雇佣劳动和各种各样的家务工作以及照料家庭的任务。可以把这些受到地理限制的雇佣关系投射到一张就业地图上，这张地图显示了妇女（男人）的工作往往集中在特定的区域。所以妇女就业与否取决于住宅区位。这种明显由性别差异造成的“距离摩擦”

续

导致了一些职业母亲的地理困境。在这种性别化就业地理学形成过程中，雇主也起着作用。在工作场所内，不同（性别）的职业群体之间很少有交集，在邻里尺度上，雇主会选择能够雇佣特定种类雇员的地方建立企业，这种模式随后被地方化和非正式的招聘策略强化了。汉森和普拉特总结如下（1995：224）：这种地方内部的距离摩擦形成多重高度地方化的劳动力市场，就如“劳动力市场分割实际投射到地面的各个区块的划分”。

概括起来，就像马丁（Martin，2001：461）极为中肯的描述一样，特定地方的劳动力市场就是：

> 分割的子市场的复杂聚合体，每一个子市场有各自的地理、就业和工资形成过程……也是一个互不竞争的子市场的聚合体，这些子市场通过直接或间接的地方的经济依赖和交换的网络在不同程度上联系在一起。

当然，随着地方的变化，子市场范围会因为各地经济复杂性不同而迥然各异。在英国北部哥伦比亚的资源产业城镇，劳动力市场也许只有为数不多的子市场，而像温哥华这样的国际大都市则由很多有几分关联的子市场构成。重要的决定因素是在特定地方进行的经济活动的性质，这也是我们马上要探讨的问题。

企业的位置：生产的地域性

企业的地方性

到目前为止，我们已经看到，本质上，工人以及第二章提到的三个群体主要过着地方生活。在这一点上，我们需要纠正一个普遍的错误：人们认为工人相对而言被“困”在地方，而他们为之工作的企业有相对的灵活性。就像休·拜农（Huw Beynon）和雷·赫德森（1993：182）说的：“地方对于资本而言只是暂时的栖息地……但却成为工人、他们的家庭和朋友永久生活的地方。”这一观点和另外一个想法是联系在一起的，即企业认为地方的“交换价值”优先于使用价值和情感价值。交换价值是企业将生产设定在某个地方后得到的经济回报。认为企业流动性强的想法设想了这样的企业形象：它们在全球四处寻觅以找到最能盈利的地点。然而我们在本章第一节就陈述了一点：实际上资本主义社会里所有种类的经济生产都是基于地方的。那么怎样协调这两个看似矛盾的事物呢？赫德森（2001：263）回答了这个问题：“并非所有资本都具有同样的流动性，也并非所有的劳动力都是同样静止的。”我们一方面提到了跟迁移有关的劳动力，而另一方面则提到受困于地方的劳动力。本节我们将批驳一个错误观点，即认为企业时时处处总有能力掌控空间——也就是能够在地方之间随意移动——从而使工人只能基于地方（有时候是受限于地方）存在。

大型企业——引人注目的国家和跨国公司（框3.2）——毫无疑问有能力“购买地方”。这些企业里精细劳动的技术分工，还有任由它们处置的资源（货币资源及其他），意味着它们能够在各国家、各大洲和全球寻找最具有综合吸引力的地方，这些地方具有良好的生产、管制和市场条件。现在，全球跨国公司前100强的46%的员工和42%的资产位于外国（外国，也就是不是这些公司的“本土”国家，UNCTAD，2001）。备受赞扬的迈克尔·摩尔（Michael Moore）执导的美国纪录片《罗杰和我》（*Roger and Me*，1989），从地理学角度阐释了这种地方转换能力及其后果，影片描述了密歇根州的弗林特镇（Flint），在当地的主要雇主——通用汽车公司——决定将轿车和卡车制造业从北美市场转移到墨西哥之后，小镇的社会经济迅速衰败。像通用汽车公司这样的公司经常敏锐地觉察到地方在成本、工人质量、地方基础设施、相关地点、雇佣法、国家制度等等方面的差异。即使这些公司没有计划在新的地方设置生产设备，它们也会在当地寻找承包商以为它们提供当前来源于其他地方的商品和服务。

然而，尽管存在这些事实，但即使最大的企业也不可能在没有摩擦的世界里运行。虽然这些企业在考虑在哪里进行生产、在哪里获得投入、在哪里销售商品的时候，有如此众多的地方供它们选择，但是它们最终一定还是要把生产置于某个具体的地方。这些企业建立生产地时要涉及大量“沉淀成本”（sunk cost），如工作场所的设施、工人培训的投资等等。同样，一旦在新的地方寻找到供应商或者市场，就要投入大量时间、精力、信任和金钱，以成功建立企业与供应商/消费者之间的良好关系。

正如我们下文要讨论的，现在很多关于全球化的文献都过分迷恋现代资本主义企业，尤其是跨国公司的“无地方”的性质。这种迷恋之所以不恰当不仅仅是因为跨国公司只是相对地不受地理限制——我们刚刚论证过这一点。同样重要的是，它使我们忽略了很多中小型企业（SMEs），而资本主义经济相当大一部分由这些企业构成。在大多数工业化经济中，中小型企业占据了超过95%的企业总数，取决于不同的国家背景，它们占据总就业率的40%～70%（Hayter，1997）。这些企业常常是高度地方化的——那些街角小店和地区餐饮连锁店就是最好的例子。再者，即使这些企业中的一些较大一点的企业（就像第一章提到的戴森公司）具有一定程度的地理流动性，但是和一般的跨国公司相比，它们仍然是相对固定的。

框 3.2 跨国公司及其重要性

虽然我们不希望只把跨国公司作为唯一影响不同地方工人的企业，但是我们还是值得停下来思考一下它们在当代世界经济中的特殊重要性。迪肯（1998：8）把跨国公司定义为“有权力在多于一个国家内协调和控制生产运行的企业，即使它并不拥有它们”。最后一句很重要，它指向这样一个事实：对一个企业来说，为了决定怎样使用一个国家的生产能力而去拥有它并不是至关重要的。以耐克为例，它的大部分生产是通过东亚地区复杂的分包商网络进行的，对于

续

这些分包商，耐克并不拥有所有权而只拥有很大程度的合同控制权。在过去 50 年，跨国公司活动的规模和重要性有了惊人的增长：根据 UNCTAD（2001），2000 年全球范围大约有 60 000 家跨国公司，这些公司拥有 820 000 家外国分公司，资产超过 6 万亿美元。迪肯（1998：177）揭示了跨国公司的三个重要特点：

- 有能力在国家内部和国家之间协调和控制个体生产链的不同阶段
- 有潜力利用生产因素分布和国家政策的空间变化
- 有潜在的地理灵活性，如在地方之间转换资源和活动的能力，如果必要的话，可以在全球尺度上进行转换

简言之，跨国公司通过它们在不同地方的投资或者不投资决策成为全球经济地理的重要塑造者。跨国公司在不同地方投资或者在不同地方之间转换资源有两个动机（Dicken，1998）。用分析性来区分这两个动机很有用处，但是事实上很多投资决策却反映了平衡这两个因素的需要。首先，很多投资是以市场为主导的。也就是说，投资通过定位于某个地方，将资金投入具体的地理市场，选择市场的原因也许是因为它的总规模，或者是因为商品需求的特定构造以及市场内部存在的财富。其次，投资可能以供应或成本为主导。历史上，很多自然资源行业的跨国公司在海外投资的目的就是得到棉花、石油之类原材料供应。最近，以成本为主导的投资增长迅猛。尤其如迪肯（1998：189）所言："很多人现在持有这样的观点，至少在全球尺度上，最重要的特定地点的因素是劳动力。"工人的很多相互影响的特征可能会影响跨国公司选择地点的决策。最显著的是，工资成本有很重要的国际变化，但同样劳动能力和劳动生产率也有地理变化，由于不均衡的集体组织模式，对劳动力的可控制程度也不同。然而在不同地方不同产业，这些属性也以不同方式表现出来。与一些不真实的全球化的说法（参阅前言）相反，并不是所有跨国

续

公司的投资都受到对廉价的、无组织的、低技能或者半熟练的制造业劳动力的需求驱使。例如，大部分商业服务部门的外国直接投资（FDI），如管理咨询、法律服务和广告等，都在先进经济体的高成本劳动力市场流通，而它们的动机则是想要得到高端市场和/或专门的技术和知识。

换一种说法，资本主义生产有一种难以消除的地理嵌入性。不论在最后的投资决策之前企业可以“购买”多少地方，所有类型企业都必须在某个地方开展它们的活动。资本主义商品的生产、运送、购买、消费和服务不可能在大头针尖上进行。相反，它需要一个能给予它物理形式和形态的地理景观。

地方、集聚和经济增长

不仅所有经济活动必须在某个地方进行，而且这些经济活动还具有强烈的集聚倾向，20 世纪的经济地理学家一直致力于这一现象的研究。特定集聚的出现常常源于历史偶然，但一旦生产“植根于”一个特定地方，两种密集的地方化联系就会驱动紧随其后的增长和发展。首先，在进行不同的却又相互关联的生产过程的企业之间，如供货商、合作者或者消费者之间，存在广泛的交易相互依赖（traded interdependencies）。通过与地理上邻近的企业互动，企业可以最小化交易成本。运输成本可以维持在较低水平，例如，位于其第一层供应商邻近地带的汽车制造商就是最好的例子。然而，共处一地的企业各自的职能未必相关。因此，其次，人们日益认识到一个集聚体内的企业也可以得益于非交易相互依赖（untraded interdependencies，Storper，1995）。其中有一些无形的经济优势，如适当的共同后备劳动力的出现；而另一些则具有重要的社会文化成分，例如，有利于协调邻近企业的经济活动的具体地方的惯例、非正式规则和习惯等。以伦敦城的投资银行家为例，他们可以通过正式的工作场所，也可以通过非正式的网络如酒吧、俱乐部和餐馆等地，获取同样多的各种重要形式的商业知识。地方（localities）成为社交和面对面接触的场所（places），这些互动对于促进知识交换和经济增长所仰赖的创新非常关键。

当然，经济活动的集聚可以有很多形式。其中一个形式自20世纪80年代起就受到社会科学家的极大关注，这就是所谓的“新工业区”，它以创新小企业的地方化合作网络为基础，20世纪早期经济学家阿尔弗雷德·马歇尔（Alfred Marshall）就此论题发表了他的开拓性著作之后，“新工业区”又被冠以“马歇尔区”，这一概念源于对意大利艾米利亚—罗马涅区小镇（Emilia-Romagna）手工业成功扩张的经验分析。但现在人们认识到马歇尔区只不过是一种活跃的集聚形式而已。例如，经济地理学家安·马库森（Ann Markusen，1996）就在她的文章中更进一步确立了三种工业区形式，在该文中，她生动地称之为“黏性地方”（sticky places，见图3.3）。首先，她注意到“毂辐状”区（hub-and-spoke district），在此一些少量产业的主要地方企业深刻影响了当地的工业结构，这些垂直集中的企业被较小的不够强大的供应商织就的地方网络包围，西雅图的波音公司和微软公司堪为范例。第二种类型是“卫星平台”区（satellite platform），本质上是多工厂（multi-plant）公司在其外部拥有众多分厂，如新加坡的电子行业。第三种是国家主导的产业区，在此重点公共实体（如大学、研究工作实验室或者国防部门）是主要承租户（anchor tenant）。例如美国国家大学和/或州府所在地的城市：如威斯康星州的麦德逊、密执安大学的安娜堡校区。

虽然这种分类暗示了集聚潜在的可变性，事实上大多数地方的生产本质是高度复杂化的。就这一点而言，最后可以总结两点：一是在很多地方，几种不同种类的工业区重叠并存，形成“黏性混合”（sticky mixes），换言之，“真实世界”地方是不同形式集聚的混合体，例如在当代硅谷，就可以辨认出马库森提到的四种工业区的元素。因此尽管一些区域（territorial）生产综合体符合一两种产业特征，很多地方却是几种不同产业形成的复杂集聚。二是我们需要反复强调先前已经陈述的一点：即地方是动态地并不断变化地——在某种程度上是因为资本主义对于竞争和创新的需要——随着时间流逝，地方包含的区域化联系（territorialized linkages）变化不定最终引起地方性质的变化。

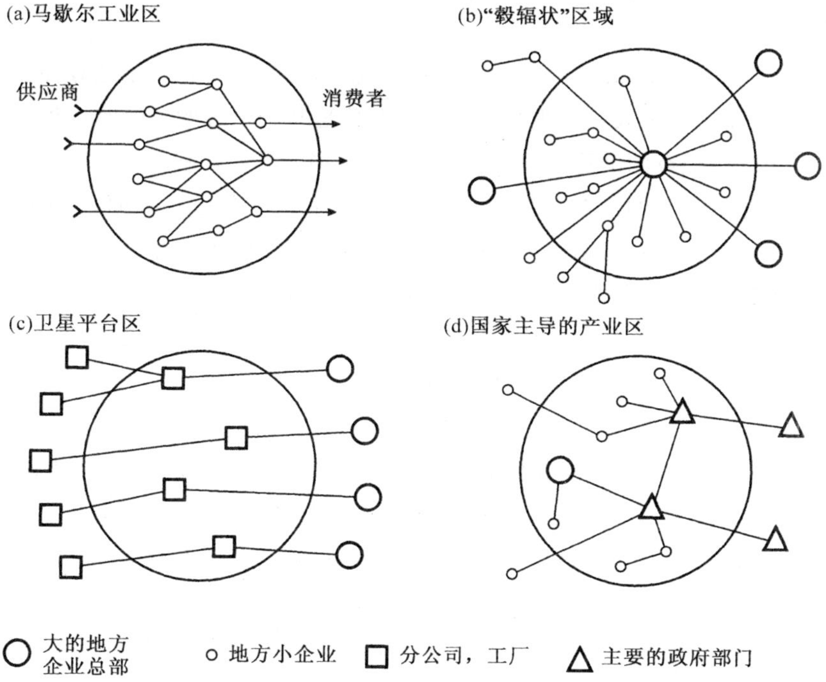

图 3.3　工业区主要类型（摘自 Markusen，1996：图 1）

地方社会管制

迄今为止，我们在本章看见的是工人的日常存在必然是地方的，而资本主义企业——即使是流动性相对较强的企业——很少能逃脱地方的牵引力（pull of place）。虽然工人和企业都很重要，但是地方并非仅仅只是关于工人和企业的。正如我们在第二章看到的，雇主—雇员关系受到社会管制。因此要理解地方的重要性的话，还得先理解为什么社会管制总是在地方进行以及为什么很多管制机构像工人和企业一样是基于地方的。因此地方可以被看成“一个范围，在这里规则、规范、习俗、法律机构和管制体制的（国家的和国际的）地方和非地方体系相互交叉影响，从而影响工人和雇主的行为并使其制度化”（Martin，2001：464）。

实质上，本章已经讨论过工人和企业的社会管制必然是地方性的原因：也就是工人和企业在某种程度上总是基于地方的。管制过程的“地方”性质有两个重要方面。一方面，很多劳动力管制的机构及机制都是地方独有的：在范围上它们只是本地的。这有几方面（Peck，1996）。地方政府行动通过儿童保育、经济发展、移民、培训、教育和社会服务等相关政策发挥重要作用（Cockburn，1997；Ccchrane，1993）；地方家庭和家庭结构影响了雇佣劳动、照料和家务劳动的性别划分；工会和企业之间地方协约将影响集体性谈判（collective bargaining）的性质；地方劳动力在志向、离职方式和团结传统（traditions of solidarity）方面具有显著特征；最后，文明社会的地方机构围绕地方特定的情况和议题而组织起来。例如，不同社团一起合作反对一个危害环境的地方工厂。这几方面结合在一起，我们发现管制干预在地方开始并在地方履行。另一方面，国家和国际管制过程与既定地方的制度和经济特性相互作用，因此它们也会采用特定的地方形式，这些特性可以包括很多东西，例如地方劳动力特征，如分割、以前的政治行动的结果、当地人造环境的性质、当地政府和文明社会机构的相对实力（strength）和活力。关系到劳动立法、培训和提供就业机会项目、福利体系和税收构成等的管制机制会分别与这些显著的地方形式互动。例如，处于以高失业率和低工资为特色的苦苦挣扎的劳动力市场的雇主，比处于低失业率和工资水平相对较高的供不应求的劳动力市场的雇主，履行国家最低工资立法的成本要高得多。

在佩克（1996：107）看来，这两个方面共同造成了他所说的地方“独特的管制环境”。要明确的是，认识到地方之间的劳动力社会管制是变化的并不等同于劳动力管制控制是在地方尺度上进行的。我们将在下一章探讨这个重要问题。现在最重要的一点是雇佣劳动管制既有地方性又因地而异。

为工人—雇主关系建立牢固的基础

地方社会关系

如果我们把前面四节观点综合一下，就会看见资本主义社会的雇主—雇员关系具有明显的地方维度。另外，我们也已经看见想当然地认为所有工人都受限于地方，而企业只是基于地方，显然过于简单化了。我们所说的是实际上在某种情况下所有工人和雇主相互之间都必须发展一种具体的地方关系，他们不得不在适当的位置使用各种权力清单并且消除彼此间在需要和期望上的差异。

然而，并不仅仅只是雇佣关系在地方发生，而是这些关系处于什么地方在物质上影响它们如何展开。这种地方性（localness）可以决定如何施行各种相互抗衡的权力清单，从而深刻影响在什么条件下使用和再生产劳动力。例如，雇主常常会调整他们的招聘策略、工作时间和工资率以反映当地的情况。这对工人或许是有利的或许是不利的。在劳动力市场供不应求的地方，雇主可能改变其招聘时间以保证继续生产。例如，在某些劳动密集型产业，如制衣业，雇主会鼓励在家工作以吸引更多女性劳动力。对工人而言，供不应求的劳动力市场能够提供良好机会让他们定期调换工作并且在职业阶梯上迅速上升，20世纪90年代初期硅谷繁荣的高科技劳动力市场证明了这一点。另一方面，在劳动力供过于求的地方，雇主就会抓住机会通过裁员、投资新设备等重组企业。这种情况常常在雇主进入严重去工业化的地方（heavily deindustrialized localities）的时候发生。赫德森（2001：122）描述了20世界80年代位于森德兰（Sunderland）的尼桑（Nissan）汽车厂的情况，当时该厂有600个工作职位，却收到大约33 000份求职申请。在这样的情况下，雇主们就可以非常挑剔，仔细斟酌到底选择什么样的雇员，还会制定苛刻的雇佣条款和条件，这时工人可以使用的权力清单就少得可怜。显然，地方成为雇主—雇员动力学的重要“容器”：取决于背景，它可以既有助于也可以限制关系的双方。

另外，雇主—雇员关系的性质也具有地方变化性。佩克（1996）揭示了两个方面交叉带来的不同地方劳动力市场的独特性。一方面，劳动力市场动力学通过独特的劳动力供与求的相互作用，在地方形成：生产—再生产维度。简单地说，地方在它们拥有的雇主数量和类型方面有很大变化，同样在劳动力数量和范围方面也是如此。另一方面，就像我们已经看见的，从地理学角度看，劳动力市场在性质、职能及其策略的地方影响方面有所变化：管制维度。这里我们需要谨慎一点，劳动力市场过程不是单一的——也就是地方间完全不可重复的——而是独特的：即“在它们的运行和经验效果上，它们在不同的地方背景下以不同的方式运行”（Peck，1996：266）。例如一个新的生产技术也许会给大范围地方的某些种类的工人带来压力。具体的压力表现形式以及工人的应对方法却因具体地方不同而产生巨大差别。我们所拥有的是一系列独特的背景，在这些背景里雇主和雇员的策略形成并受到管制。

阶级身份和阶级行动的地理性

所有这一切对工人来说具有双重结果。一方面，地方削弱了——或者至少复杂化了——更广泛的工人的阶级意识。在众多地方的各式各样的工人和企业组成的世界里，自在阶级在地理上被分裂了，用赫德森和萨德勒（1986：189）的话来说，“在特定的地方，即使人们已经认识到要关注更普遍的阶级团结，但它还是（往往）让位于对生活和工作的直接关注”。相应地，他们变成自为阶级的可能性受到任何意外出现的阶级意识的地方性质的挑战。在第一种情况下，工人和他们的组织总是被迫应对具体的地方就业、工资或者失业问题。我们将在第六章看见，类似的“捍卫地方”的运动形式多变，从不同地方工人团结起来进行的进步的政治抗议活动到那些使地方相互抗衡的退步斗争。在后一种情况下，失去工作和去其他地方投资的威胁会成为一种催化剂，诱发将特定地方资本家、管制者与工人、当地政治家和当地文明社会机构的利益结合起来的运动。资本家或者他们的代表被迫加入这些项目以保护某个特定地方生产盈利的条件。不论这种“跨阶级联盟”的地方结果是什么，它都造成了在更广泛的国家、国际或全球经济中工人阶级内部的地理分裂。

然而在另一方面，工人存在的和身份的地方性质不仅仅只是阻碍了世界范围内工人的成熟的阶级意识的形成，古典马克思主义观点认为，一旦工人逐渐意识到他们在对抗雇主的规则方面有共同的利益，他们就会团结一致争取解放自己。然而，这一观点的问题在于它想当然地认为工人身份一定克服了地方差异，好像这些差异比起随时可能出现的地方内部的阶级身份显得更不“真实”。而毫无疑问自在阶级和自为阶级的具体内容都体现在地方。事实上，阶级并非一个碰巧以地方变量的方式表现出来的非地理现象，在现实世界，正是这种可变性才构成阶级。用赫德森（op. cit. 223）的话说，阶级“是在第一种情况而不是最后一种情况下具有地理性的”。因此，认为如果工人要实现“真正的”社会利益就需要甩掉地方的“镣铐”的观点是错误的。工人在一个地方或者对一个地方的责任不论跟雇主的一致还是相对抗，都是资本主义日常生活有关的事物的主要部分。这一点具有重要含义。上一章我们讨论过一点，如果工人要培养一种对于阶级地位和阶级利益的广泛的共同意识，他们须付出很大努力来构建这种意识。现在很清楚的是这种努力具有同等的地理性和社会性，它不仅包括应对阶级内部和阶级外部性质的社会差异，还包括应对地方差异。换句话说，它包括理查德·海曼（Richard Hyman，1999：94）所称的“想象的团结”的建设，在这里劳动人民“认识到与其他人的共性，他们并不认识这些人，也没有意识到这些人的具体身份”。

小结和前瞻

本章说明了工人、企业和管制机构怎样以多种复杂方式与地方联系在一起。因此，雇佣关系及其管制的性质是既有地方性又有地方可变性，反过来，雇主和工人运用的权力清单既有地方可变性又在地方表现出来。在这种意义上，工人（实际上包括雇主）发挥能动作用的情况也总是取决于地方情况。有些情况下，地方关系会阻碍有效行动，而有些情况下则会强化该行动。因此地方具有深远意义。然而，本章所倡导的地方的相关方法也让我们认识到有助于构成“地方性”的地方间的相互关联和相互依赖，因此下一章我们会进一步探讨地方之间的关系：跨越空间，在不同的地理尺度上的关系，因为正如我们在第一章开始就已经阐明的观点：地方不再绝缘于外部其他地方的力量。

第四章　劳动力空间分配及尺度层级

在第三章我们看见工人、生产和管制体制如何被置于地方中，在此意义上，它们最终在地方和工作场所相互影响。现在我们将继续分四个阶段阐释我们的地理学论点：第一，我们说明已经扩展到更广泛空间的跨地方关系和制度如何加大对地方层面事件的影响。第二，我们认为跨地方关系和机构按从地方到全球的尺度划分层级，这种尺度层级对于发生在当地工人身上的事件以及工人的应对方式具有决定性影响；本质上，地理尺度明确说明了任何既定地方—空间关系的内容。第三，我们运用“地方劳动力控制体制”这一概念将“空间”和“尺度层级”论点与第三章论述过的劳动力的“地方性”融合起来。最后，为本书余下部分提供关于工人政治地理学的初步意见。

从地方到空间（再回到地方）

我们生活在一个具有“根深蒂固的跨地方主义”（rooted translocalism）的（Katz，2001：724）世界。我们在前文已经论证了由无数地方的雇佣工人、他们的家庭、雇主、退休人员、失业人员、企业和管制机构组成的不同群集；我们还进一步论证了地方内部关系并非只是简单地造成地方差异，它们还造成地方日常生活的不均衡。文化批评家约翰·伯杰（John Berger，1974：40）曾有一句名言，“正是空间……（现在）向我们隐藏了结果”。他的意思是尽管那些业已扩展的联结地方的关系和跨地方组织产生了非常真实的影响，但是它们是看不见的。任何地方的行动和事件都是由社会学家所说的“未确认的条件”引起的，它们也会在其他地方产生“意外后果”。用安东尼·吉登斯（1990：19）的话说，“……场所的可见形式掩盖了决定其本质的远距离关系”。因此如果要了解地方中工人身上正在发生什么——不管工人是否意识到，我们需要明白空间关系和组织的主要类型是什么？前面整整一章的内容都在强调使得地方经济生活具有地方性的因素，也大致描述了为什么在理论和实际上地方不能绝缘于其他地方的原因，现在是时候深入探究造就当代地方的跨地方关系了。我们可以区分各种关系到工人、企业和管制机构的跨地方关系，其中每一种都是或竞争或合作、或有计划或无计划、或有意识或无意识的关系。虽然我们将分别讨论这些跨地方关系，但事实上它们在不同程度上回应了前文提及的“依附地方的”行为主体、事件和制度/机构。

工人的相互联系和相互依存

工人的相互联系和相互依存有四种主要类型：

- 竞争的生产关系——由于工作、再生产和身份的地方本性，也由于资本主义可预见的经济竞争，于是产生了地理竞争。赫德森和萨德勒（1986：179，emphasis added）曾经这样说过："从这样的地方的工人及其家庭和家属的角度看，唯一可行的办法就是为他们的工厂、矿区、社区或者地区而奋斗……"因此，尽管不同地方的工人都曾经是更广泛的劳动阶级、阶级分层或者更广泛的职业群体的成员，他们有很多相似之处，但是他们会为了工作职位、投资和市场与远方的陌生人竞争。这种竞争可能发生在既有的商品生产中心之间或者经济活动的新、旧地方之间。

• 合作的生产关系——跟前面一点相反，生活成本、平均工资、最低生活工资等地方变量（place-variable）成为一个诱因，使得不同地方工人相互合作以保证雇主和管制机构对所有工人公平。正如理查德·海曼（1999：99）说的，"没有分异就没有必要团结"。这些地理合作关系在历史上是通过国家和国际工会组织形成的（参阅下一节的"跨地方管制"）。利用地方工会成员的共同权力，跨地方工会可以促进地方之间平等的工人工资、工作条件和权利。在其他情况下，工人可以利用非工会组织跨地方追求议题。

• 迁移关系——21 世纪初，为求职而迁移的人口达到史无前例的数量。国家内部或国家之间的移民遍布社会空间，其原因是工人在原住地找不到工作以及目标地地区对劳动力的需求。当移民汇款至原住地时，一个地方的有偿职业就在财政上有效地帮助了千里之外的另一个地方的社会再生产。但是迁移地理并不是一架运行良好的机器。例如，被迫迁移的人们常常发现他们最终到达的地方劳动力供过于求，而急需劳动力的地方却无法吸引外部工人迁入。除此之外，迁移关系会引起工人之间的竞争，这取决于不同的情况。例如，如果移民比当地工人更愿意为较低的工资而工作，这往往就会使得后者的工资水平下降或者甚至使他们丢掉工作。

• 消费关系——商品的运送和消费既是地方的又是延伸到地方之外的。尽管一个地方的工人为了帮助远方的工人保住工作而不购买本地的商品，这却是当地工人购买和使用来自远方商品时的意外结果（框 4.1）。同样，如果那些在一个地方工作的人购买了在艰苦的受压迫的情况下制造出来的商品，那么他们无意间就促成那些情况永久存在。

框 4.1　消费的隐性地理学

正如雇佣工人是商品生产者一样，他们也是商品消费者。但是在购买和使用商品时，工人很少意识到他们在帮助别处的工人维持生计，这不足为奇。例如，当一个人在商店买卖商品的时候，商品并没有告诉他是谁在什么情况下制造了这件商品，虽然商标和包装会提供一些线索，但是它们却很少让我们真正了解商品生产者的职业生活。这里我们举一个被认为是地地道道的英国货的商品——茶为例，茶在英国是家喻户晓的饮品，但是在其实物生产方面，它跟英国一点儿关系也没有。如果我们在学校餐厅里随手拿起一包川宁（Twinings）袋泡茶，仔细琢磨一下，我们就会发现隐藏其后的生产国际地理学，但在我们吃午餐喝茶时却无暇顾及这些，此时这种地理学就是很模糊的。首先，川宁茶叶在距我们半个世界之遥的斯里兰卡、肯尼亚和印度的茶叶种植园开始其生命。在那里，也许工人每天采摘 19 公斤茶叶能挣到 90 便士，这些茶叶只是在英国售价 1.70 英镑的 50 袋袋泡茶的一小部分。经过干燥、揉捻、发酵和烘干之后，茶叶被运送到位于英格兰南部安多弗（Andover）的川宁茶叶厂，在那里它被装入茶叶袋，而这些茶叶袋则由来自斯堪的纳维亚和美国林区的纸浆和菲纳石油的比利时化工厂的聚丙烯制成；之后这些袋泡茶被放进由格洛斯特工厂生产，在迈登海德印上川宁标识的纸箱里，再由北部泰恩塞德的川宁生产流水线包装和封袋，最后它们出现在超市货架上和大学餐厅里。所有这一切意味着，每一次英国人购买川宁茶叶时，他们就毫无所知地和很多工人一起进入一组复杂的地理上延展的关系，同时帮助这些工人保住他们的工作。同样，不购买其他品牌的茶叶，他们无意间危及其他茶叶工厂工人的生活。

企业的相互联系和相互依赖

因为企业具有跨越不同地方，有时候在不同地方之间转换的能力，所以与工人相比，企业间的相互联系更多也更复杂。下面我们清晰地定义了六种主要类型，其中前四种是企业内部网络关系，最后两种是企业之间网络关系：

- *地方之间的供应关系*——尽管企业的很多投入来源于本地，但是它们也会依赖产自其他地方的投入。这些也许是物质投入，如个别或者部分组装零件，也许是非物质的生产过程的投入，如财政或咨询意见。这些投入可以通过开放性市场的“保持距离”交易或者量身定制的分包关系得到保证。
- *地方之间的市场关系*——中小型企业通过就地售卖产品和服务而生存。而大多数常规大小的企业却要在其他地方获得市场。依据活动的种类，可以分成由其他企业构成的中间市场的形式（和上文所描述的供应关系交叉），或者是将商品提供给个体消费者的最终市场形式（和上文描述的工人的消费关系交叉）。
- *地方之间合作的生产关系*——除了上文描述的“垂直”网络，企业也可能和其他地方的合作者一起进入“水平”网络。虽然大家知道很多合作形式在地方进行（前文已经陈述），但其他一些形式则在更高的地理尺度，包括国际尺度上进行。形成这些战略联盟有三个主要原因：追求合作研究以分散相关成本和风险；共享及偶尔生产配套技术；通过共同配送、颁发许可证或者营销协议来扩展市场。
- *地方之间竞争的生产关系*——另一种形式的“水平”网络关系存在于竞争者之间。正如合作者一样，竞争者也许是本地的，但同样也许是本地之外的竞争者。虽然竞争者偶尔因为空间的流动投入，如技术工人或者风险投资等而展开竞争，但是竞争常常表示基于如价格、质量或者品牌形象等参量的市场份额竞争。竞争经常以一个企业接管另一个（所谓的并购和兼并）的形式存在。与我们的直觉相反，这些竞争关系常常和上文所描述的合作关系同时发生，从对几家主要计算机生产商之间的合作研究可略见一斑。

- 企业内部的地方间关系——尽管一些多地企业在一个地方拥有各种工厂，但是大多数却在一定范围的不同地方拥有分公司或者子公司，因此各种各样绑定和联结工作场所的企业内部网络便应运而生，这些网络形式多样：企业也许只是在不同场所重复同样的生产活动；一些场所可能只是为其他工作场所生产投入性物品；一些场所可能致力于共同的项目，或者可能从事企业内完全不同的活动。因此在不同背景下，相互依存的性质也许是为共同公司实体的利益目标而工作，也许是通过一起承担共同项目而得到的密集的知识和资本交换。
- 企业内部的地方间“转换”——最后，我们需要再次说明：作为计划策略的一部分，或者是应对某种形式的外部威胁和危机，一些企业有潜力改变它们的运行方式。简化一下事实上极其复杂的过程，企业可以选择通过在现存的工作场所网络中扩大、缩小或者改变企业运行的性质来进行原位调整；企业也可以采取关闭、建立、并购工厂或者——在极端情况下——搬迁整个工厂来进行非原位转换。实际上，当成千上万企业都处于全球地方之间竞争的紧急情况下，只有很小一部分企业通过非原位重组来应对。在很多情况下，区位转移很复杂且需要长期计划和大量投资。对很多单地点中小型企业而言，移动其生产活动并不仅仅只是一个选择。

我们可以通过前面已经提及的马西（1984）的劳动的空间分工概念来进一步理解这些企业之间的联系。总的说来，这一术语只是反映了不同地方以不同的企业群集和工人群集为特征。而这里我们要探讨的是追求利润的资本主义企业的不断重组是怎样**创建**并**利用**这些空间变化的。因此，通过上文提及的六种形式的联系的各种组合，生产得到跨越空间的系统组织。

马西对此进行了复杂而详尽的分析，跟随佩克（1996：156），我们可以将她的分析总结成五个主要阶段：

- 越来越激烈的全球竞争驱使企业重建。
- 由于以前的劳动过程和生产体系破裂，企业重建造成管理工人的“控制”职能和体力工人的“执行”职能的分离。
- 这种不断加剧的“控制”和“执行”职能分离很显然是一种地理过程，不同职能位于与所要求的劳动力供应保持一致的地方。最典型的是，低技能的体力任务位于外围地区，而管理和研发（R&D）任务则在核心城市及邻近地带完成。
- 随着时间流逝，企业重建的不同过程相继发生，投资“层”遍布整个经济景观，创建新的生产地理学，并在地方赢得或失去不同种类的经济活动时，重新定义地方之间关系的性质。特别是“控制”职能的转换模式将改变不同地方之间的依赖关系。
- 通过新的投资层——如软件开发中心——和先前存在的特定地方的经济构造之间相互作用的复杂过程，形成新的劳动空间分工。这些相互作用，或者如马西所称的“结合”在不同地方将会呈现不同形式。

因此，劳动的空间分工这一概念揭示了跨地方经济重建过程和地方特殊性之间的互惠关系。这一框架可以用两种重要方式组织。首先，通过集中于一个特定企业或者经济活动部门，我们可以了解如何根据不断变化的劳动力需求和竞争情况在空间上组织和再组织生产。其次，特定地方的经济财富可以按照该地点在连续的劳动空间分工中的位置来衡量（见框 4.2 中的英国实例）。

框 4.2　英国经济中劳动的空间分工

如果这一切听上去有点抽象，那么马西的分析则很具体，她的分析基于20世纪六七十年代英国经济空间重建的详细实证分析。她以技术性和管理性任务（大多在伦敦及其周边地区完成）从所谓的“分工厂”（位于如英格兰东北部和威尔士东南部之类地区）的非技术性制造业劳动分离出来为基础，记录了制造业新的劳动空间分工的出现。选择这些外围地区作为分工厂地点绝非偶然：它代表雇主方的愿望，即吸引大量相对低廉、无组织的，在很多情况下，是女性的劳动力来完成常规装配工作。在因为诸如煤矿和钢铁生产之类以男性为主导的传统产业的衰落而受到重创的地区，这样的劳动力比比皆是。这样，新的劳动空间分工就与从前以“地区特殊化”为特征的投资层产生相互作用，也与跟特定部门有联系的城镇和城市，如伦敦的财政部门或者曼彻斯特的纺织部门，产生相互作用。自20世纪80年代初以来，在不断加剧的全球竞争背景下，分工厂制造业已经衰落，这时可以考虑英国外围地区怎样不得不推进各种形式的服务业增长——如呼叫中心和城市/遗产旅游，以此更新马西的分析，使之与时俱进。

图4.1简要说明了存在于不同劳动的空间分工后面的“克隆”（cloning）和“零件加工”（part-process）企业结构。在克隆结构中，生产装置只是在不同地点被复制，而最终控制权掌握在位于某一特定生产分厂（通常位于企业发源地）的总部（HQ）。在零件加工格式中，分工厂之间存在劳动的技术分工，零件在一个地方被制造好再运送到另一个地方进行最后装配。这里有三点很重要：第一，生产过程的不同阶段对劳动力有不同要求，因此倾向于不同地点。第二，就如本书很早就提到的，这些劳动的空间分工可以通过企业之间（外部的）或者企业内（内部的）网络构建。第三，也是最重要的，由于一个地方的装配离不开另一个地方的零件供应，因此这种零件加工格式提高了

体系内的相互依赖水平。再者，它也揭示了控制的地方间关系在影响工人的机会和生活方面至关重要，在我们理解地方之间合作和竞争的相互依赖关系时也应该加上这一点。这里尤其关键的是企业在一个特定地方持续运营的重要决策也许是在另一个地方形成的。

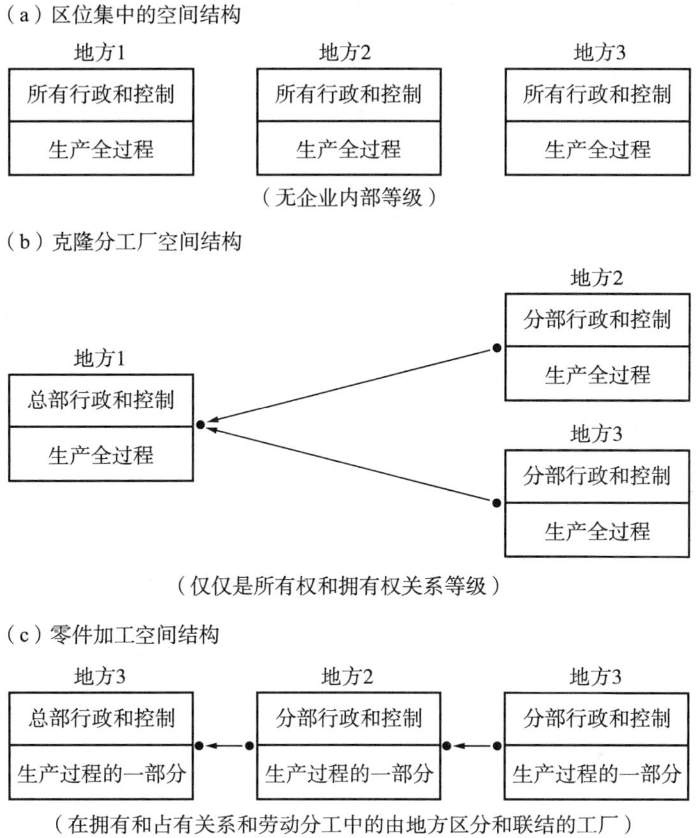

图 4.1　三种生产的空间结构

来源：Massey，1995：图 3.3

跨地方管制

虽然我们已经发现一些管制机构和机制是地方性的或者已经具有地方表现形式，但还是存在很多跨地方管制。我们可以区分跨地方工人机构、跨地方企业机构和跨地方非工人/非雇主机构（如国家），这些机构在地方层面影响雇员—雇主关系。我们已经将国家的重要性标示为劳动力市场重要的跨地方管制者。在工人方面，大多数工会都是国家组织的一部分，并且日益形成一个国际网络。同样，如贸易协会（同业公会）这样的企业机构一般是在国家尺度上组织的，类似商会一样的"地方"组织通常是国家协会的成员。特定地方劳动力市场管制的本质最终将取决于地方的和地方外部的管制团体和机制的颇为复杂的相互影响。简言之，跨地方管制具有两个重要方面：

- 地方外部管制机构——首先，很多地方管制团体在具有地理特殊性的同时又包含在国家和国际机构形式里（Peck & Tickell，1995）。这种关系可以很松散，以国家机构的会员身份形式出现；也可以很紧密，以更广泛的跨地方团体的地方分部形式出现。强调对地方的分析不应该掩盖在国家（有时候是国际）尺度上实施的管制控制的影响，这种影响会对地方管制进行结构性约束并决定地方管制的性质。例如，政府培训机构的地方分部开发一个地方专门项目的自由最终在某种程度上受限于它所属的国家组织的目标。
- 地方外部管制机制——其次，紧接着我们前面的论点，很多管制机制是跨地方实施的。例如，国家可以实施国家健康安全指导方针，或者国家最低工资政策。国家群体可以通过类国家团体寻求在国际层面实施同样的政策。这些政策在不同地方会产生不同的影响和结果，但这不会改变一个事实：即这些管制措施是由地方外部的管制团体设计和实施的。其中一些"跨地方"的措施可能——或隐性或显性地——针对某些种类的地方，例如在长期高失业率的地区创设工作职位的政策，或者只在某产业所在地区产生影响的“国家”产业政策。

当我们综合上述三个小节内容时，就开始明白地方之间竞争、合作和控制这一动态过程，以及企业和/或工人的迁移如何成为当代资本主义世界特有的现象。正如我们所概括的，地理性竞争有两种主要形式。第一种就是现有地方（或者基于地方的行为主体）为了工作职位、投资和市场应对式地或者积极主动与其他现有地方展开竞争。第二种是迄今为止几乎从未有过雇佣劳动或者商品生产经验的地区出现“新”地方的时候，这些地方为争夺国家、国际和全球市场而竞争。在地理合作情况下，工人和企业都可以从与远方的行为主体的短期—或长期战略联盟中真正获得利益。最后，就资本/劳动力流动性而言，企业和工人有时候为了重新迁移到另一个可提供更优惠条件的地方，会“逃离”原地方的限制。在每一种情况下，竞争、合作或迁移的冲动可归因于资本主义在地方内部或地方之间设立基本规则的方式。虽然不能将地方简化为资本主义逻辑（还有比这种逻辑更多的东西），但是这种逻辑却拟定了（frame）不同工人、企业和管制机构基于地方和地方之间的活动。

这一情况的寓意似乎是这样的：如果工人要保护和提高他们的生活，他们就必须尽力利用而不是排除那些在某种程度上构成其祖籍地的空间关系（虽然我们在第六章接近结尾部分探讨了一些例外情况）。用阿什·阿明（Ash Amin，1999：42）的话说：“……现在在一个时空联系‘拓展和深化’的世界里找到一个地方，更可能是怎样以对你有利的方式协商或者操纵这种联系，而不是抵抗……”在以纯粹的地方应对方式进行协商却失败的地方，工人就必须，从某种意义上说，努力跨越空间。他们可以通过积极团结其他地方的工人来施行有利于部分或全体工人的跨地方协调行动，从而做到这一点。另外，他们也可以跨越空间去寻找新的地方就业。在每一种情况下，工人必须尽力使用由他们支配的权力，否则他们就会沦为现代资本主义景观构成中被动的演员（players）。工人可以采取很多形式发挥他们的能动作用。有时候它可以是与地方或非地方的雇主和管制机构的冲突形式。在另一些场合，它可以是跨阶级联盟和机构合作的形式。但是在几乎所有情况下，它都是在地方和非地方尺度上的行动的混合体，而不是只涉及一个或者另一个尺度（我们将在下一小节再次论证这一点）。

尺度的重要意义

前面一小节我们已经对联结基于不同地方的工人和共同体的跨地方关系和机构/制度进行了分类。在本章余下部分我们想解释一下为什么能在几种地理尺度上建立这些关系和制度，产生的后果是什么。尺度对于我们理解一个地方的工人身上到底发生什么而工人又可以怎样自助是很关键的。尺度是我们地理三位一体中的第三个术语，它帮助我们理解在任何特定情况下空间—地方关系是怎样呈现出来的。尽管本章处处都触及它，我们现在还是有必要解释地理尺度的本质及其它带来的后果。当代社会经济生活建立在不同的尺度上，本小节开始，在我们对这些尺度进行分类之前，先探讨一些对尺度的总体思考吧。

对于地理尺度的本质和重要性至少存在两种常见误解。第一种就是尺度是既定的和自然的。因此当我们运用“地方尺度”和“全球尺度”之类的术语时，就好像我们在讨论绝对的一成不变的事情。然而，如尼尔·史密斯（Neil Smith，1993）和埃里克·史温吉道（1997）这样的地理学家却认为虽然地图尺度可以是固定的度量标准（如在地图上），地理尺度却全然不是。在史密斯和史温吉道看来，地理尺度是社会产物。换言之，它们是社会关系、行动和制度的产物。因此，虽然表面看是既定的“国家尺度”，实际上是一种相对现代的现象，它是作为一种有意义的和广泛传播的尺度形成的，自18世纪晚期以来，就在此尺度上建立社会关系和制度了。再者，国家尺度的内容——即引起具体的混合在一起的事物并包括它们在内——在国家之间高度变化（可比较一下美国和尼日利亚）。这使我们看见对于尺度的第二个误解：

也就是，它只是一种技术手段。在这种观点看来，不管尺度是否社会产物，它都不具有实质性结果，所以社会生活的某些特定方面在特定尺度而不是其他尺度上形成的事实，在这里就被看作是关乎细节而非重要意义的事情。与此相反，史密斯和史温吉道这样的理论学家坚持认为地理尺度并不仅仅“表现”社会关系而且还积极地促进和限制社会关系。

本章已经涉及轻视地理尺度的思想。例如，我们已经看到某些工人受限于地方的性质——即他们没有能力在空间上组织或者迁移——会使他们很容易受到某些企业行为的伤害。但是尺度不仅仅只有限制作用，它还有促进作用。在具体尺度上可以做特定事情的权力对于达到个人、团体或者组织的目标非常重要。这未必暗示了社会行为主体在越“大”尺度上组织自己，供他们支配的权力就越多。史温吉道（1997：141，emphasis added）说得非常恰当：“……优先权从来不会只属于一个特定的地理尺度……”因此，虽然一个跨国公司因为具有地理流动性，如在一个大陆上来回迁移，而对某些工人有支配权，但是工人并不会因为他们的生活和行动常常基于地方而总是相对较弱的一方。有时，一个地点（locality）的基于地方的行动可以使特定工人群体实现他们的目标，正如某些管制机构是全球性组织并不意味着它们的管制机制在所有它们可以管制的地方都同样有效。这就是说在一些尺度上行动的重要性并不是按照从地方到全球尺度的等级形成的，而总是相对的和因情况而异的。

让我们来看看关于地理尺度最后的总体论断。资本主义世界的某些关系、行为主体和制度是多重尺度的，而另一些却是有专门尺度的。例如，我们已经讨论过的如工人再生产的“地方依附”。但是组织社会生活的尺度并非一成不变。完全崭新的社会实体可在特定尺度上形成。最好的例子就是世贸组织，它管制着地方和国家之间商品的全球贸易。WTO 成立不过几年，但它是战后运用所有贸易国都必须遵从的规则来管制世界贸易所做的各种尝试中最正式的表现形式。或者，当通常蕴含在一个尺度上的行为主体、关系和制度在另一个尺度上暂时或永久

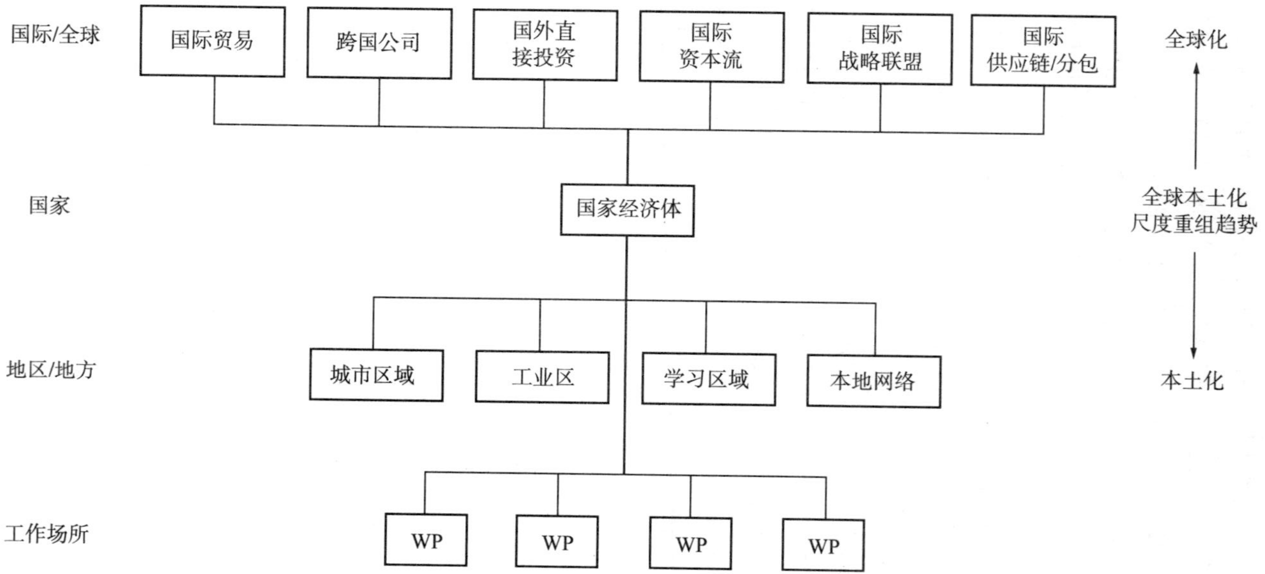

图 4.2　经济的尺度重组(摘自 Swyngedouw,2000a,图 27.3)

地表现出来时，我们就要提到“尺度转换”的概念。这种尺度重组（rescaling）过程的最好例证就是近期很多工人努力构建地方、国际和全球联盟以向他们的雇主施加压力（我们将在第六章和第八章详细论证这点）。

迄今为止，我们已经在本章运用了地方（地方尺度）和空间（跨地方尺度）这样的语言，也略略提及亚地方尺度。现在应该提供一个当代资本主义世界里社会关系和制度尺度层级的更系统化的调查，在过去 20～30 年间，至少在西方国家，已经彻底修订了这个尺度层级。我们将依次考虑企业、管制机构和工人的层级。现在我们可以发现越来越多的关于这三者中任何一方面的文献，因此我们在这里所能做到的就是粗略地勾画一幅主要动态图，更多细节将在后面章节探讨。每一节都附上代表上文提到的主要层级结构（图 4.2、4.5 和 4.6），图中也表明了在当代资本主义怎样对这些层级进行“尺度重组”的。在所有情况下工作场所是最基本的尺度单位，因为正如我们已经描述的，工作场所最终是每天呈现雇主、工人和管制者之间关系的地点。

企业和经济尺度层级/尺度重组

正如我们已经论证的，关于全球化的文献远非完善，但它却的确使人们注意到当代企业活动尺度重组，即越来越多的企业跨国协调生产时所引起的尺度重组。在 1950 年世界经济可以被看成一系列相对独立、进行“保持距离”贸易的国家经济体，而现在已经形成一个彼此关联、一体化的全球经济体系。国际贸易、外国直接投资和资本流不断增长的水平，数量剧增的跨国公司、国际战略联盟以及国家分包商网络等可以反映这一点（图 4.2）。下面这些数据表明了经济活动“升级”的程度，这一过程在过去 20 年里已经呈加快发展之势。

- 1980～2000 年间，世界贸易扩大了 3 倍，商品和商业服务出口额从 2.4 万亿美元上升至 7.882 万亿美元（www.wto.org）。
- 1980～2000 年间，全球外国直接投资存量增加了 10 倍，从

6 160 亿美元增加到 6.314 万亿美元（UNCTAD，2001）。

• 跨国收购和并购急剧增加：1987 年交易总值是 745 亿美元，而在 2000 年，这个数字是 1.143 万亿美元（UNCTAD，2001）。

• 国际战略联盟激增：仅 1989～1999 年，就有超过 42 000 宗跨境交易成交，占所有战略联盟的 68%（Kang & Sakai，2000）。

• 2000 年，受雇于跨国公司外国子公司的人员数从 1982 年的大约 1 750 万增加到 2000 年的 4 560 万（UNCTAD，2001）。

• 1998 年，全球外汇市场每日的外汇营业额是 1.5 万亿美元，相比之下，1989 年只有 5 900 亿美元（Bis，2001）。

新的全球经济还以这些跨国流动和联系逐渐增加的地理复杂性为特征，越来越多的——但绝不是全部——国家和部门被卷入它们的范围（详细的地理分析请参阅 Dicken，2003）。

这些动态图反映了企业劳动空间分工性质的深刻变化，这个概念在本章较早部分已经介绍过。这些劳动分工可以在所有空间尺度上进行。例如，很多中小型企业在一个地方的一个场所或者也可能是几个场所运作。正如马西在她的书中描绘的动态图所显示的，很多工厂企业仍然通过国家内部的劳动分工运行。然而，在过去 20～30 年，全球经济的本质特征之一是在国际尺度上建立劳动的空间分工的企业（跨国公司）数量剧增（见框 4.3，对试图将这些动态图概念化的评论）。但需要注意这些劳动国际分工具有四个更深层的特征：

框 4.3　国际劳动分工，新国际劳动分工或者还是全球劳动和权力分工

（IDL，NIDL or GDLP）

这里我们简要回顾一下三种试图将国际劳动空间分工概念化的尝试，它们正好与全球经济发展的不同阶段相一致。

第一，古典经济学家的理论，特别是里卡多（Ricardo）关于相

续

对优势的见解——陈述了国家应该专门生产有相对成本优势的商品，并进口那些对它们而言无相对成本优势的商品——已经被用来解释基本的国际劳动分工（IDL）的发展，IDL于19世纪出现，并一直流行到20世纪50年代，在这期间没有大的变化。在这个受殖民关系影响的体系里，发展中世界被降级到只能为工业化经济的核心体（如美国、西欧）提供原材料。高值工业成品只在工业化国家之间交易，也有一些被出口返回发展中国家。这种“传统的”国际劳动分工以保持距离贸易为特征，它的坚强后盾是集中在核心国的贷出能力和资本。

第二，据推测新国际劳动分工（NIDL）从20世纪50年代开始出现。全球制造业体系中的欧洲、北美和日本跨国公司在所谓的“新工业化经济体”（NIE）建立劳动密集型出口平台，并在此基础上建立了NIDL理论，在全球竞争不断加剧的情况下追求最大利益促进了这一过程。这种体系依赖使生产分散化的新技术，生产分散化产生了可以由通常是女性或者年轻的半熟练或者无技术工人完成的任务，这样费用低廉的商品就可以出口到核心国。这一理论来自新马克思主义观点，在某种程度上批判性地审视了在新劳动空间分工两端的工人转换的后果。自从弗勒贝尔、海因里西斯和克雷耶（Frobel，Heinrichs & Kreye，1980）最初构想出这个理论，NIDL就表现为近期全球生产转换的简化式。实际上，NIDL描述了IDL的一个具体形式，这一形式是在劳动密集的制造业活动中，而不是新全球增长模式的限定范围形成的（完整评论请参阅Fagan & Webber，1999）。此外，NIDL理论：

—忽视“传统”IDL的持续重要性，例如在原材料企业和农业综合企业的持续投资方面。

—淡化发达国家之间跨国公司投资持续不降的高水平。

—忽视来自跨国公司基于新工业化经济体的外部投资不断增长的水平。

—忽略旨在服务于不断增长的国内市场而不是出口的投资（如服务部门 FDI）。

—夸大廉价劳动力的重要性，却未足够重视国家政策（如税率、劳动力市场弹性化、市场开放度）的重要性，同时对新工业化经济体中为保证投资的当地资本（如分包商）未给予足够重视。

第三，劳动和权力的全球分工（Mittelman，2000）这一概念力求在当代全球经济中捕捉经济领域和空间的复杂性。这一理论方法强调发展中不存在主导模式：

> 对不同地区和产业部门多种多样的劳动分工不起作用……不同的地区劳动分工正在出现并以不同方式受到全球结构的约束，其中每一个地区劳动分工都与世界生产和金融中心进行不平等交易，也呈现出有特色的发展可能性。(p. 41)

密特尔曼（Mittleman）的理论构成有三点重要意义。首先，它强调全球经济的地理变量，尤其是很多经济关系超越国家的地区基础。这些地理远比 IDL 和 NIDL 理论方法所暗示的简单核心—边缘模型复杂。其次，它体现出一个理念：即由于众多丰富多彩的劳动分工而出现了全球体系中不同地方之间变化的权力关系。最后，它反映出国家在运用国际劳动分工来影响特定地方的表现的持续重要性。

• 第一，国际劳动分工的复杂性已经提高。在一些像制衣业这样的产业，简单的低成本海外装配“克隆”分工厂模式一直存在。然而，在其他部门，由于交通、通讯和加工技术进步的推动作用，“零件加工”结构正变得越来越复杂（见框 4.4）。作为学生和学者，我们大多数时候都要用到个人电脑，而个人电脑的主要配件是硬盘驱动器（HDD），图 4.3 便向我们展示了 HDD 生产体系，借此阐明这种复杂性。这种劳动技术分工也是一种复杂的国际劳动分工，各种不同的任务被分解到不同国家的企业里（Borrus，2000）。从全球来看，大多数 HDD 装配是在东南亚完成的。例如，美国制造商希捷科技（Seagate）将任务分配到图 4.3 显示的美国、中国、泰国、马来西亚、印度尼西亚、菲律宾和新加坡的企业，后者是重要“中枢”（hub），很多最后装配和测试工作都在那里进行（Gourevitch et al.，2000）。

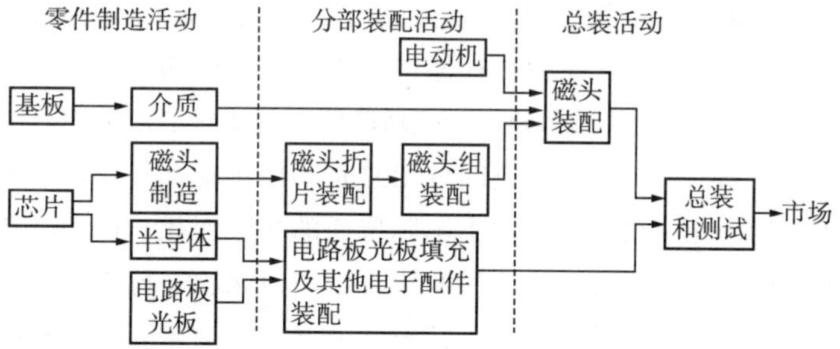

图 4.3　硬盘驱动器价值链（摘自 Gourevitch，et al.，2000：图 1）

框 4.4　技术变革

在过去几十年，技术发展推动了越来越复杂的劳动空间分工的发展。尤其重要的是技术使企业克服了时空限制，这体现在两个主要方面：首先，运输系统的发展提高了地方之间移动材料、产品、文书、人和其他有形实体的潜力。这里特别重要的是 20 世纪 60 年代以来商用直升机运输的大幅增长以及集装箱的使用，省去从一种交通工具向另一种交通工具转换的麻烦，从而大大简化了运输过程。其次，通讯系统的发展促进了各种信息快速安全的转换。在此无法一一枚举过去 40 年来的重要发展：卫星通信、传真、光纤、移动电话等等。最具有潜在的革命重要性的是最近出现的各种各样的电脑网络系统，它们将所有力量结合在一起，使同时处理和传输信息成为可能。最明显的，因特网迅速成为即时电子通信技术和信息共享的

续

全球标准。因为促进了商品、金钱、人员和知识的快速流通，交通和通信技术的发展在促进生产过程不同部分的空间分工方面起了关键作用。另外，在一些行业，通过自动化和标准化使得生产过程分离成技术要求不同的部分，所以制造业加工技术的进步造成新劳动空间分工。

• 第二，在构建新国际劳动空间分工时，相对于内部网络（企业内部关系），企业往往倾向于更多使用外部网络（企业外部关系），这表现在国际分包和战略联盟不断增长的水平上。

• 第三，因为劳动空间分工总是不停流动和转化，它们变得更加动态化，也更容易发生国际层面的快速变化。这种灵活性来源于两点：特定技术的使用和使得生产力能够进行快速空间转换的组织形式。这种灵活性尤其来源于上文所描述的企业不断增加对外部网络的运用。通过使用不同的供应商和分包商空间网络，企业可以在不同企业和地方之间迅速转换合同，而不必承受自己迁移生产所带来的沉淀成本。

• 第四，国际劳动分工在一些服务业正变得越来越明显。已经有很多分析集中在少量制造业部门，如服装、鞋类、电子和汽车业等方面，但是却忽略了一个事实：服务活动现在已经占据一半以上的全球外国直接投资（FDI）流量。虽然这种投资多数是“市场服务”的各种克隆版，但是职能性或者“零件加工”劳动分工正在出现，尤其是常规性和后勤部门职能。例如，因为低成本土地和劳动力因素，一些服务性企业发现在海外进行常规的文书活动非常有利——最主要的例证是爱尔兰、印度和加勒比海。例如，牙买加运用信息通信技术向美国客户出口信息收集、传播、储存、处理和显示等服务（见图 4.4）。

然而，这些总体情况可以向我们提出三点非常重要的警告：第一，

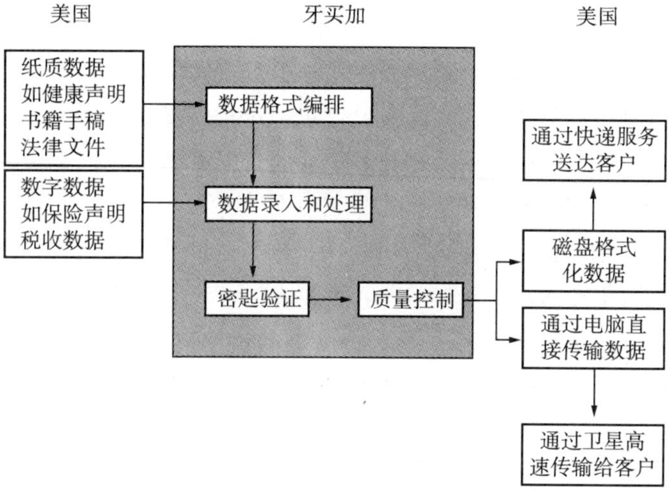

图 4.4　国际信息处理产业的不同阶段（摘自 Mullings，1999：图 1）

这些发展不应该脱离我们前面已经谈到的资本主义生产的内在“地方性”。可以说，发生经济活动的潜在地方的数目——至少在理论上——在当今时代才迅速增长，当企业对于地方之间差异变得敏感的时候，地方专门属性的重要性就随之增加了。第三章描述的经济活动专门的地方集聚仍然是经济景观的重要特征。而我们现在看见的是各种形式的国际地方外部联系不断增长的相对重要性。

第二，相对而言，由大量地方及地方间联系集聚而形成的全球经济地理是不均衡的。我们可以在不同尺度上思考这种不均衡（Dicken，1998）。在宏观尺度上，世界经济活动由北美、欧洲和东南亚这一三角地带主导。例如，20 世纪 90 年代，这三个“宏观地区”包含世界生产制造的 85%以及商品贸易的 80%。在中间尺度上存在各式各样的经济活动跨界集群和走廊地带，它们的功能就是将各种城市中心联结在一起。例如，在西欧，我们可以确定一个很集中的经济活动增长带，它穿越国界，从英国东南部一直延伸到意大利北部。在微观尺度上，正如我们已经看见的，经济活动最终定位在个体地方，大多位于各种规模的城市，从小村庄到城镇再到巨大的首都城市。在此意义上，我们描绘经济活动时，“国家”不再是个有意义的尺度。

最后，我们不能假定跨国公司是唯一受到国际尺度上业已增加的经济活动组织影响的企业。这些尺度重组过程同样深刻影响到中小型企业，其中很多在单一场地运行，或者通过简单的国家内部劳动分工运行。当然，一些中小型企业的命运与在某些特定地方运行的跨国公司相关联，它们有的直接成为供应商、消费者或合作者，有的间接通过消费和再生产活动与跨国公司产生联系。更一般地，越来越多的企业即使自己不在海外运作，也会拥有海外供应商、消费者和合作者。最重要的是，也许各种规模的企业都要面对伴随扩大经济活动范围而至的不断加深的国外竞争。

扩大生产范围只能在管制框架许可的地方发生。因此，大型企业尤其会积极推动国家创设或者参与新的超国家管制机构和协定以有助于它们的海外扩张计划。现在我们来看下一节内容。

管制和国家尺度层级/尺度重组

现在我们着眼于管制过程尺度层级，尤其是那些与史温吉道（1997）所称的“国家尺度重组”相关的变化。在二战后的 30 年间，发达资本主义社会的民族国家逐渐在经济社会生活的很多领域占据中心位置。在其他地方，强大的民族国家领导很多其他国家（如共产集团或所谓的南美洲和东南亚的新工业化国家），而另一些国家却在虚弱或分裂的国家机器统治下渐渐失去活力（如战后的埃塞俄比亚和马里）。然而，在刚刚过去的 20 年，很多“第一”和“第二”世界资本主义社会国家干预大大回退，出现了大范围的新国家和类国家制度形式和管制机构。这些变化被称为“新自由主义”的一部分——以世界经济超级大国美国为首——“新自由主义”在社会经济活动很多领域发布了作为自律机制的自由市场价值观。

框 4.5　新自由主义的“推展”

新自由主义可能会被认为是“主要通过国家权力而实现的市场管制和条例的延伸”（Tickell & Peck，2003）。因此我们可以把诸如贸易、金融和劳动力市场中违反规定和自由的形式作为新自由主义政策的例证。然而，新自由主义的出现并不意味着民族国家减少活动。相反，它意味着民族国家管制经济和社会的方式发生了变化，暗示国家和市场之间的界限模糊了。自 20 世纪 80 年代早期出现以来，新自由主义已经成为西欧和北美的主导国家形式。下面这张表格清楚地显示了民族国家取消现有行事方式的新自由主义“回降”和设置新体制的新自由主义“推展”之间的区别。

	新自由主义回降	新自由主义推展
时期	20 世纪 80 年代/ 20 世纪 90 年代初期	20 世纪 80 年代晚期
主导话语	小政府/撤销管制	家长式国家/自由经济
主要机构/制度	执政党	国家精英
政治理性模式	意识形态项目	技术专家管制
抵制的来源	隶属工会的工人	网络积极分子
抵制空间	英国城市和煤矿	反全球化对抗
	北美洲铁锈地带	
服务提供	私有化	市场化
劳动管制	大规模失业	充分的就业能力
地理中心地带	伦敦和华盛顿	布鲁塞尔、伦敦和华盛顿
地理前沿	布鲁塞尔	巴黎、柏林、香港、新加坡约翰内斯堡
尺度构成	国家	全球

来源：摘自 Tickell & Peck (2003)

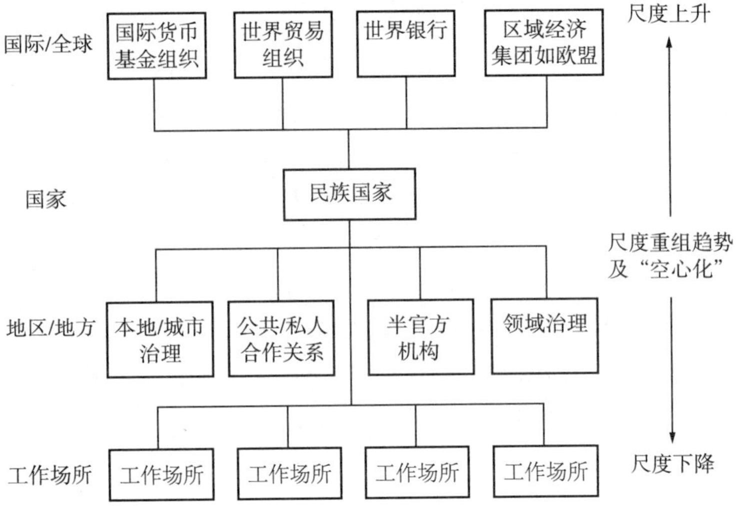

图 4.5　国家权力尺度重组（摘自 Swyngedouw，2000a：图 27.4）
摘自 Clark G 等，2000，*The Handbook of Economic Geography*.
牛津大学出版社授权重印。

更具体地说，这些国家干预方法的变化可以解读为对“自上而下”和“自下而上”的压力的应对。“自上而下”的压力来自前面小节所说的经济跨国化和像国际货币基金组织（IMF）这样的超国家管制团体。“自下而上”的压力是由国家内部一系列因文化、经济和政治动机而引起的地区主义和本位主义运动。例如，成功地区可能会设法限制向不太成功地区的财政转移（fiscal transfers，事实上是一种国际地方竞争的形式）。这样的双重压力造成一种趋势：管制实践向上达到超国家层面，而“向下”到地区层面（见图 4.5）。虽然超国家和亚国家权力结构不过是老生常谈，但是它们操控这样的组织和掌握权力的范围却是前所未有的。我们可以认识到 IMF、WB 和 WTO 在国际尺度上的巨大影响（见表 4.1），它们有许多各种不同的宏观区域管制形式，其中欧盟就是最先进的案例（见框 4.6）。重要的是，近来这些跨国家团体普遍追求解除管制议程，这激起了前面一节所描述的国际生产、投资和贸易水平不断增长。同样，我们也看见在很多国家，亚国家（地区）形式的治理获得更多权力，尤其是在经济发展和培训等领域。这种趋势的程度因国家而异，但是即使是像英国这样传统上高度集权的国家，最近也煽动成立了苏格兰议会、威尔士选举大会、北爱尔兰以及遍及英国各地的地区发展署。

表 4.1　主要的超国家管制机构

机构	重要数据	主要作用/角色
世界贸易组织（WTO）	成立：1995 年，代替 GATT[1]（1947～1994） 总部：日内瓦 工作人员：550 成员国：144（截至 2002.1.1） WTO 框架覆盖 90%以上世界贸易总量	负责管制全球贸易的国际贸易组织——规则由成员国协商制定
世界银行	成立：1944 总部：华盛顿 DC 工作人员：10 000+ 成员国：184 在 2001 年提供了 173 亿美元贷款	在知识和财政方面，向超过 100 个发展中国家提供发展资助在下列领域开展活动： 基本的健康和教育条款 社会发展和减少贫穷 公共服务条款 环境保护 私有企业发展 宏观经济改革
国际货币基金组织（IMF）	成立：1944 总部：华盛顿 DC 工作人员：2 650 成员国：184 向 88 个国家提供 880 亿美元的信贷和贷款（截止 2002.6.30）	国际货币系统中央机构 负责促进稳定和效率 活动主要领域： 监管国家经济政策和执行 向成员国提供政策建议 为平衡支付问题向成员国提供贷款 向政府提供技术、培训帮助

GATT：General Agreement on Tariffs and Trade，关税暨贸易总协定

来源：www.wto.org，www.worldbank.org，www.imf.org

框 4.6　地区经济一体化种类

地区经济集团是全球经济体系管制结构的重要补充。虽然减少贸易障碍的愿望是这些集团成立的初始刺激因素，但还是出现了更多一体化形式。我们可以跟随迪肯（1998）一起认定经济集团的四种主要类型。

- 自由贸易区：消除成员国之间的限制，但是各成员国仍然保持与非成员国独立的贸易协定。如 1994 年以来加拿大、美国和墨西哥之间的北美自由贸易协定（NAFTA）。
- 关税联盟：成员国之间缔结自由贸易协定，对非成员国采取共同贸易政策。如 1995 年以来的阿根廷、巴西、巴拉圭和乌拉圭之间的南方共同市场（MERCOSUR）。
- 共同市场：具有关税联盟的特征，但除此之外，它还允许成员国之间生产要素（如资本和劳动力）的自由流动。如 1993 年以来的欧洲共同体市场。
- 经济联盟：对经济政策的协调和超国家控制。如最接近这种形式的欧盟，于 2002 年采用欧元作为成员国之间的流通货币。

还有三点需要进一步说明。第一，从数量上说，大多数协定都属于前两种（自由贸易区和关税联盟）。第二，经济集团会随时间而发展，也许会从这个名单上删去，就正如现在的欧盟。第三，认识到所有地区经济形式都是由成员国发起并合法成立这一点非常重要。

除了这些尺度重组动态图，同时还存在重心从政府统治过程到治理过程的转换，国家管制能力被“空心化”，在地区、国家，甚至国际尺度上转移至类国家机构（Jessop，1993）。对于评论家来说，这种转换见证了政府的民主、选举形式在很多情况下被商界精英所主导的责任心不强、不透明的机构所代替。在英国最好的例子就是城市开发公司（UDCs），一个建立于20世纪80年代（终止于90年代后期）的短命的类国家机构，它致力于将主要城市里选择出来的老工业区转变成私人资本能够投资的地区。UDCs未经选举，它是中央政府任命并慷慨出资建立的机构。对于UDCs的支持者来说，它们是成功的机构，因为它们改变了物理环境并且在饱受高失业率和贫穷之苦的地区创造了很多工作机会。对于批评者来说，它们是受私营部门利益驱使的独裁机构——以当地共同体代表为代价——与投资水平相比，它们创造的高质量工作机会太少。

关于管制尺度重组还要进一步说明三点。第一，我们在此看见的是国家参与而不是退出政治经济管制这一性质上的变化。实际上，尺度重组过程本身就是国家有意识采取的政策决策的结果。第二，可以说“空心化”过程是西欧现象。例如很多非西方政府从来就没有现在一些西方政府正在尺度重组的权力范围。再者，“空心化”并不意味着民族国家作用减少了，而是标志着管制能力质的转变。第三，在这个多尺度的治理体系里，不同国家拥有的权力具有巨大差异。在这个范围的一端，美国极其强大，是诸如WTO和IMF之类的机构的主导力量。而在另一端，很多发展中国家非常依赖外部援助，以至于它们只能被迫采用由IMF等机构“自上而下”强加于它们的管制制度。

工人和工会尺度重组

这里我们主要着眼于作为杰出的独立形式的工人组织——工会的尺度层级。传统上，工会一直是——现在仍然是——在三种主要尺度上建立的，即工作场所、“地方”和国家尺度（见图4.6）。大多数工人都是通过工作场所参与工会活动的，其中很多聚合成某种形式的亚国家“地方”工会（例如，在城市、郡县或者地区内）。反之，在大多数情况下，这些地方组织构成国家组织的一部分。然而即便是这种国家—地方—工作场所等级也是复杂现实的简化（见图4.7），因为正如马丁等（1996：15）所描述的：

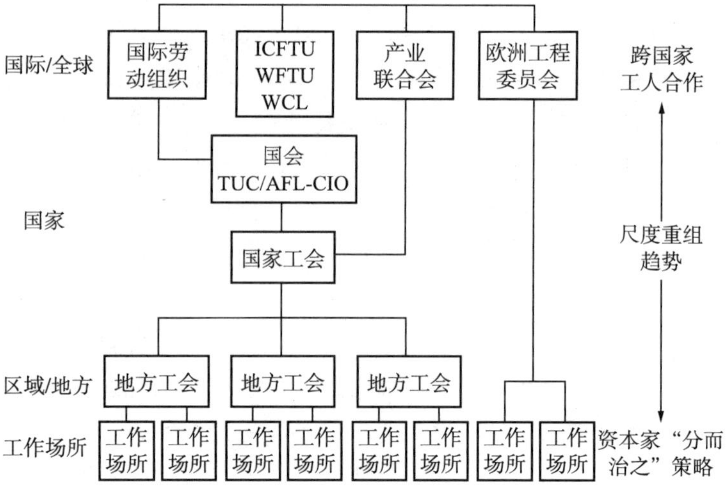

图 4.6　工会尺度重组

> 工业关系制度和过程在不同尺度上进行……大多数工会是在不同地理层面上建立的，如地区、行政区和地方分工会，所以它自己就将物质空间结构融进工业关系体系。进一步说，在不同层面可能还存在定位和操作、习俗和惯例的不同程度的自治。

正如该引述所示，由于在很多方面自治程度不一样，因此很难概括这一等级中权力究竟存在于哪一个层面。最重要的是，因为国家经济背景迥异，工会活动所在不同尺度的相对重要性也大相径庭。例如，英国战后经济繁荣期间，国家集体性谈判的同等高水平折射出工会会员的高水平。在集体性谈判过程中，代表不同地方不同工人的相关工会组织为了所有受雇于相关雇主的成员利益在国家层面进行谈判。然而 20 世纪 80 年代玛格丽特·撒切尔的保守党执政党推行严厉的新法律，导致集体性谈判所在地又回复到地方和工作场所尺度。同样，在工人—雇主谈判“尺度层级”，也存在部门和工会水平的重要差异。但在很多情况下，谈判活动趋向于“地方化”，这是因为雇主和/或政府不断向工会施压，将谈判分散到不同的地理尺度。20 世纪 80 年代，美国取消了很多有关工资和工作条件的国家协议，于是企业得到更好的机会来使工厂之间和地方之间相互对抗。

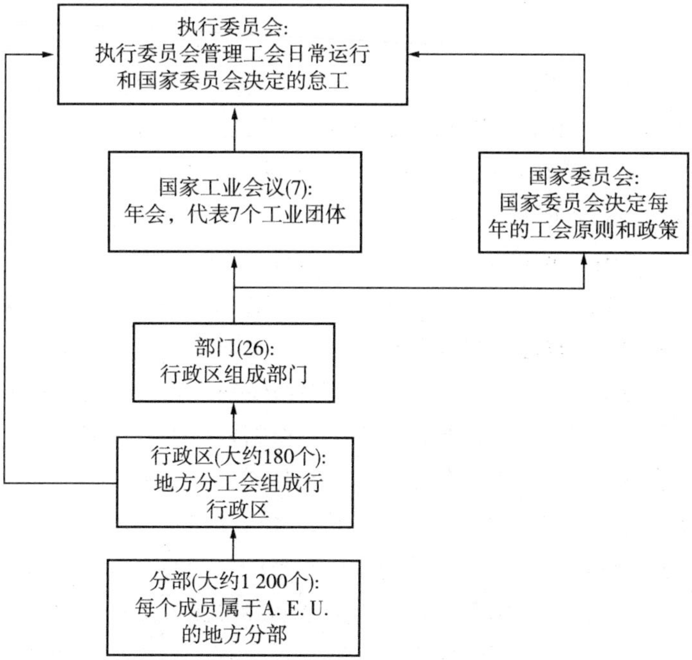

图 4.7　AEU，C. 1990 的地理和组织结构（摘自 Martin et al.，1996：图 6.3）

在国家尺度“之上”，过去几十年间全球经济广泛的尺度重组既给跨国工会组织带来了挑战，同时也给它们带来新的机遇。最重要的是，在不同国家，越来越多不同国家的工人都在为同一个企业的不同分部工作。国际劳动组织和工人之间的联系自 19 世纪中叶就已经存在，1870～1914 年标志着国际组织尤其紧密的阶段，在此期间成立了大约 30 个国际“工会产业联合会”，激励特定产业的工会之间的合作。目前，工会通过三套制度进行合作。第一，现在还有 11 个产业联合会（Herod，2001），包括国际钢铁工人联盟（IMF）和化工、能源、矿业国际联盟和总工会（ICEM）。第二，特定国家的国家工会集团——如英国劳工联合会议（TUC）由几个不同英国国家工会组成——与很多国际劳动联合会相互往来，而与产业联合会相比，这些组织能够解决更广泛的问题。现在最重要的机构是国际自由工会联合会（ICFTU）、世界劳工组织（WFTU）和世界劳工联合会（WCL）。虽然现在这三个组织覆盖范围很广，但是它们的成员还是反映了历史渊源，ICFTU以西方世界为中心，WFTU代表前东欧集团/共产主义国家，而WCL——最初是基督教工会联合会——在发展中国家有着强劲的势头。第三，工会通过政府之间的劳动机构，最著名的是联合国（UN）的一个机构国际劳工组织（ILO），追求劳动力权利和人权问题。

对图4.2、4.5和4.6的比较提示我们工人用一系列的组织来抗衡经济力量和管制动态的尺度重组，这是十分对称的。然而事实上国际劳动组织的实际效力极其不均衡。很多组织缺乏物质资源和机构影响力。广范围的资本主义、非资本主义和管制差异形成国际团结的真正障碍，使不同国家的工人仍然处于分裂状态。工会大部分还是国家组织，就像简·威尔斯（引用Hudson，2001：106）说的，它们“尽管承认国际尺度的重要性，但是仍然在国家的层面思考和行动”。然而，受到上文描述的很多国际劳动组织的限制性等级性质的激励，工作场所和工会之间国际联系的非正式形式正在出现——如所谓的“社会运动工会主义”或者欧洲劳资联合委员会（Herod，2000a）。我们将在第八章再回头讨论这些开创性组织。

地方劳动力控制体制

我们现在已经理解各种各样的地方外部联系是如何深刻影响特定地方所发生的事件的。同样，我们已经明白这些多层面联系的尺度层级，实际上还有尺度重组重要性。我们在第三章清楚地表明工人、企业和管制机制如何具有“地方性”，在此意义上，它们最终又如何在地方和工作场所相互作用，那么这些理解对于我们第三章的分析有何意义？地方劳动力控制体制（LLCR）是一个综合概念，它有助于我们将这些不同方面整合在一起。简言之，它让我们又重新回到一个理念：即地方是独特的，但同时又是开放的，地方具有渗透力，也是相互依赖的；它清晰地认识到特定地方的工人—雇主关系性质同时取决于地方和地方外部的动态情况，在各种尺度上，甚至在全球尺度上都会发生这样的动态情况。很多企业的潜在空间流动性及它们相关联的谈判力和企业从特定地方的具体投资中获取利润的需求之间的矛盾是资本主义基本矛盾之一，它需要一定程度的体制稳定性，这种矛盾又推动着这些体制的发展。“体制”这个术语这里被用来表示雇主获利的工作场所内部或外部社会关系、准则、规则和习惯所构成的地方专门的体系。

经济地理学家安德鲁·乔纳斯（Andrew Jonas，1996：325）提供了关于这个概念最清楚的陈述，他把 LLCR 描述为“在历史上偶然发生的、区域上的嵌入式机制，它在地方劳动力市场内协调生产、工作、消费和劳动力再生产之间的相互作用”。重要的是，这个陈述并不限于工作场所，它包含了我们在第二章确定的消费（房产、娱乐、家庭消费等）和再生产（教育、培训、医疗保健和福利等）这些紧密相关的领域。这里从广义上分析“控制”这个概念，而不仅仅只限于用以提高效率或生产率的工作场所措施。那么，工人、家庭、企业、文明社会、国家和类国家机构——或者至少可能——全部都参与形成 LLCR。

因此，一方面，LLCR 构成企业、工人、工会和管制机制之间独特的地方专门关系，这使得劳动力能够融入生产之中。与此同时，它也由多重层级的地方外部过程定义和形成，本章已经确定的广泛的竞争和合作的地方外部工人、雇主和管制联系影响到 LLCR 的性质。换一种说法，每一种地方体制都“嵌套”在更大尺度上运作的劳动力控制体制里，这些劳动力控制体制将影响，但并非决定特定地方的工人—雇主关系的性质。正如我们已经看到的，尤其重要的是体制被融合进生产体系和企业劳动空间分工的方法，二者是在更广泛的国家和国际尺度上建立的，并力图利用各种体制之间的差别。紧随地方劳动力控制“尺度层级”之后的是在其他空间尺度上的行为主体和建立的机构将会对其内部的过程产生影响。最明显的是，多工厂企业所做的决策反映了各种不同的体制内或者跨越体制的运作。同样，民族国家和其他超地方管制机构会制定一系列影响并形成 LLCR 的政策。

体制的操作和确切性质很大程度上取决于其构成群体在原地较量时具有差异的权力关系。正如我们在第二章所看见的，我们可以认为权力关系是在两种不同而又相互关联的层面上运作的。第一，存在种种以若干方式影响 LLCR 的“结构限制”。例如，某些部门的全球竞争的现实情况不可避免地带来某些对工人有利的条款和条件。同样，国家也会以种种方法强制施行一些管制限制，限制工人和企业可能采用的策略。第二，工人、企业和管制团体可以通过各种不同的“权力清单”在地方体制内发挥能动作用（参阅框 2.2）。这反过来也反映出 LLCR 中的行为主体之间以不同组合而形成的联盟形式以及联盟的成功之处。在一些情况下，正如我们将在第六章看见的，企业和政府之间的正式和非正式联盟——地方的和/或国家的——渴望吸引或者保留投资，可能会使劳动力在一些地方失去影响力。然而情况并非一直如此：在其他情况下，更多进步的地方联盟发展起来，以保持或提高工人的条件（第六章论点）。

还有一点也很重要，那就是我们应该考虑下 LLCR 内流行的霸权话语，因为它可以加强上文所述的权力结构和权力清单（Coe & Kelly，2000）。这体现在三方面：第一，有影响力的话语具有流动性——如那些关于全球化的话语——形成对国家和全球尺度上的“外部”经济的特定理解。当群体将对于特定过程的责任——“向上”或“向下”——转位到最适合它们的地理尺度的时候，这些“尺度话语”就形成权力清单的重要部分。第二，这些 LLCR 的外部关系可以用来在地方内部证明和实施特定的策略，例如，降低劳动力成本以在国际上保持“竞争力”。第三，地方体制内部流行的话语可以起到验证或者优先考虑劳动力市场的某些部分——例如“知识”工人，从而可能引发维持稳定性的一些问题。

复杂的地方和地方外部影响相互交织造成的结果就是，一个常常以稳定性为特征的体制却“不是静态且固定的物体，而是流动和动态的社会关系和权力结构，在各种地理尺度上起作用的主导力量、控制力量、压制和抵抗力量不断地再造和改变这些关系和结构”(Jonas, 1996：329)。虽然很多分析极力强调企业是促进变革的因素，实际上取决于不同的背景，工人、企业或者管制机构在地方或地方外部推动着发展。

全球资本主义的特征就是存在种种令人迷惑的不同的 LLCRs。即使在同样的国家和同样的产业，差别也非常显著。在计算机行业，硅谷高度灵活的创新式劳动体制也可能不同于波士顿附近的 128 号公路区域的大型企业主导的体制（Saxenian，1994）。这种巨大差异的必然结果就是不同地方之间的工人所面临的问题和可能性有着惊人的差别。毕竟，只有某些产业可以从地方地方之间的投资流和积极的空间重组中获得利益。其他产业则更多依靠积极参与 LLCR 和共同体发展来获得利益（Jonas，1996）。

工人、政治地理学和地理困境

工人政治地理学

现在有一点是很清楚的：地理带有政治色彩。对于工人来说，地理既是一种资源也是一种威胁，这一点同样适用于雇佣他们的企业和管制他们的机构。理解地方和空间，也就是尺度之间的复杂关系，就是具备地理学想象力。在本书余下部分，我们将会看到，固然一些工人在思考和行为时受限于一个尺度，但很多雇佣工人拥有丰富的地理学想象力。在本章倒数第二节，关于地理是如何构成雇佣工人在任何既定场合的选择并使之复杂化的，我们想提供一些系统的思考。

在本章和前面两章我们描绘了这样一个世界，在此世界里，雇佣工人被卷入与雇主和管制机构的社会关系中，这些关系包括冲突和合作的关系，控制和相互依赖关系，固定和流动关系。这些深刻的地理关系既在地方和空间表现出来，又由地方和空间塑造：简言之，这些关系以复杂的方式被层级化。鉴于此，为了改善自己和别的地方工友或者相关非劳动群体的工资、工作条件或者权利，任何既定地方的既定工人群体可以寻求下列地理策略中的一种或者所有组合的地理策略：

1. *满足本地需要和要求的地方行动*——这里任何既定地方的工人在地方尺度上采取坚决行动以满足本地工人、雇主、家属、退休人员和失业人员的需求（如，“阻止”外国移民进入本地并竞争本地工作，或者为阻止公司重新在其他地方部署而接受减薪）。

2. *满足非本地需要和要求的地方行动*——这里任何既定地方的工人采取坚决的地方行动以满足其他地方工人等的需求（如拒绝购买压迫性劳动条件盛行的地方生产的商品）。

3. *满足本地需要和要求的跨地方行动*——这里任何既定地方的工人在地方尺度上采取坚决的跨地方行动以满足本地工人、雇主、家属、退休人员和失业人员的需求（例如第一章列举的有关利物浦码头工人的例子，在这个例子里，特里·梯格领导了一次反抗默西塞德郡码头和港口公司的国际码头工人运动；又如劳工移民前往他地工作就是为了汇款回家养活家人）。

4. *满足非本地需要和要求的跨地方行动*——这里很多地方的不同工人采取协调的地方间行动以改善很多或者所有参与行动的工人的工资和工作条件（例如，制定全球最低工资或者工人权利通用宪章）。

请注意从分析的角度来区分工人行动的地理学比实际区分更容易。我们将在后面的章节中探讨一些实例。因为现在我们只想强调三件简单的事情。第一，每一个策略都是在一个地方开始采用并在那个地方结束的。即使是跨地方行动——如那些国际工会机构开展的行动——也具有地方维度，这是因为它们最终都是建立在地方层面实践活动的基础之上的。正如哈维（1995）所论述的，所有劳工斗争都从“战斗的特殊主义”开始，也结束于“战斗的特殊主义”。第二，对雇佣工人而言，虽然地方可能不是他们实际或潜在行动的唯一尺度，但是一个地方与另一个地方工人的需求之间仍然存在真实的紧张关系，而在地方之间工人精诚合作去争取提高工资、获得权利和改善工作条件时，这些紧张关系就会成为严重的障碍（见第九章）。最后，雇佣工人可以采用四个地理策略中的一个或多个策略，这四个地理策略都与第二章末所说的五种主要政治有关。这使得工人行动具有更加复杂的政治性。

地理困境

这就引出一个当代工人的主要问题，第九章会重点讨论这个问题，但它贯穿后面所有章节：即地理困境问题。所谓困境就是人们在追求一个表面上很合乎逻辑或很理性的行动目标时，实际上却给其中一些参与者带来消极后果。在资本主义世界，工人之所以面临地理困境是因为在一个地理尺度上对他们有意义的事情也许会给其他地理尺度上的工人带去不幸的后果。例如，一个地方的工人与其他地方的工人竞争工作职位和投资的时候，他们保护了地方利益，但是却牺牲了其他地方与他们有相似需求和要求的人们的生活。非此即彼，一个地方的工人为帮助其他地方的工人而加入跨地方运动——就如码头工人塞斯·科尔蒂和布鲁斯·鲁滨逊代表特里·梯格及其同事所做的事情一样——在此过程中，他们也许会牺牲自己的个人利益和地方利益。所有这些悖论的关键是工人在什么地理尺度上定义他们的利益和忠诚（Harvey，1995）。对工人来说，对那些他们看得见并每天一起工作的人保持忠诚是比较容易的，但是要感觉到和其他地方的雇佣工人的团结关系就困难得多。正如哈维（2000：79）所言，“我们常常将自己局限于一个……地理尺度思考问题，把那个地理尺度的差异当作政治分歧的基本路线”。首先，本章较早部分强调的不平衡的地理发展更加剧了工人在地方尺度上定义自己利益的倾向。例如，处于世界贫穷地区的工人几乎不可能支持发达地区的工人争取提高已经相对较高的工资和改善相对较好的工作条件的行动。因此，问题并不仅只是工人倾向于将地方利益放在第一位，还是地方利益的性质变化取决于地方工业、地方生活水平、地方最低生活工资等等。

这提出了对于雇佣工人的正义这一棘手的问题。我们在前言中提到，作为作者我们写这本书就是为了对不同地方工人所遭遇的不公正保持敏感。一般来说，正义关系到一个人得到他人的公平或者公正的对待（本书不考虑环境正义/非正义，即人类对待非人类世界的行为是否适当）。因此正义是一种社会现象，因为它涉及人际关系和群际关系，个人和群体之间不平等的权力关系会导致非正义。在正式意义上，在劳动和公民法中，正义的标准被奉若神明，并且常常由国家司法部门伸张正义。在不太正式的意义上，对于什么是对工人"公平的"和"不公平的"待遇这个问题，在不同地理背景下的具体工人、雇主和管制机构共同商讨达成共识。在工作场所、企业和部门层面，工会是工人权利的最有力倡导者，反对工人遭遇的非正义的斗争每天都在进行。所有正义/非正义概念所隐含的是定义什么是"好的"/"坏的"或者"可接受的"/"不可接受的"实践活动的标准。这个标准既有批判作用（揭露非正义）又有建设作用（建立清楚的正义标志）。

我们不难看到正义/非正义并不只是社会的；它还是地理的。因此，我们可能为不同地方工人提出一个正义的共同标准，以及/或者至少注意工人受到的待遇的巨大的地理变化。不过这也提出一个问题：什么构成了"非正义"？我们以什么标准来定义一个对工人而言是"公平"的境况？这些问题很难回答，原因有二。第一，不能用绝对的术语来回答。虽然我们容易给出一个固定的普遍的正义/非正义定义，因为它们给予我们一个清晰的适用面广的社会—地理基准，但还是应该从文化角度来定义正义/非正义。因此也许在瑞典被认为是对工人的不公正待遇在印度尼西亚就算不得什么了。第二，这意味着我们不得不认真对待世界范围内现存的什么是正义/非正义的变化多样的概念。这种多样性不是靠我们单纯的良好愿望就可以消除的。我们面临的挑战是既要承认和尊重这种多样性，同时又要支持能够揭露对工人最严重剥削的普遍的社会和地理正义概念。用地理学家唐·米切尔（Don

Mitchell，2000：293）的话说，任何鉴定工人正义/非正义的概念都必须“完全置于尺度政治学中”。因此，虽然工人不能被迫在损害他们健康的工作条件下工作这种理念是用文化定义的——它是地理学家沃尔夫冈·奈特儿（Wolfgang Natter，1995）所说的“因情况而异的普遍性”——我们仍然认为应该有一个适用于世界范围的正义/非正义标准。这种全球标准维护个人的基本权利，但也不会消除其他亚全球尺度上的具有文化特殊性的正义标准。相反，全球标准在具有文化特殊性的正义标准下面铺就一块“基底/平台”，给不同地方的不同工人提供一些共同目标和抱负。重新考虑上面提出的问题，那么，劳动力分析家应该问的最恰当的不是“对工人的正义/非正义是什么?”而是“何种正义适合什么地理尺度上的哪些工人?”，后面这个问题开启了一个丰富而复杂的适应于世界工人的真正差异——尽管有着相似性——的领域（我们在第九章探讨这个问题）。

最后，这个简短的关于正义/非正义的讨论引出我们作为本书作者的规范立场。在前言中我们声明了我们偏向于马克思主义和制度主义，这使我们处于政治图谱的左派立场。但是在重要意义上我们不希望与一般人文地理学、社会学和其他学科关于雇佣工人的左派论证混为一谈。这些讨论常常会以一种非常僵化的绝对主义的方式使用诸如“进步的”和“退步的”这样的字眼评定工人斗争。例如，与别的地方竞争投资而作的地方努力被冠以“退步”名号是因为它们破坏了更广泛的地方间的工人阶级的团结。然而，以这种方式来评定事物似乎是错误的。“进步”和“退步”这些词语都是相对的。也就是，只能在一定背景下，在谈论所涉及的工人的时候使用它们。正如我们将在本书余下部分所看到的，对某些工人是“进步的”工人行动对其他工人来说则是“退步的”。上文提到的这种矛盾无法回避，这也是为什么劳动力分析家很难从是非的角度堂而皇之地评价任何既定尺度上的任何既定的工人行动。

小结和前瞻

读者们现在应该已经具备理论知识帮助他们理解决定现代世界发生在雇佣工人身上的事件的机遇和限制以及工人们采取何种应对措施。概括一下：如果我们综合一下本章和前面几章的认识，那么有一点很清楚：即雇佣工人陷入皮文和克罗沃德（2000，414）称为“复杂而具体的关系的一团乱麻之中”。这团乱麻既是社会的又是地理的，它意味着资本主义世界的工人一方面在社会地理意义上高度分异，另一方面又紧密联系在一起。当然，这些联系的性质和强度绝对不均衡，但是却很真实。因此，对于不同的工人群体来说，这种差异性和相互依赖的结合有什么意义？书中这一部分所呈现的理论论点如何帮助我们理解当代世界雇佣劳动的情况？

后面章节将运用来自全球的案例研究回答这些问题。结构如下：在第二部分，我们将在地方层面思考雇佣工人斗争。第五章开篇将呈现企业和一些管制机构（特别是国家的管制机构）合谋将工人置于不利境地所使用的各种手段。如果你愿意这么理解的话，本章表现了第一章批判的“全球化脚本”对于工人的真实性程度。也就是，它探讨了这样一些案例：基于地方的工人在面对地方间竞争和企业流动性时显得无能为力。相对比之下，第六章探讨工人、雇主和地方机构为在不同地方保留工作职位和吸引投资而采取积极行动的各种方法。这两章着眼于地方和亚地方尺度，之后的第三部分将注意力转移到跨地方工人行动。第七章审视了迁移中的工人，即劳工迁移者。而第八章则关注当代通过国际工会和其他机构来构建工人合作的跨地方网络所做的努力。第四部分探究寻求工人正义和工人的地理困境，以此把全书内容归结到一起。

第二部分　地方中的劳动力

第五章　安置/重新安置劳动力

新兴的"霸权专制"全球体制？

劳动力控制机制

地理复杂性案例研究

小结和前瞻

乐施会领导的清洁成衣运动（Clean Clothes Campaign）根据对印度尼西亚西贡瓦（West Java）的耐克（Nike）和阿迪达斯（Adidas）两个企业的工人的生活和工作条件的调查，发布了一份报告（Connor，2002），得出以下结论。第一，在工资低至每天 2 美元（包括大量加班时间）的情况下，很多工人生活在极度贫困中。那些有孩子的工人要么把孩子送到遥远的村庄让亲戚帮助抚养，要么负债累累以满足其基本需求。第二，工人联系的自由受到严格限制。很多人担心如果积极参与工会活动，他们就会被开除、监禁或者受到人身攻击。第三，在工作场所，工人们处于巨大的生理和心理压力之下，被大声呵斥和侮辱是家常便饭，而且他们还被迫在危险条件下工作。报告中接受采访的一名妇女为 Nike 制作足球靴，每月工资 45 美元，但是她每周被强制最大限度加班。她独自住在一个小屋子里，在付完房租之后，余下大部分工资都寄回家里。当被问及是否考虑更换其他工作的时候，她的答案很简单："告诉我，我还能做什么？"（Connor，2002：30）

这个小插图揭露出一个全球资本主义下令人不安而卑微的地方——"劳动的世界"。在这个世界里，像 Nike 和 Adidas 这样的发达国家跨国公司在发展中世界各种地方不断更换低成本承包商，或者至少威胁要更换生产地。本已在有害条件下生活的人们为了设法加强地位，除了承担雇佣劳动他们似乎别无选择。反过来，通过施行各种各样苛刻的权力清单，尤其是使不同地方的工人直接与其他地方工人展开竞争（众所周知的"使两头吃亏"过程），雇主能够将劳动力成本维持在可能的最低水平。例如，这样的策略在运动鞋行业非常奏效，一双零售价 100 美元的鞋，生产劳动力成本可能仅仅只占 0.4%（见图 5.1），而与此同时企业则声称保证低工资成本对于它们保持竞争力至关重要（Schoenberger，1998）。

图 5.1　印度尼西亚制造的价值 100 美元的运动鞋价格构成
（摘自 www.cleanclothes.org/campaign/shoe.html）

这只是众多地方劳动世界中的一个例子，它们共同存在于——当然，也相互合作和竞争——全球资本主义结构之中。印度尼西亚制造运动鞋的工人自己与位于美国和德国总部的高薪采购、宣传、营销和品牌专家的劳动世界紧密联系在一起，也与全世界运动品商店薪酬相对较低的众多兼职和临时零售人员的劳动世界相互联系。虽然本书较早部分提到的全球化神话声称全球相互依赖对全世界的工人造成了退化的影响，但实际上对于劳动者造成很多复杂而又矛盾的结果。本章目的是探讨在资本的地理流动性不断增长的时代，企业和管制机构正不断“挤压”工人以迫使他们让步所采用的各种各样的方法。然而本章中心论点是这些策略及其产生的结果众多，并且有巨大的地理变化。全章分成三个部分。第一，我们重述并且批判性地评价对强调资本流动性对基于地方的工人的有害影响的全球资本主义（或者有些人所称的全球化）的理解。第二，认识到这一论点存在的真实元素，我们限定劳动力控制机制的范围，在当代背景下，企业和国家政治通过这些机制侵蚀工人的报酬和工作条件。第三，在这些机制是如何结合并实施这方面，我们运用三个案例研究阐明地方内部或地方间的巨大差异。

新兴的“霸权专制”全球体制？

本节开始，我们先一起回顾一下对于全球资本主义的总论述，它既包括“左倾”的也包括右倾的分析家的各种各样的政治倾向。这一论述正好符合第一章所讨论的与劳动力相关的全球化神话，其基本论点是这样的：当代资本主义的典型特征是：与劳动力相比，资本具有相对灵活的地理流动性，这成为前者压倒后者的“非对称”权力的根源。这种流动性可以被看成形成“全球生产政治”的基础（Jonas，1997），当雇主决定工人工资和津贴、合同、投资策略等诸如此类的事情时，持续不断的重新选址的威胁就成为他们的有力工具。当与工人和地方利益群体谈判时，企业在全球尺度上的潜在流动性因而成为一个关键武器。工人也不得不保护他们在特定地方的利益，在此过程中，为了使他们的工作场所正常运行以保证稳定的工作，他们也许不得不与其他地方的工人直接竞争。当流动资本要努力得到最好的回报率时，这种竞争导致劳动条款和条件逐渐“降低/下调”。这些情况使一些人认为我们正目睹“霸权专制”这一新自由体制的出现，在这个体制里，劳动力在竞争的破坏劳动力标准和工资的过程中屈服于企业（Burawoy，1985）。这种竞争可以在国际和/或亚国家尺度上发生。例如，英国和法国可以为创办一个新的日本汽车制造厂而竞争。同样，那些国家内的地方也可能为了吸引需要的投资而相互竞争。大量公款被投入具体投标项目，或者更一般地说，投入地区营销以保证吸引投资。例如，20 世纪 90 年代早期，南卡罗来纳州向德国宝马汽车公司（BMW）提供了 3 亿美元补贴创建一个新汽车厂（Brecher & Costello，1998）。霸权专制作为一个整体，是政治和企业精英在全球尺度上强有力结合进行打造和维持的，这些精英们共同构成一个被称为“跨国资产阶级”的群体。

这一论述还是有一些道理的。毫无疑问，过去几十年里，生产资本的地理流动性已经提高了。综合第四章的论点，我们可以确定五个相互关联的主要因素：

- *技术发展*：生产、交通和通信技术惊人的发展促进了越来越复杂的生产地理安排。
- *解除管制*：对国际贸易和外国直接投资管制障碍的降低促进了制成品和生产要素（材料、技术、人力和资本）的交换。
- *竞争增加*：上述两个因素使得地方间竞争强度增加。例如，技术造成超过市场扩张的生产力增长，从而强化了成本竞争。解除管制可能既增加了企业在国内市场的竞争，又增加了在国外的机遇。
- *金融资本流动增加*：再次因为受益于解除管制和技术发展，国际化金融体系已经形成，有利于大量资本快速流通以寻求有收益的投资。
- *先前存在的地理不均衡发展模式*：资本流通的最后一个促进因素是全球经济在所有空间尺度上深刻而持续的空间差异。当代特别重要的是地方之间在劳动力成本、生产力、技能和工会成员水平和战斗力上的差别。

然而，我们希望本书余下部分所主张的论点是“霸权专制”理论在某种程度上被夸大了。虽然它可能准确描述了资本主义体系内某些地方的某些种类工人的情况，但是却远远不足以代表所有工人的命运。尤其是这个理论掩盖了形成全球资本主义经济特征的地理复杂性的很多层面。运用第二至第四章建立的分析框架，我们可在几个空间尺度上思考这一复杂性。“霸权专制”最好可以理解为世界范围内劳动力—企业关系的主导趋势。重要的是，正如佩克指出的，即使当这种体制在民族国家不起主导作用，新自由典范——如由诸如 IMF 和 WTO 这样的机构发布的——常常影响了它们之间关系的性质。

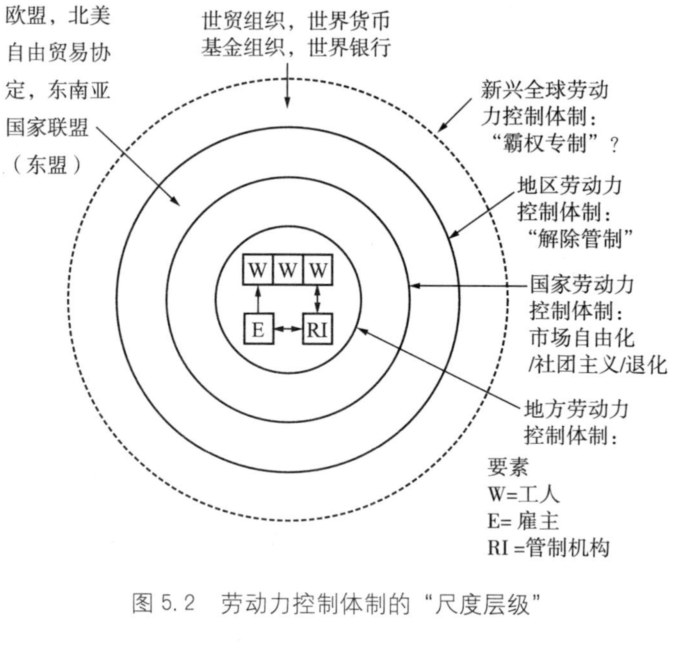

图 5.2　劳动力控制体制的“尺度层级”

表 5.1　不同国家劳动力管制模式：理想型

	美国方式	日本方式	欧洲方式
经济结构	低技能，价格竞争方法。 从费用敏感度到国际竞争方面压力下压至工资。	弹性体制，融合范围和尺度的经济体。 专门针对企业的高技能。	高技能，高工资经济体，基于非价格竞争商品和服务。 广泛的人力资本投资。
雇佣惯例	短期雇佣关系。 通过外部劳动力市场的市场主导型雇佣调整。 个性化、竞争的雇佣关系。	长期雇佣关系。 核心工人限制在内部劳动力市场。 缓慢的，内部化劳动力市场调整。	中期雇佣关系。 高标准职业保护。 职业水平的宏观经济稳定性。
经济和社会准则	“市场”工作伦理。 伴随着低生产率增长的日益增加的工作时间，人力资本投资降低。 高水平的劳动力市场不平等。	“企业”工作伦理。 接受长时间工作。 服从企业权威。 管理支配中暗含社会制定的规则。	“社会”工作伦理。 逐渐减少工作时间。 不平等现象较少。 普遍化基本收入水平。
产业关系	基于市场。 个人主义精神。 去工会化，人力资源管理。 (HRM) 方法。	嵌入文化和制度的信任、合作和服从。 企业工会制。	国家表现的对经济政治关系的管制。 职业的制度化权利。 被授予公共地位的工会。

来源：Peck (1996：表 8.1) 的节略版。

然而，深刻的地理可变性在四个较小的和“嵌套的”空间尺度上是显而易见的（见图 5.2 的直观表现形式）。第一，广区域劳动力控制体制会显示重要变化。尽管大多数地区集团（见框 4.6）确实在追求解除管制议程，但是它们在使劳动权利和保护制度化的程度上有所不同。例如，北美自由贸易协定（NAFTA）的劳动力构成大都不存在，并且被一个评论家描绘成“不起作用的”（Moody，1997：127），而欧盟（EU）至少还有一个社会宪章，为签约国的工人推荐一些基本权利和条件。第二，带有不同制度和文化历史的国家劳动体制在“专制”趋势程度上有很大变化。例如，佩克（1996）确定了三种理想型国家体系——“美国”、“日本/亚洲”和“欧洲”及其主要特征（表5.1概括了这些内容），不同国家背景可以参照比较。虽然美国体系通过强调解除市场管制严格遵守霸权专制理念，但其他两种体制则在一些重要方面显示了很大差异，这些方面可能在某种程度上改善工人的处境。重要的是，二者在工人代表制度化的和由国家管制这点上都更加“社团主义”。日本体系中的工人组织大都基于企业，而欧洲模式里则以独立的工会为中心。我们可以跟随苏亚雷斯（Suarez，2001）一起把网撒得更大一些，将新工业化经济体（NIEs）也包括进来，这样应该给佩克的分类再增加一种类型，即“压制”型，其特征是以积极强行限制来控制劳动力和获得劳动力从属性。

第三，正如第一部分描述的，劳动力—资本关系性质存在巨大的地方变化。即使对代表霸权专制的空间重建和资本流动性，一些地方比其他地方更有抵抗力和免疫力这样的结果，工会对抗雇主实践活动的能力不断下降，实际上首先很多地方从来没有加入工会，因此工会的能力是远远不够的。同样，雇主和地方共同体之间关系的强度也有巨大的地理差异。在企业承担大量沉降成本并享有积极的工作场所关系的地方，劳动者的境遇看上去还不算太惨淡凄凉（见第六章）。简言之，没有两个完全一样的地方劳动力控制体制，工人面临的确切问题和可能性会随着情况不同而发生相应变化。第四，当然，在“专制”特征影响范围也存在重要的地方内部变化。在诸如纽约或者洛杉矶这样的全球城市，被限制在全球成本竞争的严格体制之下的服装工人也许与那些银行家或者金融分析师的工作地点只是咫尺之遥，而这些人所在的服务行业根本不需要以任何方式对应“逐底竞争”。这导致了复杂性的最后一个层面，这一层面横切了这些尺度变化。特定企业和部门的具体生产体系将决定它们能够积极参与空间重建策略的程度。对于每一个可以迅速在不同分包商之间转换生产的玩具制造商，都可能存在一个与复杂的供应链在空间上相联系的汽车装配工，以及更多由于要满足消费者或者高技能雇员的需要而扎根于地方的服务企业。

总而言之，虽然全球资本主义受一系列强有力的技术、管理和竞争动态驱使而具有霸权专制趋势，通过建立第一部分的概念化框架，我们立刻就会明白这一趋势影响力的程度和性质也将在地理上——因此也将在社会方面——是变化多端的。

劳动力控制机制

尽管我们批评霸权专制理论，但毋庸置疑，当代资本主义体系的工人面临一系列广泛的劳动力控制机制，这些机制可能削弱他们工作的条款和条件，或者更糟糕，可能让他们完全失去工作机会。在这一节我们综述了企业和国家在这方面使用的不同机制。很多内容是关于这些机制使用的过程及其对全球工人生活的影响的。但这里我们的目的只是想阐明这个使得工人的处境每况愈下的动态范围。同样，当然很多详细过程也——至少在理论上——在某些背景下会产生对工人有利的积极的必然结果或积极的一面（本书后面部分会列举一些实例）。本着简明扼要之目的，我们将分析分成两部分，分别对应企业和国家使用的控制策略。而事实上，在这两个群体分别努力塑造特定的劳动力控制体制的轮廓时，它们之间存在不同程度的共谋与冲突。

劳动力控制的企业策略

很多对工人最不利的动态情况都是企业重建设和改编造成的。我们可以跟迪肯（1998：219～220）一起明确导致企业重建的两大类促进因素——外部的和内部的因素。外部因素可以是消极的——如企业产品需求下滑、竞争加剧、投入成本不断上涨、劳动力抵制或者斗争以及政府收紧管制——或者积极的，如企业所在地区集团贸易机会增多。内部压力也会引起重建，可能关系到企业作为整体或者一个构成部分的重建。例如，可能一些生产要素太昂贵，或者销售数字低于目标水平。有趣的是，内部引发的重建似乎总是与管理水平和随之做出的企业策略方向变化有关（Dicken，1998）。虽然外部和内部因素的区别对分析非常有用，但是实际上二者相互交织，几乎不可分割。例如，关闭一个特定工厂的决定也许同时反映了那个特定活动领域新的策略思考和竞争情况的结合。进一步说，对同样的刺激，个体企业会做出不同反应，这说明企业常形成自己独特的决策文化（Schoenberger，1997）。

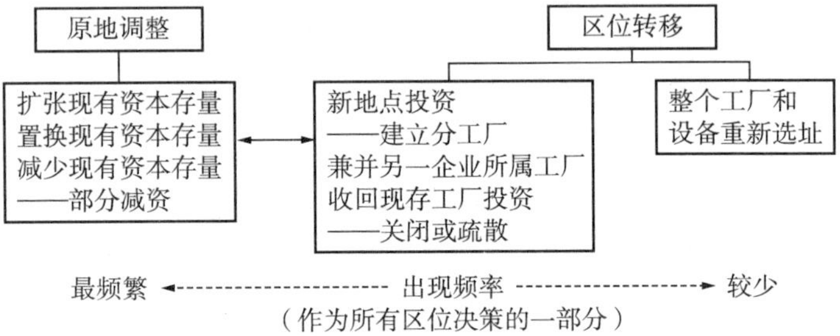

图 5.3　改编、重建和空间变化：投资主要类型——区位决策

来源：Dicken，1998：图 7.9

改变“在地方”运作的尺度

• *离开地方*：也许最明显的是，企业仅仅决定在另一个地点重新选址生产。除了在极其罕见的情况下，一般新场所会在工人上下班可乘坐公交车的距离之内，重新选址的结果一般会是招募新的劳动力来取代现有劳动力。那些工人能否——或者的确——在当地找到同等待遇的工作，取决于当地经济的性质和健康发展。

• *在地方关停并转*：实际上，正如图 5.3 所示，也如第三章论证的，企业很少用到“起身离开”一个地方的决策。相反，企业更可能改变在一个特定地方运作的尺度，或者，在多工厂的情况下，改变各种地点之间的活动以达到平衡。当企业选择在一个地方缩小规模的时候，工人就像以前一样被裁员了。如果企业决定将特定工厂卖给或者被迫放弃转让给另一个公司，对工人来说也可能存在一些意义。在很多情况下，新企业主会抓住机会关停并转或者缩减规模，在某些情况下，雇主会与工人重新协商工资和工作条件。

• 拆分地方运作：企业采用的另一个“缩减”地方运作规模的方法是拆分或者外化一些来自供应商或者通过分包商进行的活动。这个过程给工人带来两个主要问题。最重要的是，如果任务被外化给该地点之外的一个供应商，工人就可能失去工作。另一方面，活动仍然在本地进行，但是工人们发现它们为供应商或者分包商工作时，工资更低，条件更差，这大都是由于企业之间竞争加剧造成的。其结果是外围劳动力不断增加，特征是雇用临时工制征，在极端情况下以退化的劳动形式如家庭工作和非正式工作为特征。

改变“在地方”运作的性质

• 技术变革：正如我们在框 4.4 中所看到的，近期技术发展对生产体系的性质产生了深刻的影响。在原地执行的新生产技术以两种主要方式影响工人。一方面，它们可以取代工人并造成工人失业。另一方面，它们可以改变工人参与的劳动过程。尽管一些评论者对这个过程持乐观态度，表示取代了平凡的工作并创造了高技能的位置，但批评家也表明新技术提高了对工人监测和监控的可能性。例如，汽车装配厂的机器可能记录个体操作者的生产率。

• 强化工作实践：与实行新技术紧密相关的是企业可以用其他方式努力强化雇员的劳动过程。这样的例子不胜枚举，包括转移到新的扩大的轮班体系，延长加班时间，减少或者终止不同工作之间的障碍（大家知道的“多重技术”增加了工人的不安全感，因为他们现在执行的任务别人也能够完成)，使用一系列如兼职、短期或临时工等更“弹性”的雇佣合同。

• 取消工会组织：企业可采用不同程度的策略降低工会的作用：(1) 它们可以在工作场所完全禁止工会；(2) 它们可以建立单工会而不是多工会工作场所；(3) 它们可以坚持工作场所谈判和调解纠纷以对抗在更大空间尺度上的集体性谈判；以及 (4) 它们可以在工作场所内建立代表双方的劳资委员会，以削弱对工会代表的需求。

• 让步谈判：在工人与雇主谈判时，强化工作实践和取消工会组织可以起到削弱工人地位的作用。结果企业能够寻求让步谈判策略，这样可以冻结工资，在一些情况下可以降低工资。第四章介绍的比较零散的策略此时也开始发挥作用了：在谈判中，企业可以通过强调全球成本竞争和重新选址的威胁实施让步谈判。

• 选择性招募和工人迁移：正如劳动空间分工理论所认识到的，企业常常在地方运作以得到某些种类的劳动力。特别令人关注的是企业努力得到大量廉价的缺乏组织的女性工人，然后运用上面所描述的实践控制工资和条件。迁移工人群体也因为急需工作，且与当地社会缺少接触而受到类似剥削。在美国一些城市，短工劳动机构提供短程往返服务，让工人从最贫穷的社区前往富裕的郊区工作，机构则收取服务费 (Peck & Theodore, 2001)。

对于运用这八类机制中的大多数或者所有同时运用全部机制的背景下的生产体系本质，金姆·穆迪 (Kim Moody) 用了一个术语来描述，即“精益生产”。这一体系对工人产生的有害影响引起很多著名劳动力学者和经济学家的关注（见框 5.1)。

框 5.1　在“精益”世界工作

美国劳动力学者和活动家金姆·穆迪（1997）就“精益生产”对全世界劳动力影响发表了引人注目的评论。这一术语最早是沃马克等人（Womack et al.，1990）提出的，用来描述战后日本出现的新生产方式的性质。精益生产的实质是它结合了源于各种各样的“弹性”实践的规模经济和范围经济。精益生产包含三类弹性。第一，职能弹性，指工作轮换和多重技术水平提高。第二，数量弹性，反映了越来越多使用“合同外”以及兼职和临时劳动力。第三，临时弹性，描述了轮班向新形式的转换（如 24 小时工作制）和加班工作。这些不断变化的工作模式常常伴随最新的生产技术。穆迪的论点是施行弹性制更常用来促进成本降低，而不是支持者们所宣称的产品和生产过程创新。尽管我们经常看到一些看似积极的字眼，如“质量管理”和“团队合作”，但这些变化并不是激励自治，而是实行对工人的时间和活动的微观管理，即穆迪所描述的“压力管理”。新形式的分组旨在提高工人对生产过程如团队和工作循环的投入，实际上起到的作用是绕过工会或者完全避免它们起作用。在一些情况下，在与其他工厂竞争时，工人及其代表被迫提出降低成本和提高质量的建议。精益生产的常见后果是同时产生主要劳动力失业、工作量增加以及时间压力增大。其他对精益生产的批评论述，请参阅戈登和哈里森（Gorden，1996；Harrison，1997）。

劳动力控制的国家策略

这些企业重构的不同过程在一系列尺度上得到——或者得不到，视情况而定——国家和类国家团体的支持。尤其是，正如我们在第二章所看见的，在任何有关全球资本主义的分析中，民族国家仍然是至关重要的。现在可以明确六种相互关联的机制种类，其中很多与第四章描述的国家尺度重组和“空心化”有关：

• “外部”宏观经济解除管制：通过去除或者降低贸易、外国直接投资和人员、技术和资本移动的管制障碍，国家（以及如WTO和IMF这样的类国家机构）创造机会，允许生产资本在国家尺度上的地方之间转换。在宏观经济解除管制非常迅速的地方，工人的结局极其灰暗（见框5.2关于东欧和中欧后社会主义经济体的重组问题）。

• 经济竞争尺度重组：某些国家职能尺度重组“向下”至亚国家水平，这便加剧了地方之间对投资的竞争。特别是强调地方层面的经济发展以及地方营销意味着同一国家的多个地方常常在一场对内投资的零和博弈中竞争。

框5.2 转型经济中的重组

在中东欧所谓的“转型经济”背景下的去工业化问题在某种程度上被放大了。1989年以来，当这一地区的国家从国家社会主义和中央计划经济向资本主义市场经济转化时，它们经历了痛苦的转型期。在布拉德肖（Bradshaw，1996）看来，这一转型包括相互关联的四个方面。第一，经济自由化（或者解除管制），在很多经济活动领域解除了政府限制，最重要的是通过放松固定的价格体系这一方式进行的。第二，试图通过控制通货膨胀建立宏观经济稳定性，政府财政得以持续进行。第三，普遍私有化，正式的国有企业——在很多情况下构成整个经济——转换成私有部门。第四，持续的经济国际化，国家从一个贸易的积极参与者退化成一个管制者。结果，国际贸易水平和对内的外国直接投资迅速增加。这种转型的经历是不均衡的，总的来说，这些国家的制造业进展很不顺利，其生产和就业水平大幅下滑。史密斯和皮克尔斯（Pickles，1998：7）直言不讳地描述了“转型性衰退”（transformational recession）给这些国家的工人和市民带来的后果：

“转型”的经历……已经成为……一种经济崩溃，对劳动力

续

> 的猛烈攻击，以及社会和政治上迷失方向……结果是贫穷和不平等加剧……实际工资惊人地下降而工资差异却增加了。随着不平等日益增加，无家可归者越来越多，健康水平也不断下降，还出现了与两极分化相关的其他社会问题。

• “内部”劳动力市场解除管制：国家可以选择改变在劳动力市场的管制干预性质。特别是，它们可以通过解除对工作职位和市场决定的工资之间的劳动力流动的限制，从而加强劳动力市场灵活性。例如，如立法规定的最低工资这样的基本保护就会面临威胁。

• 重新管制工会：国家可以通过加强立法来限制工会活动和集体性谈判的方式寻求实现劳动力市场灵活性。政策范围从完全禁止工会化，到取消工会理所应当享有成为工人代表、进行国家谈判，或者发动罢工的能力等权利。

• 福利支持回退：劳动力市场灵活性步骤的另一个组成部分就是改变对那些没有工作的人的支持的性质。一些工业化国家，如美国和英国，福利体系被所谓的工作福利体系取代，失业人员可注册参加一些临时培训计划和低端工作，这样就可“挣到”救济金，也有希望保证长期就业。根据批评家的观点，这种转换只是为雇主们提供可供他们剥削的“低端”工人大军（Peck，2000）。

• 私有化和缩小公共部门规模：最后，我们一定不能忘记一个事实，即在很多国家，国家仍然是一个大雇主。这里对于劳动力控制的三个动态图也许是非常重要的。第一，削减公共部门的任何举措都可能导致裁员，与此相关，在关系到如教育、健康和房产服务的地方对再生产领域产生负面影响。第二，一些活动“合同外包”给外部供应商的方式起用了上文讨论的企业背景下同样的动力。第三，以前政府拥有的行业的大规模私有化使工人面临企业之间的竞争。

简要地总结一下这一小节，我们评述了多种在某些背景下对工人有不利影响的企业和国家策略。重要的是，它们远远超出了在“霸权专制”叙述中十分突出的资本流动性和地方间竞争机制的范围。

地理复杂性案例研究

我们现在已经理解了在当代资本主义制度下，企业和国家可能采用什么机制迫使工人让步。这里我们没有任何办法以接近全面的方式“在地图上标出”这些过程对世界不同地方的不同种类工人造成的影响。因此我们在本章余下部分采用的方法是提供三个案例研究，借此提出三个关于这些劳动力控制机制影响的地理性论点。综合起来，这三个案例深化了中心论点，即各地工人地位变化非常显著。首先，我们运用英格兰东北部工业重建案例来说明实际上在特定地方有多少不同机制在共同运行。其次，我们将调查英格兰东南部的服务业劳动力市场的性质以揭示劳动力控制机制在特定地点内如何产生不同影响。最后，我们将运用东南亚三个新工业区的证据来阐明：即使地方在国际劳动空间分工处于相似的位置，具体的一整套劳动力控制机制还是会有所变化，它们又是如何变化的。特别是这些案例研究的目的是强调全球资本主义带给不同背景下工人的问题。在本书剩下的章节中我们考虑的是工人将面对的各种可能性。

“至精至简的”生活——英格兰东北部的工业重建

我们列举的第一个案例是英格兰东北部的工业重建，这个地区存在很多西欧和北美洲去工业化地带和“铁锈带”“老工业空间”的共同特点。19 世纪，在这些地区，资本主义生产在一些如煤矿、化工、钢铁和金属加工等“老”行业迅速扩张（例如，造船、铁路、工程等）。这里一个重要特征是城市都市区的制造业部门就业下滑，与之紧密相伴的是登记在册的失业率上升。虽然制造业就业下降的原因很多，但一般会将其归因于不断变化的全球竞争和生产率提高的综合因素（见框 5.3)。很多地区遭受一波接一波制造业投资下滑，造成长期失业人口难以改变的状态以及收入不平等水平居高不下。然而，把这些地区的就业情况仅仅描绘成全职有酬工作和长期失业之间的分歧过于简单化了。很多劳动力控制机制的实施造成复杂而高度分裂的劳动力市场，其特征不仅包括失业人口数目，也包括就业机会性质和质量的巨大变化。

框 5.3　廉价劳动力还是技术变革?

现在我们该回顾一下廉价劳动力的“神话”(见第一章)了，它认为工业化国家制造业失业很大程度上是来自外国的廉价劳动力和紧随其后的进口产品增长的竞争造成的。然而，这个观点转移了对那些国家的技术和组织重建的影响的注意。事实上，很多失业应归因于工业化国家企业不断变化的竞争地位、工作的重新组织(如采用多重技术过程)，最重要的是，实施新技术带来的生产率(每个工人的产出量)提高。国内需求和出口水平变化也会造成就业总体水平变化。在集聚的整个经济范围水平，经济学家估计在工业化国家只有10%～20%的制造业失业是因为“贸易效应”导致的，余下部分的原因都是“国内”根源(Hirst & Thompson，1999)。然而因为这些就业影响相互之间并不完全独立，所以很难将它们分离。例如，源于技术变革的生产率提高是受到海外竞争，特别是较低成本的生产商的刺激。无论贸易效应水平是什么，它对部门和社会的影响都是不均衡的。例如，关于北美自由贸易协定对加拿大劳动力市场影响的研究表明，虽然协定对整个市场的总体影响较小，但是失业却限定于程序化的制造业部门，因为这些部门的工人直接与那些较低工资的墨西哥工人展开竞争。这种影响也许会进一步强化加拿大知识工人和较低或无技能制造业工人(原本工资就很低)之间工资的两极分化(Betcherman，1996)。

我们可以通过英格兰东北部的经济情况(见图 5.4)来探讨这种复杂

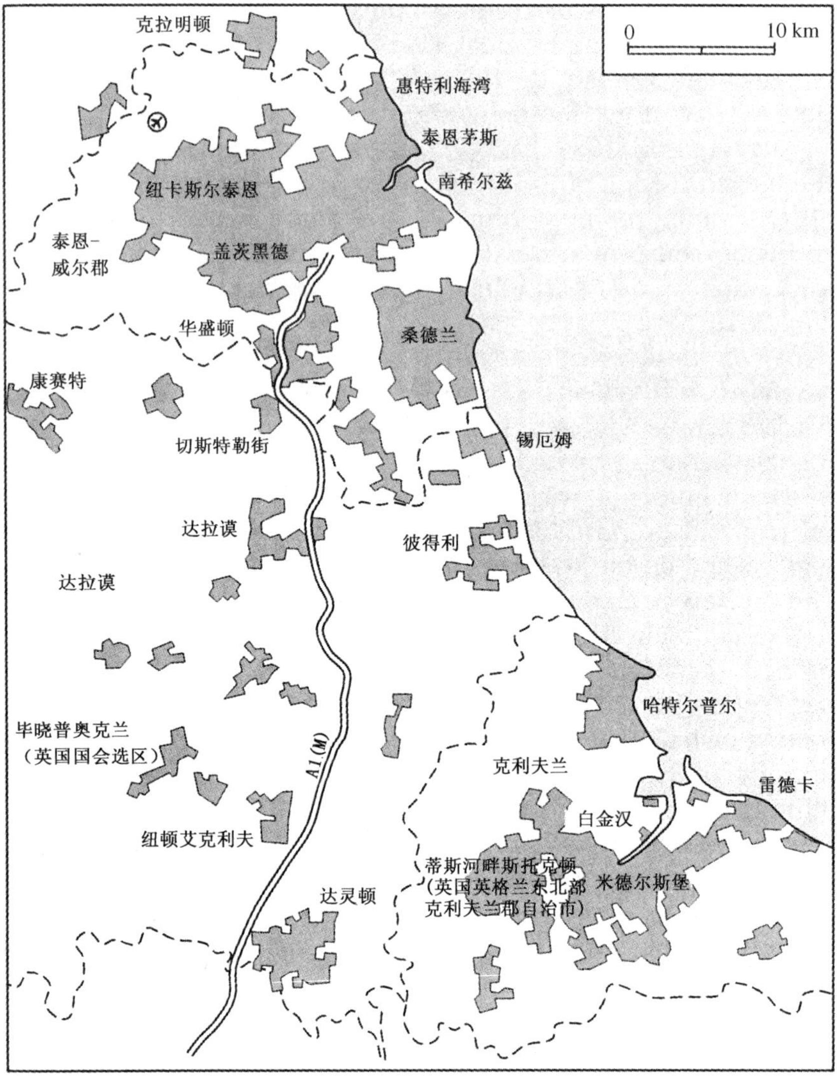

图 5.4 英格兰东北部：选定地点

性。历史上，这个地区的经济以一些如煤矿、钢铁和造船等“老”工业为基础，在过去 30 多年里，这种结构已经发生深刻变化。1975～

1995年间，工作职位净减少179 000个——相当于1975年总数的14%——后果是1990年大多数时间失业率稳定在大约10%。更进一步说，把那些因长期生病或者永久性疾病而被劳动力市场“抛弃”的人考虑在内意味着1997年这个地区劳动年龄人口中几乎33%是闲置的。从部门角度看，1975～1995年间，能源部门大约失去57 000个或者73%的工作职位，而建筑部门失去31 000个或者34%的工作职位。尽管大量海外投资创造了如汽车制造和电子等“新”行业的就业机会，但是制造业总共丧失202 000个或者45%的工作职位。对于该地区经济来说，传统就业基地的大规模毁坏因服务部门增加的117 000个工作职位仅得到部分补偿。这些趋势又穿插了其他动态图。1971～1997年间，该地区就业中，因为女性就业率从36%上升到48%，所以男性就业率从64%下降到52%。与此同时，总就业率中女性兼职就业率从12%上升到23%。总的说来，到1997年为止，30%的工作是兼职工作（所有数据来自Hudson，2000）。

雷·赫德森（1998）全面评价了这些重建过程对劳动力不同部分的影响。第一，各种新工作形式被强加于“老”行业不断收缩的核心劳动力上，强行使用新技术，努力创造弹性劳动力已经改变了在这些部门工作所蕴含的意义。这里需要提到四个动态图：（1）强制使用扩大的新型轮班系统；（2）减少或者消除划分不同工作任务之间的障碍；（3）企业中单工会制安排的举措，企业只正式认可一个工会并与之协商事物；（4）减薪并将谈判转移到关于报酬和生产力的分散谈判（常常在场所的层面）。工人和工会对这些改变的默许反映了他们想保留工作的愿望和他们在残酷的全球竞争背景下的无能为力。

第二，英格兰东北部“新”制造业企业的核心劳动已经出现了新的工作形式。到20世纪90年代中期，这个地区剩余制造业工作职位的33%存在于外资工厂。虽然近期总投资量依然由美国企业主导，但对内的国外直接投资主要以亚洲电子和汽车公司为主。很多投资者把东北部看成一个低薪地点，在这里还可以得到欧洲市场。这些企业力求重新安排来自“老”行业被取代的工人，在某些情况下，吸引大量没有参加工会的廉价女性劳动力。它们带来新的管理风格和工作组织，在很多情况下，这些新生事物与现存工作文化发生冲突。例如，这些行业里盛行一个工会或者不加入工会——经常带有不罢工协定。围绕着所提供的工作职位质量存在很多争议。在华盛顿、韦尔赛德的尼桑工厂，公司展示的形象是在围绕弹性、质量和团队合作的精益生产中丰富工作经验。相反，根据批评家的说法，这样的劳动过程极度紧张且控制严格，它是在工会化程度很低的背景下运行的（再次参阅框5.1）。虽然对内投资提供的就业机会吸收了本土制造业丧失的工作，这些外国工厂并非高枕无忧，它们自己也要面对关停并转甚至倒闭的结局。一个众所周知的例子就是1998年西门子迫于半导体行业的压力，关闭了位于沃尔森德，北泰恩塞德的晶片制造厂，这个工厂吸引了大约6 000万英镑地方和中央政府财政资助，建立于1996年，其关闭的结果是不到两年时间里这里的工人失去了该工厂为他们创造的1 200份工作！反过来，美国爱特梅尔公司于2000年购得这家工厂，这一次公司获得2 780万英镑英国中央政府资助，这个例子也说明了对内投资过程的周期性（Dawley & Pike，2001）。

第三，当企业通过“外化”生产到分包商网络以应对竞争压力时，出现了不断增加的外围或者“三级”劳动力，在“新”、“老”行业都发生了这样的事情。对于这些外围劳动力，企业之间的竞争将压力下放到工人的工资和条件上。实际上，在这一体系的边缘，越来越多的工人“无卡”工作（工资由非正式的现金支付），或者通过短工中介签署短期合同。

第四，兼职工人的增加并不仅仅是制造业工作实践的变化造成的，还有一个原因是私营服务业部门的就业增长，尤其是商业服务、旅游、休闲、零售和后勤/呼叫中心的就业增长。在后者方面，在发展过程中，国家服务提供者尽其所能雇佣大量相对廉价的女性劳动者来完成程序化任务，于是相当于“分工厂”经济的新形式创造了几千个工作机会。总而言之，服务业的新就业以薪酬低、未加入工会的工作为特色，这些工作大多是兼职或者临时的。

英格兰东北部经济过去30年的这些变化受到更大空间尺度上的变化动态图，尤其是英国国家重建的深刻影响。对于像东北部这样的老工业空间，存在三个相互关联的有特定意义的维度（Hudson，2000）。第一，新自由主义的上升和1979年建立的保守党政府具有重大影响。20世纪80年代早期严重的全球经济衰退期间，减轻通货膨胀，维持高英镑汇率政策加重了英国制造业压力，导致大范围失业。与此同时，解除对外国直接投资管制使得80年代大量制造业投资向外流入近海区域。第二，从前政府所有的煤矿和钢铁业私有化和关停并转让这些部门面临全面的国际竞争，加速了这些部门的衰退。第三，保守党政府想要减少公共服务部门的想法导致了失业并使诸如东北部这样地区的服务部门就业传统上最重要的形式的条款和条件变得更糟糕。

总而言之，东北部经济体实例表明了一些地方的工人怎样面对前文描述的一连串共同运行的劳动力控制机制。为了应对国际竞争压力，“老的”和“新的”企业都有意识地改变运行规模和性质，对工人及受助于英国国家政策体制的新自由性质并由此引发的过程产生了一些逆行性影响。

增长的双面性——英格兰东南部服务业工作

我们的第二个案例研究探究了英格兰东南部服务业就业的本质。这一地区有时被描述为“新工业空间”，这是经济地理学文献常用来划定过去20年再现经济增长的工业化国家区域界限的一个术语。新工业空间常与三种“推进型”产业群体联系在一起：即像珠宝、皮革这样的高质量设计密集型商品制造，高技术制造（如半导体或计算机企业），以及，如在英格兰东南部，集中了金融、商业服务就业。金融服务这一术语指诸如银行和保险之类的活动，而商业服务则是一个更多样性的群体，包括较老的“职业”，如法律、会计、建筑、测量和工程咨询，以及新的行业如员工招聘机构、市场调查、计算机服务、安保和保洁。

最初的理论框架（Scott，1998）认为新工业空间包括五个主要特征：特定部门强大的活动空间集聚，剧烈的劳动社会分工，中小型企业激增，企业之间外部事务的密集网络，相对独立自给的劳动力市场的发展。虽然这些见解随后受到挑战——尤其是现在有充分的证据显示了这些空间里很多大型企业的重要性，地方外公司和市场联系——这个理论引起关于这些就业增长“热点”的地方劳动力控制体制(LLCRs)性质的争论。在很多情况下，似乎通过广泛采用“弹性”劳动实践，如个体谈判、多重技能和使用兼职或临时工，以高水平工人流动、低工会化，依赖大量相对边缘化的支持工人为特点的 LLCRs 得到不断发展。简言之，虽然一些人因这些劳动体制中的进步元素而不吝赞美之词，但是它们也只是深度分裂的市场，无异于其他背景下的那些市场（Crang & Martin，1991）。劳动力仍有强烈的性别分化，管理技术层仍以男性为主导，而很多保障任务仍然高度女性化（Massey，1995b)。

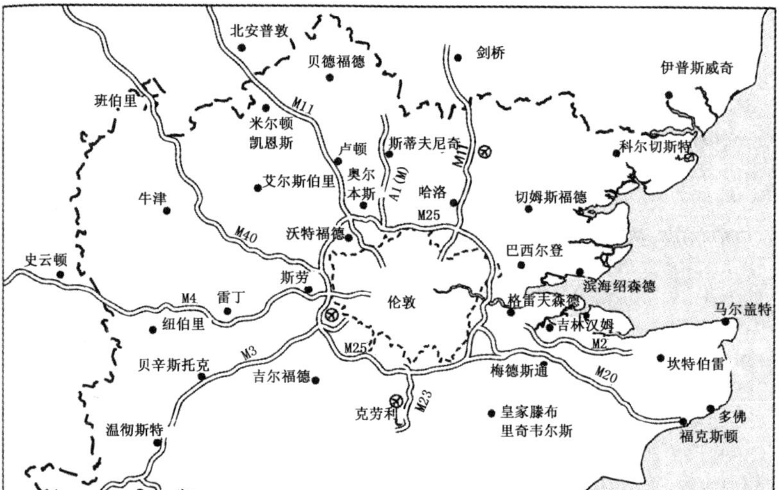

图 5.5　英格兰东南部标准区

英格兰东南部提供了一个有用的窗口，让我们看见这些增长区对劳动力而言的消极面。这个地区目前主要集聚了英国经济中高科技行业和金融商业服务。这里我们将重点放在知识型服务的集中地，虽然它们主要集中在伦敦市中心（包括伦敦金融区），实际上却向外扩展并覆盖了被称为“大东南区”的地区（见图 5.5）。特别是 20 世纪 80 年代后期强劲的就业增长，到 90 年代中期，这一地区几乎 1/4 的工作职位属于金融和商业服务部门，占据该地区经济输出量约 40%。到 1996 年后期，东南部占 468 000 个金融服务工作职位，约占英国总量的 46%，1 267 000 份商业服务工作，占全国总量的 45%（Coe & Townsend，1998）。在某种程度上，这些数据表明伦敦在国家经济实际上是全球经济中作为“控制节点”的长期作用，这从位于伦敦的数量庞大的公司总部和政府办公室可略见一斑。20 世纪 80 年代，解除对伦敦市金融市场的管制，增强了伦敦在萌芽中的国际金融体系中的地位，并且吸引了众多来自美国、日本和欧洲金融机构的对内投资，这毫无疑问刺激了增长。金融和商业服务的增长创造了大量工作机会。虽然其中大部分是全职、高薪、地位高的工作，但是我们必须意识到这些企业也雇佣大量薪酬相当低的接待员、秘书、打字员和职员。但总的来说，这些部门构成经济地理学家约翰·艾伦和尼克·亨利（Nick Henry，1995）所描述的东南部“增长的积极面”。

“消极面”的一个重要部分就是相关的薪酬低地位低的劳动密集型服务业的就业增长，如保洁、餐饮和安保等工作（Allen & Henry，1995，1997）。在 20 世纪 80 年代和 90 年代初期，这些部门经历了强劲持续的就业增长：到 90 年代中期，它们为东南部经济贡献了大约 20 万名工人。该地区这三个部门中的每一个部门的就业率占全国总就业率的 1/3～1/2，显示出与前文所描述的增长“积极面”的紧密联系。实际上，各种部门，包括公共部门以前的内部工作外化给分包商占据了就业增长相当可观的比例。然而，正如我们将看见的，向**合同工作**（contracting work）转换极其重要。合同服务工作的性质被广泛认为如下：在保洁业，大部分是女性兼职担任工作；餐饮业由女性主导，她们工作时长不同，但一般高于兼职水平；安保业劳动力主要以男性为主，他们担任全职轮班工作。劳动的种族划分也贯穿于这些性别差异中，例如，加勒比非洲裔和白人主要从事安保工作。重要的是，这里正在描述的是雇用临时工制（转向短期和临时合同）过程的不同的动态图，这在低端服务性工作中非常盛行。相比之下，这些部门的工作有规律而且很正规。然而，由于合同基础的原因，它本质上也是极其“不确定的”（Allen & Henry，1997）。与客户企业的合同往往是 1～3 年期，在那之后工人没有再就业的合法权利。实际上，当合同易手时，大多数工人或者被承包商转往另一个客户端场所，或者留在原地接受新的管理。然而，由于投标过程的激烈竞争，频繁的合同变化会带来条款、条件和就业任期的消极变化。这样，对这些工人来说，永远缺乏安全感成为无法改变的事实。

雇佣这些工人的企业通过在这些服务的分包扩张和兼并过程中实现了稳定的规模增长。到 20 世纪 90 年代初期，每一个这样的部门都由一些龙头企业主宰：在保洁行业，前五大企业占据英国市场的 1/3，在安保业，三个企业占有市场 60%的份额，而餐饮业的前三大公司得到 80%的市场份额。很多这些企业已经成为大型跨国公司，其中一些属于外资公司。举一个例子，五大保洁公司之一的一家丹麦跨国公司，在全世界拥有 12 万名雇员，其中有 12 000 名英国雇员。这些特别“空心的”跨国公司拥有分布于小群体的庞大劳动力——如美国工作场所有四或者五个保洁员，两个或者三个保安人员——遍布于很多客户场所。例如，一个餐饮企业拥有 22 000 名工人，分布在英国 3 300 个工作场所。在多个工作场所将劳动力分裂成“碎片”的过程会减少组织和抵制就业条件的可能性，尽管它们的劳动力对于合同服务企业创利十分重要。劳动力控制在工作场所层面由场所或者单位管理人员执行，他们的任务就是保证每天提供有效服务。工人与地区或者总公司，或者与其他客户场所的工人的接触受到高度限制。

这些工人的社会和政治边缘化还表现在其他三个方面。第一，英格兰东北部案例中所描述的国家政策新自由主义倾向形成并促进合同服务的增长。在佩克和蒂克尔（Tickell，1992）看来，国家解除管制过程造成以两极分化和“过热”为特征的区域经济机能失调。特别是，20 世纪 80 年代劳动力市场解除管制清除了这些低薪、工会组织不善的工作形式出现的法律障碍。第二，这些“无技能”任务的社会建构——因此不配得到雇主、客户公司，实际上还有社会给予的升职或者工资增长的奖励——极大地强化了他们的边缘化。这与这些任务的相对“隐形”有关系，特别是主要在客户住所几乎无人的时候进行的保洁和安保工作。第三，很多“低端”工人想要在英格兰东南部极其紧张和昂贵的房产市场觅得安身之所也是困难重重（Allen et al.，1998）。

总而言之，在新工业空间的弹性劳动力市场工作的经历在不同工人群体之间具有巨大差异，马丁（2001：467）对此情况给出恰如其分的描述：

> 对服务专业人士而言，增加的弹性可能意味着自己决定的“弹性时间”、分离家庭—办公工作安排、高薪水以及慷慨的社会和非工资福利。对于兼职保洁员而言，增加的弹性却总是意味着非正常轮班和工作时间、短期合同、丧失职业权利和权益以及令人沮丧的报酬和条件。

牵制全球——东南亚的劳动力控制实践

我们的第三也是最后一个案例研究将转向东南亚新工业化经济体（NIEs）。美国和西欧的劳动密集型制造业生产在海外的广泛重新选址现象最早在 20 世纪 50 年代尤为显著，大致以 NIDL 理论为特征（重新参阅框 4.3）。1953～1994 年期间，“发展中”国家所占世界制造业份额从 5%提高到 20%（Dicken，1998）。事实上，增加的制造业容量的大部分由数量相对较少的发展中国家，即所谓的新工业化经济体占有。亚洲四小龙经济体韩国、中国台湾、新加坡和中国香港，与巴西和墨西哥一起，最早在 20 世纪 60 年代和 70 年代崛起，到 90 年代初期，“第二波”亚洲新工业化国家加入它们的行列，包括马来西亚、泰国、印度尼西亚、菲律宾、中国和印度，这些国家提供了较低的劳动力成本。这里特别有趣的是在这些新工业化经济体内部出口加工区和工业区施行的劳动力控制机制。

我们希望阐明的重点是这些新工业化经济体的不同生产场所之间所使用的一整套机制存在重大变化。我们运用加拿大经济地理学家菲利普·凯利（Philip Kelly）的著作，分两个阶段来提炼这个论点。第一，我们非常仔细地思考了菲律宾的甲米地省（Cavite）和拉古纳省（Laguna）是怎样实行劳动力控制的（Kelly，2001）。第二，我们对凯利著作中甲米地省和拉古纳省实施的实践活动与马来西亚的槟榔屿（Penang）及印度尼西亚的巴淡岛（Batam）进行对比（Kelly，2002）。综合起来，这三个地点具有很重要的共同特性：轻工制造业和电子、服装部门装配业中女性就业突出；来自北美洲、欧洲和“第一波”新工业化经济体的外国直接投资促进了增长；国家强力介入区位动力和出口鼓励规定；以及工会化水平极其低下。

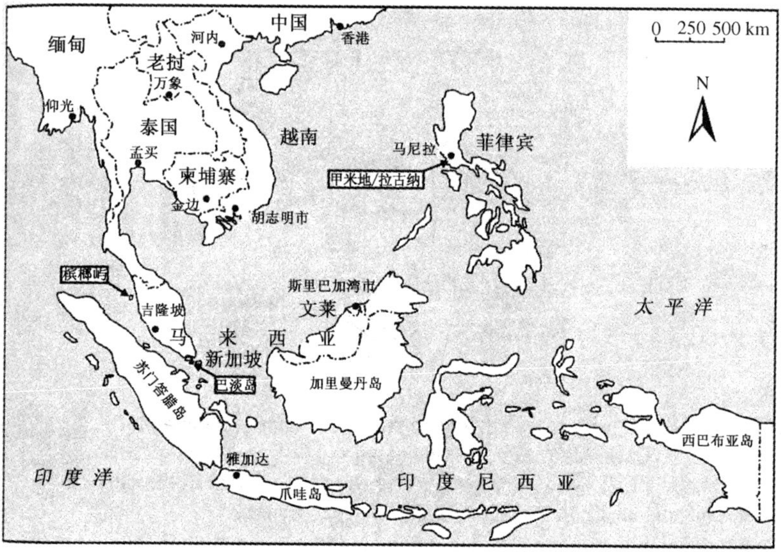

图 5.6　位于东南亚的案例研究地点

来源：Kelly，2002：图 1

位于马尼拉南部的甲米地和拉古纳的省份（见图 5.6）在 20 世纪 90 年代迎来了外国投资密集期，这些投资推动了该地工业化进程，为其经济增加了大约 25 万个雇佣劳动岗位。从水稻种植腹地向工业区的转换也伴随着很多——在各种尺度上运行——适应劳动力的教育、招聘、培训、训练和再生产的——行为主体和机构的出现（图 5.7）。凯利（2001，7）的分析表明这些不同行为主体之间的互动如何“压制劳动力的有效代表和确保企业投资者拥有非对抗的劳动力”。有趣的是，与工业化经济体中的地方形成几分对比的是，很多不同行为主体采用的策略本质上是*非正式的*。尽管菲律宾实际上有一套相对比较合适的国家劳动法，允许工会组建和活动，但是各种行为主体之间的人际网络还是在很大程度上形成了劳动力控制的无工会区域。

这里我们将依次简要陈述劳动力控制体制每一个参与者的作用（Kelly，2001）。

- 国家机构：在吸引对内外国直接投资时，两个政府机构，投资促进委员会（BOI）和菲律宾经济特区署（PEZA）发挥了作用，并且成为外国企业和菲律宾政府联系的联络点。前者鼓励“先锋”和出口企业，而后者则管理菲律宾的四个国有出口加工区，并且管制私有工业园区。这些机构具有三方面的重要性。第一，它们向投资者“销售”菲律宾劳动力的特色——如“可训练性”。第二，当劳动纠纷出现时，它们出面干预。第三，它们充当外国企业和当地或者省政府官员之间的中介。
- 公司投资者：个体公司使用各种不同的技巧控制劳动力。第一，它们可以建立双边劳资管理委员会，将纠纷保持在企业内部，因此公司采取先发制人或者使得在公司或者企业之间层面的工会组建的尝试无效的方法。第二，企业可以努力保持员工高流动率，这样可以分散工人的不满情绪并压低工资。第三，企业可以利用企业间网络，特别是人力资源经理之间的网络，共享和传播正在出现的劳工问题的信息。第四，它们可以积极参与再生产领域，例如通过提供交通或者健康检查确保工人的顺从。

• 工厂工人：在甲米地和拉古纳，外国企业可能会选择某几种工人，尤其是年轻的女性工人，无工业经验或者未参加工会者被认为是最合意的人选。然后通过定位研讨会之类活动仔细地反复教育被选择的工人，让他们融入工厂环境。

• 工业园区管理公司：由工业园区管理者提供的服务远远超过基础设施和工厂所提供的服务，从而进入了劳动力控制领域。这有几个因素。第一，已知的工会组织者大多被严格的边境安全排除在工业园区之外。第二，园区管理者可以通过设置缺少工会联系的可就业劳动力数据库来帮助企业。第三，他们可以直接参与工业关系，在雇佣双方之间进行斡旋。第四，管理者与当地政府官员和社区领袖保持联络，因此扮演着外国企业和当地政治的缓冲器角色。

• 招聘机构：甲米地和拉古纳的多数地方都有菲律宾就业服务办公署（PESO）的分部，它们负责提供就业服务。与园区管理者采取的方式相同，这些机构提供“筛选的”求职者，它们还通过提供与招聘机构而不与企业签署合同的临时工，帮助企业规避某些劳动法。

• 村主任/社区领袖：企业和园区管理者都要依靠地方官员和领导，特别是证明工人是否参加工会。进入再生产领域部分的企业策略也要依赖于社区官员的联络。

• 市政府：保证市政官员如市长的支持对企业和园区管理者是十分重要的。例如，帮助园区安全的地方警力在市长控制之下。同样，一些市长参与委派潜在的工人，制服潜在的工会组织者。

• 省政府：与此相似，省长依赖的相关人员——向投资者提供工会组织薄弱和不参加罢工的劳动力的关键人物。当劳动纠纷发生时，省政府也可能与 PEZA 联合起来处理这些问题。

• 劳动组织：甲米地和拉古纳的工会化水平非常低，据估计工会只覆盖了不到 10%的劳动力，其中部分原因是上文描述的动态图。1998 年，甲米地出口加工区 210 家企业，仅 7 家有工会组织，23 家有劳动管理委员会。限制工会化水平的两个更进一步的背景因素如下：第一，年轻劳动力中很多人认为他们的职业只是临时的，第二，高失业水平背景意味着可以提供大量心甘情愿受剥削的——常常是移民的——劳动力。

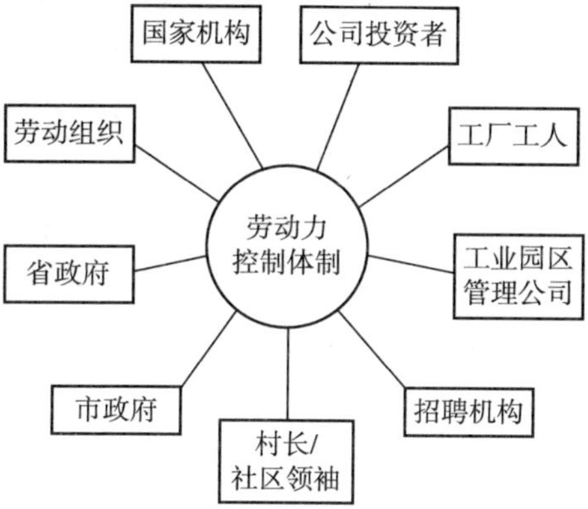

图 5.7　菲律宾甲米地和拉古纳的劳动力控制体制中的行为主体和机构

摘自 Kelly，P. F. 2001. “菲律宾地方劳动力控制的政治经济学”，《经济地理学》，77：1～22，图 2（‘The Political Economy of Local Labour Control in the Philippines’，*Economic Geography*，77：1 - 22，Figure 2）。

在甲米地和拉古纳，劳动力控制是通过很多正式和非正式机制施行的。涉及各种不同尺度上的行为主体。其结果就是限定“被包围的”工业园区，在这些园区，向外国投资者提供顺从的、非工业化的劳动力。然而，怎么对这种结构与印度尼西亚的巴淡和马来西亚的槟榔屿进行比较？在两种情况下，有几个明显不同的战略结构。在槟榔屿，有效的劳动力控制大多存在于四种机制。第一，使用国内外移民劳动力提供了大量合作的劳动力，他们远离家和家庭的干扰，数量上也很灵活。第二，迁移工人居住在小旅馆这一点使得雇主有办法控制再生产领域。在必要的地方密切监控工人并提出建议，提供很多宗教、体育和教育活动。第三，通过使用日本风格的“企业工会”，将解决纠纷停留在企业层面（见表 5.1）。最后，对在国家尺度建立工会设置很多法律和官僚障碍。最明显的是在电子部门建立工会遭到全面禁止。巴淡的情况更接近于槟榔屿，而与甲米地和拉古纳不尽相同。巴淡的劳动力几乎全部由国内移民构成，其中大部分居住在小旅馆，企业层面的劳资管理委员会将纠纷限制在企业层面。巴淡所处的国家背景下，对工会的镇压是依靠军事手段而不是正式的法律手段达到的。

我们可以总结两点。第一，正如我们所期待的，在这些正在工业化进程中的地方所使用的机制种类大大不同于前面案例研究中提到的已经完成工业化进程的背景下使用的机制。第二，也是最重要的一点，在经历相似经济发展的不同地方之间使用的确切的组合措施是不同的。同样，我们也期待我们描述的英格兰东北部和东南部的案例的动态分别在其他“老的”和“新的”工业空间呈现时会有所不同。

小结和前瞻

本章有双重目的。第一，通过描画“霸权专制”的元素，我们阐明了各种各样的机制，说明企业和/或国家通过这些机制限制和降低雇佣工人的条款和条件。第二，三个案例研究表明施行这些劳动力控制机制的基础是地理复杂性。尤其是，显然机制的结构存在地方内部和地方之间的巨大变化，以及它们会对什么群体的工人产生影响。这种空间变化也给贯穿本书的论点之一提供了材料，即对工人来说，什么是“好”或“坏”，要想做出全面判断是极其困难的，因为这些判断要依据背景，而且只能在与特定地方某些群体工人相关的时候才能做出。例如，在中国受雇于外资电子工厂的管理或者技术工人极有可能，相对而言，比洛杉矶的服装血汗工厂的迁移工人，或者纽约的合同制办公室清洁工富裕。这种空间复杂性本身就极端有趣，也很有实际意义，因为它表明劳动者怎样应对控制机制也将取决于地方并因此而具有高度的空间变化性。在第三部分探讨地方外部的策略之前，下一章我们会探讨工人、雇主和地方机构可能在当地采取什么方法保护和提高工人的条件。

第六章　各种各样的地方主义

劳动力的能动作用和工人的地方行动

即时生产以及理直气壮的“地方性”

在地方与其他力量并肩作战的劳动力

从“进步的”到“退步的”地方主义（再到“进步的”地方主义）

小结和前瞻

上一章阐释了企业和支持企业的管制机构是如何努力设定雇佣工人生活和工作的条件的。尽管某些地方工人的生活条件每况愈下，但这并不意味着他们没有能动作用。也就是说，工人，就像企业和管制机构一样，也能够自己行动起来或者与别的工人联合行动以保证拥有更好的生活。在影响力巨大的全球化语境下（第一章陈述的神话），其中一部分就是上一章讨论过的霸权专制，这种能力被大大贬低了。与此相反，本章重点在于雇佣工人组织、开展运动、保留工作职位，或者吸引新的商业投资形式的能力。这里我们强调的是“工人可以认为他们的自我再生产与确保经济景观以某些方式而不是其他方式形成存在固有联系”（Herod，2001：33）。

如果说雇佣工人为更好生活而奋斗的能力是本章的主旨，那么另外两点则是其补充。第一，我们表明地方层面能动作用在促进工人及其同盟的事业方面是非常有效的。这就是我们在第四章所说的为地方的需求和需要在地方采取行动。我们认为劳动者的相对固定性未必使他们失去对雇主和管制者的影响力。第二，在我们看来，仅仅将地方层面的工人行动看作在政治上是“退步的”是错误的。很多左翼评论家把地方性思维和行动看成永久的地方之间工作职位和投资的竞争——因此也就是对跨越空间的工人团结的破坏。虽然这种判断有其合理之处，但是衡量事物得失并非一件简单的事情。当一个地方的工人成功地保留住或者吸引了就业机会时，不能因为在这一过程中其他地方的工人也许失败了，就武断地把这件事情划归为“坏事”。真正的问题是是否可能权衡一个地方的社会经济利益不利于别的地方先前的实际或可能的利益。这里我们再次遇到究竟什么构成对工人的“正义”这个问题，我们会在第九章再探讨这个棘手的问题。

本章分成四个主要部分。第一部分重温最初在第三章介绍的观点，即劳动者是“有知觉的空间行为主体”（Herod，1997a：26）。在全球资本主义游戏中，工人并不是无力改变自己生活条件的有生命的物体或者无助的抵押品。相反，工人能够利用一些我们在第一部分谈到的“摇摆空间”来改变自己的生活。这里我们要区分“单纯”和“协作”形式的工人能动作用。前者指雇佣劳动者单独行动，后者则指他们与其他地方群体配合行动。在运用实例阐释第一种能动作用之后，我们用第二部分来介绍特定地方形成的不同联盟形式。第三部分将呈现三个正在发挥作用的地方联盟的例子。在第一个例子中，（在所谓的“跨阶级联盟”中）工人与当地企业和管制团体联合；第二个例子中的工人（在所谓的“互惠”或“社区工会联盟”中）与当地文明社会联合；而在第三个例子中，他们联合地方群体一起退出全球资本主义（“选择退出”联盟）。在最后一种情况下，“选择退出”意味着拒绝整个资本主义。这是一种激进而又罕见的地方工人能动作用形式，但也是某些地方工人的真正选择。本章所讨论的所有案例研究的共同点是它们都是关于依赖地方的群体的。也就是说，它们涉及的工人和其他地方群体/机构对于捍卫他们的地方并促进他们的地方发展都怀有强烈的责任感。在第四部分，本章认为虽然我们的每一个案例研究显示了企业和管制团体对工人做出让步，但是地方层面能动作用的效果是“进步的”还是“退步的”取决于你是谁，你身在何处。

劳动力的能动作用和工人的地方行动

工人能发挥作用。他们有能力行动、改变、挑战和抵抗。鉴于第五章叙述的令人悲伤的故事，这似乎是一个惊人的言论。但是这些故事绝对不能代表全世界工人的处境。在很多地方，工人有能力决定性地改变自己的境况。简单地说，雇佣工人是创造他们身在其中的社会地理局势的“积极参与者”（Herod，2001）。但是“劳动力的能动作用”究竟意味着什么？能动作用这一概念是个体或者群体拥有为自己利益和他人幸福而行动的能力（见框 6.1）。说人具有能动作用似乎只是老生常谈。毕竟本书的大多数读者能够轻而易举地列举出无数关于他们思考、行动自由的例子。然而，请注意人的能动作用的程度和种类既受限制而又具有社会地理变化这一点十分重要。由于所有人都是在一定的关系之内思考和行动，而这些关系又牵制可能发生的事情，所以限制就出现了。在第一章我们将这些关系称为“结构”，以突出其相对不妥协的特征。社会学家安东尼·吉登斯（1979，1984）孜孜不倦地努力让我们注意个体和集体行为主体怎样在更广泛的社会结构中行动——如阶级、性别和种族关系——又通过他们的行动再造这些结构。这就是他所说的结构化过程，实际上马克思很久以前的一句名言“人们创造历史，但是并非在自己的条件下创造历史”就描述过这一过程。举一个例子，为何一些学生最后能上大学而另一些学生则不能。一个优先考虑能动作用的分析会把眼光投向个体特征。这个学生聪明吗？她刻苦学习吗？最后得出结论：最刻苦学习和最聪明的学生最可能上大学。而一个优先考虑结构的分析则更关注这个学生接受教育的更广泛的社会经济背景。她是否来自高收入家庭？她的父母是否上过大学？她学校里的很多朋友是否上了大学？最后得出的结论是某些学生比其他学生更可能上大学的原因不仅仅在于他们的个体特征还在于他们更广泛的经济和社会因素。结构主义方法将二者结合起来，认为学生上大学既是因为他们聪明，同时也在某种程度上因为这种聪明源于诸如家庭收入、得到父母支持的时间、大学前接受的教育质量等因素。正如吉登斯所言，结构为行动者提供条件，而行动者又影响结构（通常再造，但时不时地改变结构）。根据这一点，很容易明白为什么人的能动作用的程度和种类具有社会地理变化性。想象一个假设情景：有着相同智力和生理特征的两个人分别出生在一个贫穷的苏丹家庭和一个富裕的澳大利亚家庭。在他们的生命进程中谁更有可能获得更大程度的力量？谁可能遭受更多结构限制？虽然很多机构牵连到这个星球上的大多数人——尤其是资本主义——但通常在这些结构内一些人比其他人更有机会凭借能力改善他们自己的生活。

框 6.1　人的能动作用：基本原理

过去 20 年间，在从社会学和心理学到经济学和地理学等社会科学中，关于人的“能动作用”的争论反反复复，此起彼伏。最简单的解释就是能动作用就是行为能力：即个体和群体做出选择和决定的能力，这种选择和决定反过来又建构或塑造了他们自己的生活。而能动作用并不仅仅是人们的意愿，它还指“人们做事情的能力”（Peet，1998：155，emphsis added），因此它将人们的意向和实践结合在一起。根据吉登斯（1979）的看法，所有能动作用都受到社会“结构”的促进和限制，而这些结构存在于它们影响的个体和群体之上。这些结构是经济的、政治的、文化的和/或社会的。它们在地理尺度上变化，其中一些影响到世界范围的大多数人（例如，全球资本主义），而另一些则在各个地方有所变化（如政治体系）。在吉登斯看来，所有社会结构形成使个体和群体能动作用成为可能的“不被认可的条件”。如果你愿意，可以把它们看成是支配思想和行动的

续

> “规则”——它们是划分“正常”和“不正常”，“可能”和“不可能”的事情的界限。至于人们在实际情况下怎样应对，这些规则允许一定程度的开放性。例如，资本主义经济体系的规则之一是如果企业想生存，就必须进行技术创新。但是个体企业可以采取各种方法对付这种创新压力。更具体地说，吉登斯认为一些群体比另一些群体拥有更多“资源”来表现他们的能动作用。因此富有的、人脉广的人比贫穷而被边缘化的个体更具有能动作用。反过来，吉登斯认为不同地方的能动作用的小行为的累积效果会再形成——或者有时候会改变——本来就是能动作用的先决条件的社会结构。因此所有能动作用都具有吉登斯所说的维持社会结构的“意想不到的结果”。只有在人们非常不满的期间，能动作用的行为才能从根本上改变结构。这就是为什么，例如，社会革命被称为“革命”（比如俄国1917年革命）。这些革命试图为人们的日常思维和行动创造一个全新的框架。

尽管这非常有趣，但是它对雇佣工人的分析意味着什么？第一，它将我们的注意力从如第五章所探讨的案例上引开。鼓励我们去关注一些工人在何处以及怎样控制他们自己的生活和命运。第二，聚焦工人能动作用让我们去探究地理策略的重要性。回顾我们在第一部分的讨论，这些策略的使用者是在各种地理尺度上积极使用或改变现存经济活动地理组织的工人及其联盟群体。这些策略是工人权力清单的重要部分，从在地方行动（本章的主要论题）到离开家乡和迁移到其他地方（见第七章），组织跨地方行动（见第八章）。因此在本章及后面两章，我们开始理解即使雇佣工人不得不在资本主义体系内劳动，生产和管制地理学并不仅仅是那些在经济和政治方面都很强大的人们的特权。劳动者也起积极作用——有时候同企业和管制团体一起，其他时候与它们直接对立——经济便以此方式在地理方面组织起来。如果，正如我们所论述的，劳动者在地方或者跨越空间发挥作用，那么直观上，思考劳动者如何在地理尺度建构中发挥作用就很有意义。正如我们将在本章和后面两章所看见的，雇佣工人对自己的行动进行尺度重组，不管是向上还是向下，他们都能够操纵尺度，将尺度作为在全球资本主义下改善自己命运的一种策略。

如前文提到的，我们此处的重点是地方尺度（也是前面一章的重点）。工人单独行动或者与其他当地利益相关者一起行动，他们可以在地方采取行动从而大力改善他们的命运。当然，工人也可以在工作场所内发挥自己的能动作用。他们可以抵制雇主对他们提出的一些要求——或直接通过罢工行动或更多间接行动来做到这一点，如放慢生产节奏甚至破坏生产，不理会管理指令或仅仅只是行为不当，如在会议上高声谈笑等。但我们这里要关注的是，就第一部分所介绍的地方依赖性而言，产生地方联盟的情况在多大程度上可以得到解释。雇佣工人，他们的家庭，以及能够支持物质和社会再生产的制度至少是基于地方的——也就是，在地理景观上是“固定的”，不容易移动——并且通常是受限于地方的——即绝对局限于某个地点。虽然很多企业和管制机构不是以这些方式依赖于地方，但我们在第三章看到，事实上很多其他的企业和管制机构却正好如此。正是这些对于地方的共同义务——同时是物理的、金融的和情感的——使得雇佣工人、当地企业、当地管制机构和当地非工作群体团结在一起，一致行动以捍卫地方或者促进地方发展。因此地方使得第二章前面部分概括的两个简单的阶级模式复杂化，这一模式描绘了工人和企业共同处于紧张关系中，而管制机构在某种程度上起到中间调节作用。在理想型方面，我们有两种地方尺度的工人“能动作用”：“单纯的”能动作用（可以说是工人单独行动）和“协同”能动作用（工人和其他依赖于地方的行为主体组成联盟）。

本章余下部分主要讨论地方联盟，或也被称为“地方联合”。但是我们现在所讲的是雇佣工人单独采取地方行动的例子。这是关于美国汽车业工人联合会（UAW）和位于密歇根州弗林特镇的通用汽车公司之间争端的例子，这个地方是特立独行的制片人迈克尔·摩尔的著名影片《罗杰和我》中的背景地。这一争端——是我们可以选择的数千案例中的一个——从两方面表现为“单纯的”地方工人能动作用的成功典范。第一，它涉及的工人相互认同，不仅因为他们拥有共同的雇主，还因为他们属于同一个工会。正如我们在本书较早部分所主张的，当工会拥有必不可少的资源和可操控的法律空间时，它们就会成为工人的主要力量。第二，弗林特争端完全是一场聚焦于工作场所的斗争，很少会以任何直接方式“溢出”到更广阔的弗林特城市范围。在某种程度上，工作场所是最显著的场所——或者说尺度——在此工人可以“伤害”他们的雇主或者支持雇主的管制机构。它包括“在源头上”直接努力破坏商品生产、配送或者销售过程。

即时生产以及理直气壮的“地方性”

密歇根州弗林特案例

弗林特，就像所谓的北美洲“铁锈地带”的其他地方一样，在20世纪80年代和90年代期间丧失了成千上百万份制造业工作职位。由于雇主们关闭工厂或者将工厂搬迁至别处，当地共同体发现他们正面临越来越大的困难。在这种背景下，留住大雇主对工人及其家属显得尤为重要。另一方面，雇主看到随着工厂关闭，他们对工人提出要求的能力也与日俱增。他们开始改变工作组织的方法，引进新的，更“弹性的”体系。加班工资削减了，工作班次的时间和长度有了显著变化，建立了新的车间生产管理规则。同时引进了所谓的即时生产（JIT）供应体系。从前，GM这样的大汽车制造商会为车辆装配储备好零件，维持这样的库存花销不菲，不仅要储存，而且还要提前购买很多额外的组件。相反，有了JIT体系，像GM这样的企业就只需从供应商那里定额购买所需确定种类的组件。因此，这些体系通过去除成本和“缓冲”大型库存的方式帮助企业省钱。正是在这种背景下，弗林特两家GM工厂工人选择罢工。工人对雇主在两家工厂改变工作组织颇有微词，也对GM对工厂投资资金量极其不满，于是他们组织了罢工行动。

第一场罢工始于1998年6月5日，当时弗林特一家锻压厂的3 400名UAW成员停工。6天后的6月11日，位于弗林特的德尔福汽车系统公司的5 800名UAW成员停工。两周之内，GM位于北美洲的29个工厂中的27个工厂的193 517名工人接到回家通知，因为工厂里没活干了，117个GM附属零件供应厂或者关闭或者减产。除了GM位于北美洲的生产减慢速度之外，企业分布在墨西哥和新加坡的工厂也受到影响，因为罢工行动破坏了企业彼此高度关联的生产体系（见图6.1）。

对于当地工会会员和国家工会领导阶层来说，明确他们的地理策略非常重要。在美国的劳动法里，由UAW行政部门支持的全国罢工是非法的，GM非常清楚这一点，于是它向法院提起申诉并企图说服法官判定罢工行动的非法性。倘若GM成功说服法官，那么UAW就得承担GM因罢工而蒙受的损失，赔偿高达数十亿元，最终工会只能破产。然而，在整个罢工行动中，UAW坚持认为地方工作场所的工作条款和条件受到的影响最大，因此以这种方式确立了罢工的地理重点，UAW成功地将GM的国际生产体系转变为对自己有利的工具。通过在公司更广泛的生产和配送企业网络中选定重要的生产场地作为目标，罢工的效果被放大了。所以，一个工作场所停产，对整个生产网络便会产生冲击作用。到罢工结束时，GM已经对当地工人做出很多让步：

- 这两个工作场所的工作组织不作改变。
- 对锻压厂投资1.8亿元，首先罢工的一方，作为交换，要提高15%的生产率。
- GM将撤回对罢工方的起诉，这意味着UAW不用再上法庭并支付上亿元罚款。
- 弗林特的两个工厂的前途都会得到短期和中期保障（来源：Herod，2000c）。

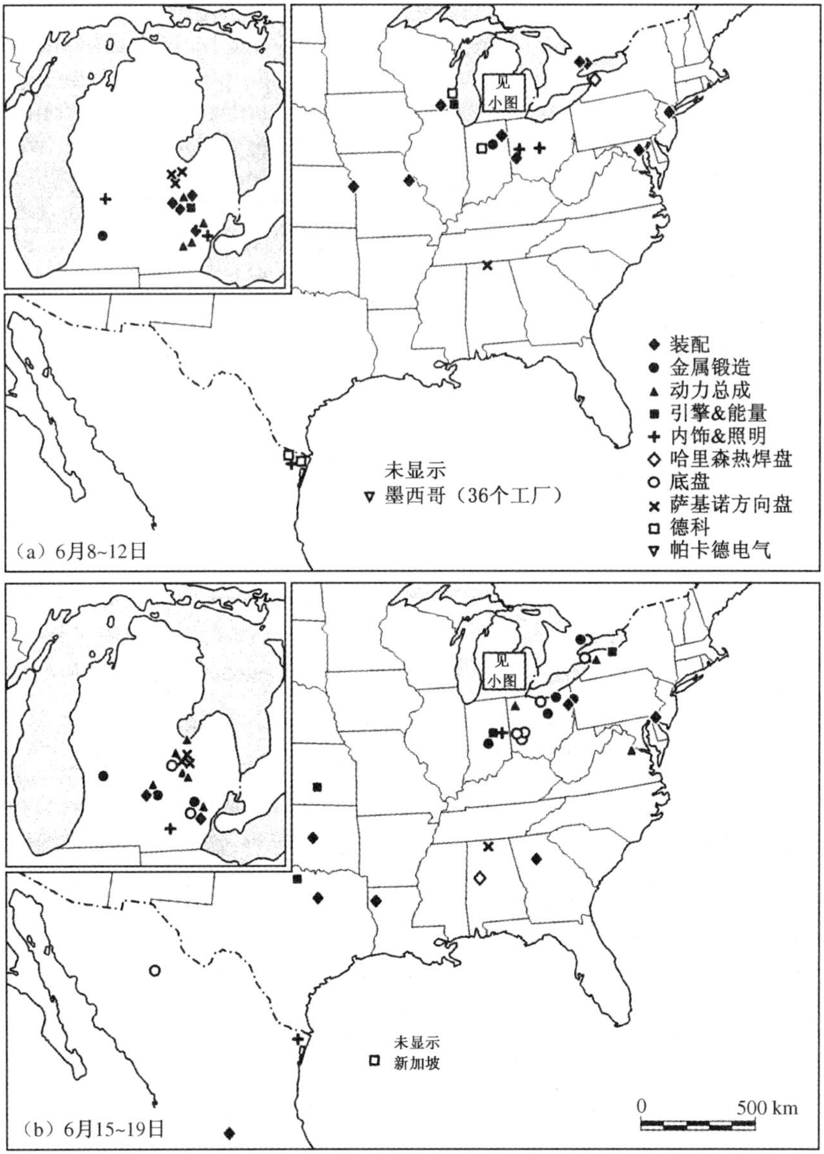

图 6.1　首先受到 UAW 罢工影响的 GM 工厂地点

来源：Herod，2000c：图 1 和 2

总而言之，这个例子展示了在地方单独采取行动的工人如何让其能动作用发挥良好效果。UAW坚持将罢工置于诸如工作场所健康和安全及加班工资之类的地方问题之上，这样能够破坏GM的生产体系。工会的弗林特工人使GM在其跨国运行中广泛使用的JIT制造转为对自己有利的事情。GM依赖弗林特生产地生产最盈利产品，如轻运货车和运动型多用途车的主要配件。选择GM生产网络中的战略重地，并强调罢工优先于其他地方问题，使得UAW在与GM的较量中，在经济和政治上占尽上风。具体地说，弗林特工人通过打断GM平衡的生产网络和配件供应，很好地利用JIT体系作为武器反抗JIT。尽管表面上看他们胜算不大——在一个已经遭受工业重建重创并受雇于大型"流动的"多国公司——弗林特两个工厂的工人千方百计地运用他们掌握的企业生产组织的知识使其对手做出真正的让步。

工人和地方联盟

虽然弗林特案例是地方工人发挥能动作用的无数例子中的一个，但是对于地方劳动力与其他基于地方或受限于地方的行为主体的联合行动，它同样也是常见的例子。这些地方联盟使工人可以超越工作场所。它们将劳动问题与更广泛的关于城镇和城市现状和未来性质等问题联系在一起。地方联盟通过吸收地方其他群体的资源，听取它们的声音，让雇佣工人可能更有效地发挥能动作用。我们可以把地方联盟看作各种基于地方和限于地方的行为主体的特定组群，这些行为主体做出的战略决策，团结一切力量应对既定的一个或者很多问题。实际上，这些联盟将地方行为主体的各种权力清单结合在一起，（很有希望）形成一个整体，这比各个单独部分加在一起更强有力。在最普遍的意义上说，地方联盟是因为一个真实的或者可感知的"触发器"而形成的。"消极的触发器"指那些对某一特定地方构成威胁的事物（例如，当企业建议关闭大型工厂或者在别的地方重新选定生产地点）。"积极的触发器"指地方行为主体可以利用机会（例如，吸引新的公共或私人投资形式，使它们在一个国家的不同地方或者跨国投资)。很明显，对一个地方来说似乎是消极的触发器，也许对其他地方却是积极的。有时候根本就没有特定的触发器，仅仅只有一个也许就是几个主要的地方个体或者机构所主导的——(从经济上、社会上、文化上等等)改善特定地方人们的生活质量的——愿望。正如前文提到的，不论地方行为主体是地方政府，跨国公司的分工厂，商会，还是地方宗教组织，只要他们意识到这些触发器，或者只要他们都拥有使这个地方繁荣昌盛的愿望，那么生活在一个地方的共同经历就会推动这些截然不同的地方行为主体走到一起并结成联盟。

显然，在一个很多企业能够在很多地方选择并(重新)确定生产地的世界，不同的地方联盟常常为了工作机会和投资而竞争(可以回顾第四章已经讨论过的竞争性生产关系)。这种竞争不受国界限制，尽管它可能经常涉及同一国家相互竞争的地方联盟。在很多地理尺度上，如大城市、国家、广区域和全球尺度，都会发生为了留住现有的，或者是吸引新的对内投资的竞争。例如，德里(Delhi)和孟买也许为了格拉斯哥(Glasgow)的一家大型呼叫中心的重新选址而竞争；同样，里约热内卢(Rio de Janeiro)和圣保罗(Sao Paulo)也许会为争取各自新的发展基金而游说巴西政府。因此，乔纳斯(1992：350)认为：

> 以共同体为基础的阶级政治已经让位于由共同体定义的地方区域政治，在这样的政治中互为对手的依赖地方增长的联盟展开激烈竞争，力图替自己的共同体吸引全球流动资金。

重要的是要注意这种地方竞争并非仅仅只是使得“流动的公司”和“不流动的工人”相互抗衡。那些众多的依赖地方的非雇佣工人团体——家庭、当地商店、小公司以及地方政府等等——显然也因为积极努力地争取对内投资而获益。这也恰恰是为什么会形成地方联盟的本来原因：不同的地方行为主体看到了积极参与推进其地方性之后而产生的共同利益。

这表明，认为在既定时间和地方只有一个联盟能够代表整个地方共同体的看法是错误的。在一个地方内形成多个联盟是可能的。没有哪个联盟有权利宣称它可以代表所有当地利益群体的观点。联盟和反联盟都可能形成。例如那些生产方式的拥有者——地方商业精英们（强大的地方经济和政治个体）——易于成为影响基于地方联盟议程的最佳人选。20 世纪 80 年代和 90 年代期间，英国曼彻斯特发生的故事堪为范例。在那个年代，曼彻斯特是一个工业能力日趋下降，充斥着失业人员的城市，它被视为一个“肮脏的北部城市”。由格雷厄姆·斯特林格和鲍勃·司各特（Graham Stringer & Bob Scott）领导组成了一个充满活力、雄心勃勃、有明确中心的联盟，它试图改变曼彻斯特的面貌。该联盟负责投标主办奥运会和英联邦运动会，并负责为该城市区域积极寻求英国政府和欧洲政府资助（见 Peck & Ward，2002）。然而，这些“精英联盟”成立之初并不总是得到一致拥护的。取决于地方情况，其他团体和组织可能对于怎样发展它们的地方有着不同的见解。他们能否获得足够的地方支持以推进其议程也要因情况而异。总而言之，不是所有联盟都由相同的利益群体组成，或者说以同样的方式产生同样的影响。

具体而言，我们可以确定三种类型的地方联盟，这三种联盟都包括地方雇佣工人群体（图 6.2）：

1. 跨阶级联盟：这里地方劳动力团结了雇主、地方政府和其他精英行为主体的力量来捍卫现存的地方投资或者吸引新的投资（Harvey，1985）。用乔纳斯（1992：350）的话来讲：“地方竞争造成一种矛盾的情况，在此依赖地方的阶级行为主体占据的政治地位与他们对自己客观阶级利益的期待是相对立的。”正如曼彻斯特案例所表明的一点，跨阶级联盟常常以被称之为增长机器的形式出现。这些联盟形成并组织起来以保护地方的交换价值，也就是从出租房子或者工厂，或房地产的发展和销售中所赚来的钱。地方内部企业和管制团体努力直接干预“地方经济发展过程以保护、增强，或者创设一个有利于他们的交换联系的语境”（Cox & Mair 1998：308）。作为首先提出这一概念的社会

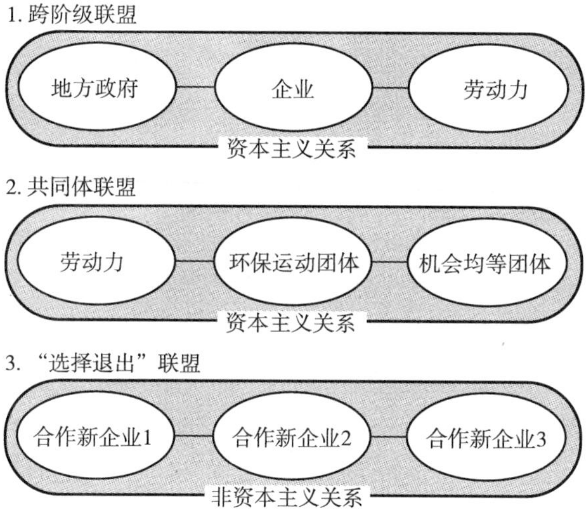

图 6.2　基于地方的联盟的三种类型

学家，洛根和莫洛奇（Logan & Molotch）（1987：32）解释说：

> 在租金（利润）在各部分之间怎样分布，他们将怎样分享聚合增长的战利品这些问题上，他们内部会发生争执……但是几乎所有地方（“依赖于地方”）企业以及它们增长机器的伙伴……很容易在发展本身这一问题上达成一致。

当然，“增长”对于不同利益群体而言可以意味不同的东西。它可能指经济增长或者以减少收入不平等形式出现的社会发展。但是这些未必相互排斥，在这种意义上，在全球资本主义经济增长的情况下，二者可以同时兼得——也就是说，为那些拥有土地和房产者，不论是住宅还是商业住宅——赢得更多利润，趋向于成为规范。

在这些地方联盟内适合地方劳动力的位置在哪里？洛根和莫洛奇（ibid81－2）认为：

虽然工会领袖有时候在其他问题上与资本主义相冲突，但是他们却是增长机器的热情伙伴……工会领导支持……发展，原因是发展将“带来工作”。

以工会形式组织起来的劳动力，可能与依赖于地方的企业、政府和其他组织一起共同促进地方经济发展。当然，并非所有工人都加入工会。也并非所有工会都愿意与地方资本家合作。正如我们将在第九章看见的，在某些情况下，工人能够超越地方进行思考。他们承认也许在他们生活和工作的地方对于他们有利的事情必然会使得别处工友的生活恶化。

2. 共同体工会联盟：虽然表面上看很少会有地方行为主体反对增长联盟，但是提出这些问题仍然十分重要：“为谁增长?”以及“增长的结果是什么?”假设大多数城镇和城市都是工作及非工作团体的复杂混合体，在任何增长联盟中，总有一些地方行为主体可能会成为输家——或者至少被忽略。工人可能是地方组织的另一联盟中的一个元素，他们可以促进形成地方经济发展的一种不同的景象。其他组织（如环保组织、同性恋光荣群体、反种族非政府组织或者其他单一议题团体）可能会因那些直接侵犯它们自身利益的利害攸关的问题而被调动起来，加入工人的行动。正如考克斯和迈尔（1998：314）所言：

对于［增长］联盟策略的恼人的抵制不仅仅来自有阶级觉悟的工人。它也可能以地方社会运动的形式出现，这些运动常植根于工作场所之外。很多质疑企业联盟计划的地方运动采取的是围绕着生活场所和邻近地带一些问题组织的阶级斗争的转移形式。

就像工会经常做的，当工会在这些种类的草根联盟中代表工人时，结果就是所谓的“共同体”或者“互惠工会主义”。因此威尔斯（2002：468—469）这样解释道：

> 共同体工会主义就是为特定目标而奋斗的群体和提供特定社区服务的群体一起在工会和那些由宗教、种族、性别、残疾，以及性征等友好关系而黏合在一起的群体之间寻找共同目标。

在此显然工作场所问题与更广泛的地方共同体问题是紧密相关的。因此，如果联盟旨在吸引新的投资，那么这些投资并不仅仅是工业投资，它们可能是有着更广泛的共同体利益的文化或教育投资。这里强调的是整个地方文明社会——工人、退休人员、家属和失业人员、男人、女人以及孩子，等等——的愿望，所以工作场所内部和外部的问题产生了更广泛的共鸣。例如，在洛杉矶制衣业，共同体组织最近已经将拉丁美洲和亚洲工人每天在工作场所遭受的剥削和广大的移民共同体的议程联系在一起（Bonacich，2001）。虽然在一些情况下，共同体工会主义可能会被视为一种“跨阶级”现象，但是它被更好地理解为（1）建立阶级内部（具体说，就是在同一地方工人阶级内部各阶级分层和职业之间）的桥梁以及（2）在阶级和非阶级身份及二者各自关注的事情之间建立桥梁。换言之，这是一件非常普遍的事情。

3. “选择退出”联盟：这里很多地方文明社会团体和地方工人协作行动，一起退出资本主义体系。他们组织另一种非资本主义方式，买卖商品和服务及雇用工人。因为一些显而易见的原因，地方资本主义企业很少加入这些联盟。选择退出联盟相对而言比较少见。今天资本主义是处理经济事物的一个如此“正常的”框架以至于很少有人认为可能在另一种体系下生活和工作。试想如果不出卖你的劳动力来换回金钱，然后又用这些钱去购买生存所需的商品和服务，你将怎样生活。只有当同时同地有足够多的人同意一起行动使得非资本主义式存在成为可能的时候，退出才可行。支撑分裂或者从全球资本主义中脱离出来的策略的逻辑是工人以及那些依赖他们的人通过在此体系里行动，正在再造这个体系。在极大程度上，那些在地方组织劳动力或者其他力量的人倾向于在资本主义内部调动一切力量来改变而不是拒绝工人的劳动条款。这是因为尽管劳动者们常常发现他们与企业对抗，但是他们的生活和认同感常常来源于他们所从事的工作。因此一个悖论就出现了：怎样改善工人们的工作条件，怎样维持他们的身份，但又要怎样足够“摇摆”以便让他们退出全球资本主义体系？然而我们也要注意退出与取消资本主义并不相同。取消资本主义需要革命，而这种革命会将多个地方的不同工人卷入其中。因此虽然作为工人能动作用的一个相对较少见的行为，在地方尺度上退出资本主义与取消作为全球体系的资本主义相比要简单得多。退出资本主义这一决策要么是在一个地方经历严重的与之相关的很多其他地方有关的经济衰退之际，要么是在地方共同体在资本主义及其顽疾问题上采取民族立场之际做出的。

实际上，选择退出联盟主要有三个目的。首先，它们的目的是使商品和服务以有利于全部共同体的方式进行，而不是仅仅只有一些生产单位的拥有者才能“谋取”利润。其次，它们组织地方企业以便处于职业阶梯上所有位置的工人都可以得到好的报酬和工作条件——部分原因是工人们可能成为那些企业的集体所有者。最后，虽然从经济角度来说，选择退出联盟未必切断他们的地方与更广泛的资本主义世界的联系，但是它们常常通过在日常再生产所需要的基本商品上变得自立，来争取对于他们经济财富更多的控制权。注意那些自愿退出的共同体和那些除了从事非资本主义经济活动就别无选择的共同体的差别也是很重要的（框 6.2）。

框 6.2　非资本主义式工作和生活方式

因为种种原因，一些人不是正式经济体中的一部分。在一些情况下，选择退出资本主义体系是一种有意而为之的决定。另一种思想或政治信仰——非经济的——工作和生活方式导致越来越多的群体或网络形成，并交换商品和服务。这一趋势的一个例子就是过去20 年间在英国形成的地方交换贸易体系（LETS）的数目。LETS 就是“地方货币体系的例子，参与者通过这一体系可以在一定范围的任务和服务中积累和花费金钱”（Leyshon & Lee，2003：32）。LETS拒绝使用金钱交换商品和服务，而是通过成员之间直接交换商品和服务的方式运作。所以一个成员可以为第二个成员做一些家务活，回报是得到两个成员都认可的“信用”——或者作为回报，第二个成员会为第一个完成一个任务，如洗车或者收集购物。也因此LETS成员之间会进行交换，但它不像资本主义体系交换那样要指定货币价值，因此也就不存在利润率。相反，成员间以物易物。自从20世纪80年代中期第一个LET形成之后，LETS在数目和规模上与日俱增。由成员选举的委员会负责管理每一个LET，以此监督交换过程并保证成员一直处于法律体制之中。LET成员以这种方式交换商品和服务，主动拒绝资本主义交换机制并积极构建另一种经济体系。这种对资本主义的批评在近期对英国西南部斯特劳德（Stroud）的研究中得到证实，在那里，31%的成员是因为“意识形态的原因”加入LETS（Aldridge et al.，1999）。

在另一些情况下，一些社会群体无法加入正式的经济体。他们并非完全自愿选择退出资本主义体系，这些群体可能包括短期和长期失业者，无技能者和受教育程度低者，有犯罪记录的人以及那些有精神和行为问题的人。虽然政府也努力让这些人重获有偿工作（如通过政府培训计划），但有时候对于贫穷和依靠政府救济生活的唯一选择就是创造一个不那么正式的，在有些情况下，就是非资本主义经济机构。其典型例子就是劳动力股份有限公司（Work Force Inc.），其基地位于新西兰维多利亚之外的拉特罗布峡谷（Latrobe Vally）。该地以前是一个能源发电的“热点”地，在1986到1996年期间，电力、天然气和供水部门有6 000多人失业。伴随经济重组的是对地方共同体的普遍损害。无法离开该共同体的人们，不论长幼，只能在峡谷里勉强度日。Work Force Inc. 定位于“在正式就业市场和失业者可以得到的服务之间”（http//www. arts. monash. edu. au/

续

projects/cep/index.html）。该组织的目标是“创造健康的、合作的和被赋予权力的地方共同体，在这里社会和经济目的交织在一起。以人为中心，以草根的方法来促进地方发展，这种方法在帮助个人将想法变为现实方面，引导员起到促进和有求必应的作用”。这种合作社将“经济体”的意义扩大了，也将非资本主义商品和服务包括进来。

显然，上文所描写的三种地方联盟都是理想的类型。毋庸置疑，其中每一个受限于地方的联盟都呈现了特定的地方形式，这取决于该联盟处于什么语境中以及它采取何种（地理的和其他的）策略。

在地方与其他力量并肩作战的劳动力

在理论上解释了对雇佣工人有效的协同能动作用的几种主要类型之后，我们现在要提供一些生动的例证。首先，我们来看西弗吉尼亚州克拉克斯堡（Clarksburg）案例，在这里，当地工厂工人、雇主以及政府联合起来一起抵制当地玻璃制造厂关闭。其次要讨论的是巴尔的摩最低生活工资（BLW）运动，这一运动显示了互惠工会联盟是如何运作的。第三，我们以西班牙巴斯克（Basque）地区的蒙特拉贡（Mondragon）公司为例，说明社会群体如何可能“选择退出”资本主义体系。利用这些案例研究的目的是强调协同能动作用——劳动力与地方其他力量协作——以及工人现有的抵制真实的和想象的霸权专制威胁的可能性。

在这些和其他地方联盟行动案例中，有一点很重要，就是要注意“共同体”这一理念成为强有力的资源和为之奋斗的事物。尽管地方联盟各构成方都以某种方式依赖于地方，但这并不会使它们自动形成联盟。相反，因为各构成方相信他们的利益也就是所有其他联盟成员的利益，这样才能形成联盟。在定义“地方”利益方面，共同体这一概念非常重要：它是一种“黏合剂”，将联盟连接在一起。恰如考克斯和迈尔（19910：26）所解释的：

> 地方利益应该（积极地）定义为……认同感是地方的：在地方共同体，它的历史，它的未来方面，要求人们了解自己。它是人们理应引以为豪的地方事物、事件、独有特性和制度。

共同体是个复杂的术语。它具有社会和地理意义。从社会意义上讲，它以“局内人”和“局外人”命名：也就是，正在谈论中的“属于”和不属于共同体的人们。从地理意义上讲，共同体概念常常有区域指示对象——它们是指定地点。这就是为什么菲茨杰拉德（Fitzgerald，1991）会把地方联盟看成“共同体定义的运动”。联盟成员积极构建并达成一致的想法是共同体是谁以及是什么，它的利益是什么。实际上，这是他们编造的一个想法，即他们的**地方**是什么或者应该是关于什么的。这就是文化批评家爱德华·萨义德（Edward Said，1978），在另外一个语境中所写的“想象的地理学”行为。

西弗吉尼亚州，克拉克斯堡：行之有效的跨阶级联盟

首先让我们把目光投向西弗吉尼亚州的克拉克斯堡，这是一个拥有 22 000 人口的小城市，直至 20 世纪 60 年代，它一直是 5 家玻璃生产厂家的所在地。到 1977 年，除了一家玻璃厂，其余全部都关闭了，玻璃业中每 4 位工人中就有 1 位工人失业。1978 年 11 月，布罗克韦玻璃公司（Brockway Glass Company）宣布将于次年 3 月关闭克拉克斯堡的最后一家玻璃厂。据估计这家工厂关闭将使当地经济损失1 200万美元，市政府收入每年将减少 7 万美元，1 300 名工人将失业。如果任由布罗克韦玻璃公司一意孤行关闭工厂的话，当地企业、市政府和州政府都会以不同方式成为输家。用赫洛德（1991：393）的话说：“保留（工厂）成为公民优先考虑的一件事情。”

为了应对这一拟定的工厂关闭，一个由哈里森县协会、克拉克斯

堡商会、市政府和很多当地企业组成的地方联盟应运而生。联盟到处游说争取得到——国家、州和当地资助的——一大笔钱，用以招徕克拉克斯堡工厂的买家。美国弗林特玻璃工人联合会（AFGWU）虽然不是正式联盟的成员，但是也与联盟一起努力认定了工厂潜在的买主——霍金船锚公司（AHC），一家世界500强企业。公司努力达到产品要求，并已经开始寻求迅速并廉价提高生产能力的方法。如果AHC愿意购买这个工厂，似乎所有当事方都会获利。

一方面，显然，为了克拉克斯堡未来的经济可持续性，工厂继续运作至关重要。这个城市已经遭受了一系列的工厂关闭。失业率正在上升而地方经济财富日益衰减。AHC能够把联盟的地方依附作为突破点。它争辩说这个工厂无利可图，意味着如果公司得到市政府和州政府的低息贷款，如果工会同意降低工资成本和改变工作组织，公司的现代化成本在经济上才切实可行。另一方面，对在什么地方进行生产，对生产做出何种调整，公司自身也处于压力之下。可是，公司有意将通过购买克拉克斯堡工厂获得的利益轻描淡写，并获得成功。反之，谈判背景的设定是由联盟的相对固定性或地方依附决定的。公司表现出高度灵活性，并且能够随意退出谈判，而联盟基于地方并依赖于地方的利益使它无法脱离固定性。结果，尽管在劝说AHC接管工厂方面，跨阶级联盟是成功的，但是这种成功付出的代价是：850万美元公共资助以及降低工人的条款和条件。

总而言之，这个例子表明了劳动力如何与其他力量协作共同捍卫基于地方的利益（见框6.5）。克拉克斯堡玻璃厂的工人通过团结本阶级之外的力量，保护了他们的工作；地方雇主、工人和地方政府紧密团结，暂时克服阶级差异，保护他们各自的利益。

巴尔的摩的最低生活工资运动：互惠工会主义实例

在第二个案例中，我们将目光从美国西海岸转向东海岸的巴尔的摩。这是另一个在过去20年里经济受到强烈冲击的城市。巴尔的摩过去曾是第一批海滨城市中城市改建的典范之一（Harvy，1989b），这种典范后来在美国和欧洲被广为效仿。巴尔的摩内部港口的改造是通过大肆兴建昂贵的公寓、豪华宾馆、体育场和零售中心来完成的。追求这种特定的地方发展模式意味着制造业相对报酬丰厚、有保障的工作被服务业的不稳定、低薪的职业所取代（正如前面章节中提过的发生在英国东南部的案例）。这种模式得到由谢弗市长（Mayor Schaeffer）领导的当地企业和政府联盟的大力支持（和促进）。该联盟认为巴尔的摩除了将自己打造成一个游客可以逗留和游玩的地方别无选择。因此联盟为了获得对内投资，与其他地方展开强势竞争，用慷慨的补贴和捐税鼓励等手段侵犯其他地方的企业利益。

然而，另外一个联盟却展开一场运动，反对因追求这种改建模式而给工人带来的不利后果。巴尔的摩的最低生活工资运动表明当劳动力为了一个共同的目标而与共同体组织团结起来的时候，他们能获得的是什么。联盟由马里兰州最大的公共部门之一美国州、县和市雇工联盟（AFSCME）和巴尔的摩联合与领导发展会（BUILD）共同构成，其中 BUILD 是一个包括 50 个大多是非裔美国人教堂组成的协会。双方都关注巴尔的摩城市中心低薪工作的增加。对于工会而言，公共服务私有化意味着他们正在失去成员；而对于教堂而言，他们的集会正在减少。相对收入较高的非裔美国人家庭正在从巴尔的摩市区迁往郊区。BUILD 组织了公开示威游行来抵制其共同体经受的日益下降的工作和生活条件。它很快意识到，其成员正从事着低端“垃圾工作”，要想改变他们的生活，它需要进入工作场所内部。作为 BUILD 那时的领袖，阿尼·格拉夫（Arnie Graf）认为“我们组织的很多活动迫使政府发放补贴，以贴补人们螺旋式下降的工资……我们进入了这个城市低薪工人的角斗场，因为这是我们的选区。那是居住在我们所在教堂周围及邻近地带的人们”（引自 Walsh，2000：1601）。

AFSCME 和 BUILD 的组织者们旨在帮助那些为政府工作的合同工人，主张他们的“生活工资”应足以保证只有一个全职工人的四口之家不会生活在贫困线之下。尽管当地企业极力反对，1994 年 12 月还是通过了最低工资标准的规定。跟市政府签约的服务业工人的工资将于 1995 年 7 月提高到 6.1 美元（当时美国联邦最低标准是 4.25 美元），四年间将提高至 7.7 美元。1 500 多份工作，如校车司机、看门人以及快餐服务业工人由此受惠。而只赚取日工资，处于劳动力市场底层的那些工人并未被包括在内，对于这个城市收入最低的一些工人来说，巴尔的摩引入最低生活工资标准的确改善了他们的工资待遇。

总而言之，这个例子告诉我们工作场所问题可以怎样对更广泛的追随者起作用。巴尔的摩引入最低生活工资标准改善了该城市服务业工人的职业生活。这些工人也有工作场地之外的生活。通过将工人们工作场所内外的生活联结起来，一个互惠联盟的基础就形成了（Walsh，2000）。它能够利用每个群体的权力清单，并且迫使这个城市已经存在的支持增长的联盟做出让步。美国的这种最低生活工资运动对于世界其他地方的低薪工人无疑是一个极大的激励。

蒙特拉贡：游离于资本主义体系之外

我们的第三也是最后一个地方联盟案例是蒙特拉贡公司（MCC）。1955 年，该公司在西班牙的巴斯克地区成立，公司的目标是“为巴斯克工人提供稳定的好职业，为巴斯克经济发展作贡献”（Clamp，2000：559）。不满于西班牙内战后善后工作中大企业与西班牙政府之间的密切关系，约瑟·玛利亚神父（Father Jose Maria）建立起第一个合作社，为该地区确立一定程度的经济和政治独立。自创建以来，这个合作社又衍生出其他工人合作社——一家银行和几个教育机构。在这种情况下，特定时间特定地方的民族关系往往优先于潜在的阶级差异。合作社的个体因为自己的巴斯克意识以及反对西班牙国家政府而团结在一起。如职业银行家和低薪工人之间的阶级差异被共同的民族身份这一政治覆盖了。

自建立以来，MCC 不断扩大它的活动范围。现在的 MCC 是一个联盟，包括 85 个工人合作社和由合作社全资或合资持有的 22 家企业，雇佣的工人总数超过 34 000 人，其中 65％是巴斯克本地居民。合作社是提供商品或服务的协会或者协会群体，其利润会返还给成员。MCC

建立的原则是：

- 工人主权
- 工人参与合作社管理
- 合作社之间相互合作

合作社将沿着下列非资本主义的、更加“公正”的路线组织工作：

- 不同合作社之间利润共享
- 多余的工人可以到其他合作社就业
- 弹性工作日程，弹性工作量
- 个人和合作社贷款时享受折扣

自建立之初到20世纪80年代，合作社联盟能够保护自己，免遭他们的非合作的竞争对手所经受的经济压力。通过促进相互间合作，并支持新创公司，联盟在坚持公平公正的就业原则的同时，也实现了增长。

然而，自20世纪90年代初期以来，MCC发现要坚持自己的原则，压力越来越大。尽管MCC在资本主义体系之外运行，但是却无法避免全球生产体系变化的影响（见第四章）。由于过去几十年间资本的地理流动性日益增大，所以要与资本主义体系内部的企业竞争，同时又要保持游离于该体系之外，这一点愈发艰难。MCC面临着对它的组织原则的最直接挑战是：它是否能够既真正坚持自己的合作哲学，同时仍然能够与其他企业竞争，而这些企业当中的一些企业准备付给工人更低的工资并给工人提供不那么舒适的工作环境？

答案既是肯定的又是否定的。MCC着眼于怎样组织生产，并决定做出一些改变。传统方法倾向于相对劳动密集型生产，现在逐渐被较新的方法所取代，而新方法需要更少的工人而且更多利用新技术发展。另外，MCC将重心从注重增长的策略从早期扩张基础的新创企业转向与非合作企业一起组建合资企业。因此，虽然MCC继续在资本主义体系之外运作，但它的组织和活动也会受到体系之内一些趋势的影响。由于组建合资企业，联盟变成巴斯克本土之外的雇主，这迫使它再次思考它的中心目标。它的原则变成（1）保留 MCC 职位，（2）维持 MCC 企业的利润，（3）海外业务遵照地方劳工措施，（4）可能的话，将海外生产转移到巴斯克本土（Clamp，2000）。

过去 10 年间 MCC“实验”的经历表明企业要逃离资本主义掌控，在其之外运行何其艰难。泰国和中国的工人比起巴斯克本土的工人，工作条件更恶劣，报酬更低，而 MCC 被迫雇佣这些工人以保持竞争力。毫无疑问，泰国和中国工人不可能跟他们的巴斯克“同事”一样享有公司所有权和利润。在坚持它们的“地方”原则方面，MCC 创造了一大批不稳定的劳动力大军。即便在自己的故乡，MCC 也不能完全成功地保护其工人的劳动条件。像保安这类的低技能工作已经被外包给私人企业，这是因为合作社要努力在平等原则和为其成员创造利润之间保持平衡。

像 MCC 这样努力存活于资本主义体系之外的合作社，尽管它们一开始秉承正义，但是却因为日益增加的压力，只能违背自己的原则。选择很清楚地展现在眼前：要么在工资标准高的巴斯克本土进行生产，风险是工人失业和企业关闭；要么到那些工资标准低的地区建立合资企业。恰如克拉姆普（Clamp，2000，575）所言：“只要合作社企业必须依赖全球市场……它们就无法解决劳动力团结问题。”

从“进步的”到“退步的”地方主义（再到“进步的”地方主义）

本章探讨的四个案例以不同方式充分展示了地方层面的劳动者的能动作用。然而，按照惯例，那些左翼评论家们仍然不相信劳动力在地方通过发挥能动作用，使得企业和管制机构做出让步这样的事实。例如，哈维（1993：24）就认为，“限于地方的政治虽然注定失败，但是这种政治还是具有吸引力”。也许在某些地方是这样的，但不是在所有地方都如此。实际上，从本章所列举的实例中可以清楚地看到，在某些条件下，工人通过单独行动或者与其他群体共同努力从而可以将雇主和管制机构置于不利之境。恰如本章所论证的，在某种意义上，这一点表明了“进步的”地方主义。工人和其他地方共同体成员可以真正改善他们的命运，所带来的“区别”包括改变工作场所内部或外部的条件：拥有更安全的工作场所，提高每小时工资标准，或者拥有更高质量的公共空间以及降低污染程度。正如从四个例子中的每一个例子可看到的，“单纯的”或者“协作的”工人能动作用形式能够让工人从企业或者政府那里有所收获。

在密歇根州弗林特工人案例中，他们获得工厂的新投资，从而保证了自己拥有一个更加稳定的中期未来。在克拉克斯堡工人与当地依赖于地方的其他利益团体协作成功阻止了玻璃厂倒闭。在巴尔的摩，追求城市改建的特定模式导致低收入工薪贫困“共同体”的产生。最后，因为承担起造福地方共同体的责任，拒绝资本主义创造和分配利润的方式，蒙特拉贡公司应运而生。

然而，为“进步的”地方主义的证据提供另一种解释也是可能的。从定义上看，在地方组织也就意味着一种地理尺度凌驾于所有其他地理尺度之上。对依附地方的群体的有利之处由地方层面定义，用其他地理尺度来定义则显然是空谈。然而，正如我们在第三章和第四章解释的，我们生活在相互依赖的世界里。地方并非有界限的地点，而是相互关联的网络和流中的一部分。劳动力和其他群体在一个地方发挥能动作用也许可以改变在其他地方的劳动力“摇摆”的参数。劳动力在当地发挥能动作用，可能实际上会使其他地方与他们处于同一经济阶级的人们的情况变得更糟糕。一个特定的策略“进步”与否取决于它着眼于何处以及什么地理尺度。在我们的第一个案例中，弗林特工人通过地方工会 UAW 的能动作用获得他们想要得到的。罢工的结果也许对其他 GM 的工厂却是“退步的”结果，因为那些工厂的工人因为弗林特罢工暂时无法工作。实际上，由于弗林特工厂停止生产一些必要的零件，其他不是弗林特工厂的工人也许会失业。克拉克斯堡、巴尔的摩、蒙特拉贡也会出现同样的情况。在巴尔的摩最低生活工资案例中，市政府工作人员的工资越高，也许意味着他们的用处越小。在他们的地方，非市政府工作人员用处也许更大，这些工人以更糟糕的就业条款被雇佣。事实上一个群体的劳动者资助了另一个群体。

为什么试图理解地方劳动力能动作用的进步性或其反面这一点对我们来说非常重要？显然，在其他可能由工人行动带来的变化的背景下，需要对那些一眼看上去就是劳动力在地方发挥能动作用而得到的可能性的“进步的”事例进行说明。比如，也许“进步的”和“退步的”地方主义共同存在，地方内劳动力能动作用对于地理上遥远的但又彼此关联的工作空间的作用也许是得与失的复杂综合体。更重要的，然而，在地方组织存在固有的“退步性”，由于企业有将成本转嫁到别处其他工人身上的能力，因此劳动力所得到的利益很明显被抵消了。我们将在第九章讨论正义的不同定义时再回到有关进步的和退步的策略问题。

小结和前瞻

本章陈述了在资本主义体系内部和外部工人怎样组织，怎样与其他群体联盟以改善自己的命运。这并不是要宣称赢得这些小小的让步不需要付出代价。有时候付出代价的形式就是在一个地方保住职业和劳动条件之间的交易。在其他实例中，有时候这个代价由同一国家的其他地方或者世界的另一个地方付出。本章所列举的实例清楚地表明对一个地方来说是进步的事情，对另一个地方可能是退步的。在一个地方奋斗并赢得更好的工作条款和条件可能会导致另一个地方就业环境恶化。显而易见，对一个人而言是进步的地方主义也许对另一个人来说则是退步的地方主义。在第三部分我们的注意力会从关注工人的地方行动转向跨地方形式的劳动力的能动作用。在21世纪，对于雇佣工人，跨越空间（迁移）或者跨空间组织（创设合作的地方之间的联系）越来越成为重要的地理策略。

第三部分　劳动力尺度重组

第七章　背井离乡的劳动力

四处奔波的工人：劳动力迁移的世界

管制迁移

作为地理策略的迁移

迁移的方方面面

小结

在第二部分，我们阐释了在现代世界因为地方不同而产生工人之间的差异。正如我们所说明的，工人存在的本质基于地方，有时甚至局限于地方，这使他们处于不利之地（第五章），并迫使他们积极主动地保护他们的家园（第六章）。在第三部分，我们希望改变这种地理焦点。如第一部分所言，工人用以改善他们生活条件的地理策略是扩大行动范围并掌控空间。在本章和下一章我们探讨的是这种地理策略具备的两种主要形式：即劳动力迁移（跨越空间流动）和地方之间的工人合作（在空间上建立联系）。在这两种情况下，工人能够并且的确在各种时期，在从国家到全球的不同层面扩大他们的行动范围。这种扩充印证了我们在第四章所表明的一种观点：地理尺度是由社会构建的而非在本质上既定的。这些尺度一旦具有某种物质稳定性，它们就既能促成又能限制不同群体和机构的行动。紧接着上一章内容，我们将在第三部分再次强调工人的能动作用——也就是工人发挥自己的作用，掌控自己命运的能力。然而，正如我们将要论证的，劳动力迁移并不总是意味着工人自觉自愿地发挥能动作用。反之，这是一种矛盾现象，其中很多工人因为别无其他选择而只能（暂时或者永久地）离开他们原来居住的地方。

初看之下，一本关于现代世界工作和雇佣工人的书用整整一章内容来探讨移民问题可能显得有些奇怪。这是因为移民问题本身的性质和原因远远超出劳动力迁移的范围。结果，很多现代劳动力研究者根本就不讨论移民这个问题（见，例如，Herod，2001）。然而，虽然劳动力迁移只是移民问题中的一个元素并且很难与其他类型的移民问题分离，但是它对本书所关注的问题是绝对重要的。首先，它是很多工人较长或较短时期“逃离”基于地方的日常生存的主要方法。其次，移民使一个地方(“源”地区）和另一个地方（“目标”地区）的工人直接、面对面地接触对方。由于目标地区的社会经济情况不同，这种接触也许会带来工人群体和移民之间的合作或者冲突（或者仅仅只是中立/漠不关心）。最后，回顾第六章末尾讨论的“进步的”和“退步的”工人地方主义，第二点表明劳动力迁移重要性具有深度透视作用。也就是说，如何判断它完全取决于涉及哪一个特定地方的具体工人群体和移民，以及他们的需要和需求碰巧会是什么。

带着这三点，本章在探讨移民问题重要性的透视性质的同时，描述、解释并举例说明当代世界劳动力迁移的主要类型。本章结构如下：第一节将区分不同类型的劳动力迁移，简要讨论这些类型的数量和地理性。接下去，我们将阐释在我们这个相互依赖的世界，如何管制劳动力迁移并说明为什么要管制。如果没有管制，今天我们看到的将会是完全不一样的劳动力迁移模式。因此理解劳动力迁移管制非常关键，这可以帮助我们把握在现代社会，哪种工人何时可以迁移至何地。然后分两步探究劳动力迁移的双面性：我们既着眼于被迫的劳动力迁移，工人能动作用在这里起着反作用；也着眼于自愿的劳动力迁移，这里工人把身体移动当作积极的地理策略。最后一部分将探讨劳动力迁移对于迁移中各方产生的影响：即，迁移者自己、目标地区的工人和共同体以及源地区迁移者的家庭和亲戚——所有这些都处于企业和管制机构掌握的背景之中。我们将用案例研究来阐明我们的论点。

四处奔波的工人：劳动力迁移的世界

劳动力迁移类型

恰如前面已经注意到的，劳动力迁移只是迁移中的一种，但是劳动力迁移本身具有多种形式，下面我们将区分劳动力迁移的几种类型。在理论上区分比在实际中要容易很多，但对于分析处理劳动力迁移时却极其有用。

- 暂时的和永久的：暂时的劳动力迁移是指跨越国界或者在国家内部各地之间迁移的人们，他们明确表示要返回源地区。经济合作和发展组织（OECD）对此给出更精确的定义——指那些停留不超过3个月的"短期迁移者"。在任何情况下，对于这样的暂时的劳动力移动，他们更多地被称为"外出打工人员"而不是"移民"。相反，很多人穿越国界，一段时期内没有打算以及/或者没有可能回到源地区，因此他们被称为永久移民。
- 内部的和外部的：内部劳动力迁移是指某个特定国家内部的劳动力迁移，而外部劳动力迁移则指人们跨越国界的迁移。正式国际劳动力迁移是指在正式工作合同下的迁移。然而，大多数人被视为"劳动迁移者"或者"经济迁移者"（除非他们自己很富有），因此即便人们迁移去寻求庇护、学习，或者和家人团聚，不论他们迁移的原因是什么，他们后来也可能去寻找工作。因此，如果我们想讨论"外出打工"或者"移民"工人的情况，也许应该扩大范围，把那些出生在外国的，不是目标国家本国人的，在工作（或者护照）许可基础上就业的人全都包括进来。

• 合法的和没有合法证件的：我们可以对那些拥有合法居住权的外出打工人员和/或那些在目标地区或者国家工作而又无法提供正式文件的人（也可说“非法的”或者“偷渡的”移民/打工者）加以区别。换言之，非法民工不具备必不可少的护照或者许可证，从而可以居住在目标国，以及/或者可以合法/正式就业。非法打工者是由民族国家定义的（与合法移民相比较而言）。它常指偷渡入境的打工者或者在某一国家领土逗留超过护照所规定时间的人，还指（不太常见）非正式工作并可能被驱逐出境的合法打工人员。也就是说，很多非法移民通过合法手段入境并逾期停留时，而很多其他人则被“走私”或者“贩卖”到目标国家。

• 熟练的和非熟练的：关于“熟练的”和“非熟练的”打工人员没有清晰的定义。打工人员带来他们所有的技术，其中一些得到目标地区或者国家雇主的承认或重视，另外一些则不然。然而，我们可以在低薪打工者（即目标地区并不十分看重打工者的技术）和像银行家、医生等等之类的职业打工人员（他们的工作得到目标地区的高度重视）之间做广泛的区别。

• 自愿的和被迫的：自愿迁移指那些为寻求更高薪水，更好的就业机会，学习企业家技能和/或筹集财政资源以在目标地区或者源地区创建企业的可能性而迁移的人们。被迫迁移则指那些为逃离贫困、迫害等，别无选择只能离开源地区的人们。

劳动力迁移的数量和地理

现在让我们思考一下当代国际劳动力迁移的数量和地理。在过去10年间，最令人吃惊的不是迁移数量众多，而是源地区和目标地区的多样性（见图7.1）。除了前殖民地与其殖民国家之间的人口流动，人们也在历史上很少有政治、社会和经济联系的国家之间迁移（King，1995）。我们总结出以下几种主要人口迁移：

• 迁移到美国，包括从东亚、南亚以及东南亚，中美洲，南美洲和加勒比海地区的人口流动。

• 迁移到加拿大的中国和印度打工人员。

• 迁移到欧盟国家的北非、土耳其、东欧以及南美洲人口。

• 迁移到日本的美国、中国、菲律宾和南美洲打工人员。

• 迁移到澳大利亚的英国、新西兰和东南亚打工人员。

• 从南亚和东南亚迁移到新加坡和中东石油输出国的人口。

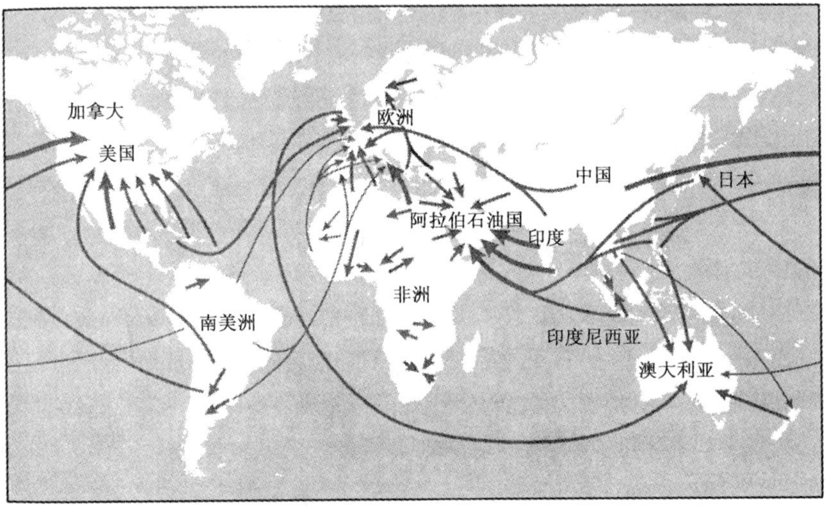

图 7.1　1973 年以来的主要人口流动

来源：基于 Castles & Miller，1998：地图 1.1

我们可以继续列举若干交叉穿梭于全球的迁移工人。上文讨论的意义在于详细说明源地区和目标地区的多样性，并非详尽无遗地证明主要的工人的迁移（对于这些人口流动的综述，请参阅 Castles & Miller，1998，以及 Held 等，1999）。

鉴于上述讨论，我们不禁相信 20 世纪期间发生了遍布全球的劳动力迁移的大规模扩张。事实上，21 世纪初远非众多观察家所宣称的一个与众不同的“迁移时代”(Zlotnick，1998)。关于移民的统计证据不适宜在国家之间进行比较，这些数据对于发达的经济体来说更可靠，而对发展中国家则不然。然而，当按照预测迁移达到了21世纪前的高峰，现有数据却显示现在流入发达国家的人口数量仅仅略高于20世纪20年代。尽管如此，据估计大约1亿人口正居住在他们的原住国之外(Hirst & Thompson，1999)。如果看一看表7.1，我们就会注意到对于三个主要移民迁入国家，20世纪80年代之后的净迁移率是正面的(即更多的人迁入而非迁出发达经济体)。我们也可以比较一下不同国家劳动力中(合法)外国工人的数目和百分比(见表7.2)。同时，官方数据来源通常会遗漏最重要的迁入来源之一：没有合法证件的迁移者迁入。实际上，按照这个现象的本质，很难估计这种类型的迁移(Delauney & Tapinos，1998)。在任何情况下，无论何种数据都存在问题，但有一点很清楚：大量工人正跨越国界寻找工作，这影响到**所有**工人的生活。

表7.1 对1960～1999年期间澳大利亚、加拿大和美国打工人员年平均数量的估计(从上至下)

	1960～1964	1965～1969	1970～1974	1975～1979	1980～1984	1985～1989	1990～1994	1995～1999
迁入美国移民	283 803	358 947	384 683	459 541	565 007	605 674	769 832	813 730
来自发展中国家	118 851	200 539	271 684	371 612	481 115	523 047	608 142	633 518
来自发达国家	164 591	158 409	112 999	87 829	83 892	82 626	161 690	160 212
迁入加拿大移民	88 008	181 976	158 857	130 127	114 056	137 910	235 509	—
来自发展中国家	10 857	38 027	67 439	72 299	70 868	97 683	184 547	—
来自发达国家	77 151	143 950	91 418	57 828	43 187	40 227	50 962	—
迁入澳大利亚移民	103 132	134 214	94 521	54 473	79 385	101 550	64 044	102 030
来自发展中国家	7 298	17 008	26 113	29 239	37 725	63 585	52 102	74 190
来自发达国家	95 834	117 207	68 408	25 234	41 660	37 964	11 942	27 840

发达国家包括东欧前“苏联集团”国家。
来源：摘自Zlotnick (1998)

表 7.2　几个国家 1990 年和 1998 年劳动力人口中外国工人人数（千）和百分比

	1990	1998
法国	1 549.5	1 586.7
占劳动力总数%	6.2	6.1
德国	2 025.1	2 521.9
占劳动力总数%	7.1	9.1
意大利	285.3	332.2
占劳动力总数%	1.3	1.7
日本	85.5	119.0
占劳动力总数%	0.1	0.2
荷兰	192	208
占劳动力总数%	3.1	2.9
西班牙	85.4	190.6
占劳动力总数%	0.6	1.2
瑞典	246	219
占劳动力总数%	5.4	5.1
瑞士	669.8	691.1
占劳动力总数%	18.9	17.3
英国	882	1 039
占劳动力总数%	3.3	3.9

来源：摘自 SOPEMI（2000：309）

管制迁移

国家行为体和非国家行为体在广区域、国家和地方等各种尺度上实现移民管制。在世界各地，不同尺度上的社会行为主体既阻止又鼓励国家内部迁移或国际迁移。由于管制起着抑制或者促进工人运用地理策略的作用，因此了解管制十分必要。在下面几部分，我们以讨论国家级管制开头，然后着眼于广区域和地方尺度上管制的形成。

民族国家的作用

尽管关于生活在"无国界世界"的种种夸张说法比比皆是，各国政府仍然积极管制工人的国际迁移。虽然国家之间的界限相互渗透（民族国家常常很难管制迁移流动），但是工人并非能够自由地迁往经济增长迅速的地区。也就是说，劳动的国际分工不仅仅是经济过程，也是政治过程的结果。更概念化的说法是"国际劳动力分割"（Samers，1998），这种方法是指民族国家按照工人的技术、民族和宗教背景、国籍和其他特征对工人进行"分类"。随着时间的推移，这种分割反过来也会借助"人才外流"（brain drain）、"人才引进"以及获取通用技能等影响经济活动的空间划分。因此，回到第二章概括的概念框架，我们可以按照管制机构、管制机制和管制对象构成的框架来考虑管制工人的流动。在这种情况下，被管制的对象是迁移中的人；机构包括国家政府，也包括非国家组织，如航空公司，轮渡服务以及其他私人行为主体；管制机制包括边境管制和警察管制，移民和公民规则等等。这些机制可以划分成入境或出境控制，以及定居和公民身份管制。

但是为什么各国要控制工人的流动？毕竟，更开放的移民政策难道不会带来更低的工资（因为工人供应量在增长）而有利于企业，从而有利于资本主义民族国家吗？虽然民族国家鼓励或阻止移民的原因很复杂，但是其中最简单的理解国家移民政策的方法之一是把它们看作是矛盾的结果，一方面国家希望保证经济增长，但另一方面又要保证政治合法化。在夹杂着"合理性"、"财政"和"合法性危机"期间，这一矛盾变得尤其尖锐（Habermas，1976）（见第二章）。在此意义上，民族国家努力控制由于财政资源减少和公众信心丧失而带来的严重经济衰退。与移民有关的，这些危机常常包括国家政府一方面要安抚右翼反移民公众，另一方面也要对支持移民的公众做出让步，这些公众由一些奇怪的同盟构成（如寻求廉价劳动力的雇主，民权活动家以及已经定居的移民）。20 世纪 80 年代期间法国政府采取的行动就是一个很好的例子。法国的重点产业（如汽车业）通过摆脱“低技能”外来移民工人（主要是阿尔及利亚和摩洛哥人）解决了生产率和劳工质量问题。面对普遍上升的失业率，不断增长的福利金，移民要取得更长时间居住许可的要求，法国白人公众的不满，法国政府采取提供财政和其他奖励措施让移民离开法国这样的方法来应对这些问题。简言之，法国政府经历了积累和合法性问题，用鼓励移民返乡作为克服这些困难的地理策略（Samers，1999）。从上述例子能够总结出一点：国家不会任由阻碍它们管制移民的一系列“全球化”过程的摆布，相反，相互冲突的国家政策目标，具有本国特色的人权考虑以及不断变化的经济情况导致了矛盾的国家移民政策。

人们也许会从上述讨论中得出这样一个结论：迁移控制仅仅只是“第一世界”国家拒绝接纳“第三世界”移民，这些移民被描述成不受欢迎的“他者”。然而，这并不是排挤的唯一形式。例如，在南非存在一种被克洛茨（Klotz，2000）称为“新的非种族仇外”现象，南非的后种族隔离政府付出相当大的努力限制来自邻近国家的人口迁入，强行压制非法迁入。同样，20 世纪 80 年代，随着世界石油价格下跌，尼日利亚国民经济处于风雨飘摇之中，于是尼日利亚驱逐了加纳非法移民工人（Van Hear，1998）。

但是正如我们前文所注意到的，各国家并不是只限制劳动力迁移。它们也积极鼓励，迁入国和迁出国皆如此。而发达经济体在很大程度上已经停止国家认可的低技能劳工招募，它们力图招募（至少自 20 世纪 90 年代后半期以来）训练有素的/高学历的工人以及/或者那些有着相当数量财政资源或创业承诺的人。例如，加拿大政府已经开发了一个复杂的“积分系统”，当一个人的教育、技能、财政资源或者创业能力以及对加拿大文化和社会发展的贡献累积到足够的分数，他就可以迁入加拿大（Hiebert，2002）。

和鼓励移民相反的是，很多国家，如菲律宾和印度尼西亚，自20世纪70年代以来，一直积极推介本国劳动力出口。例如，印尼劳动部创设了AKAN机构，专门帮助愿意出国工作的印尼工人，AKAN还与附属于很多私人劳动力供应商的印尼人力资源供应商协会协作（*Jakarta Post*，10 March 2002）。那么当技术在国内非常可贵的时候，为什么一些国家要鼓励人口迁出呢？这至少有两种解释：即，很多迁出移民在获取技能之后有希望返回祖国，还有就是（也许更重要）因为财务汇款，也就是迁出移民从国外汇回家的金钱加起来是很大一笔数目。例如，1995年在国外的埃及人汇款共计47亿美元，1996年菲律宾人收到国外汇款70亿美元。1970～1995年期间，居住在东南亚国家的中国工人实际上为中国建设学校、电影院、图书馆，甚至高速公路和桥梁捐赠了36亿美元。总之，全球汇款从1970年的20亿美元提高到1995年的700亿美元（Bolt，2000；Stalker，2000）。

虽然到目前为止我们集中讨论了国际迁移，但是国家也同样控制国内迁移。让我们先回顾一下第二章讨论过的国家的不同类型。这些可以作为理解国家怎样管制国内迁移的样板。这些国家类型包括最弱意义的国家和干涉主义国家，它们与民主或独裁统治模式一致。北半球的发达经济体（南半球也有很多国家）很少干预国内劳动力迁移的管制，而干涉主义国家常常使用复杂的政策管制迁移（通常基于某人的出生地）。最主要的例子是中国对于乡村到城市的迁移的控制（见框7.1）。同样地，在太平洋另一头，厄瓜多尔政府正努力限制旅游，从而限制工人迁移到加拉帕戈斯群岛，原因是旅游业对那些岛屿脆弱的生态造成恶劣的影响。事实上，政府对内部迁移进行管制出于一些错综复杂的原因，包括它们相信向特定地区的迁移是引发高失业率、交通拥堵、污染、住房短缺等问题的根源。

框7.1　中国的乡村到城市的迁移

在中国从内地迁移到沿海城市并不新鲜，但是自从20世纪80年代以来，这股迁移潮增长迅猛。现在迁移人数庞大（估计有些地区

续

移民人数可达6 000万到1亿，其中大约5 000万到6 000万人口从乡村迁移到城市)。这不足为奇，因为中国农村劳动力中的20%～30%都没有工作。传统上，乡村人口向城市迁移受到户口(或者户籍管理系统)的限制。这种制度赋予城市居民特权并且构建了一种复杂的对于管制那些想要迁往中国城市的人们的系统。民工或者所谓的非本地人(外来人口)大多通过朋友和亲戚找到工作，或者跟随其他同村的民工来到城市。也就是说，每个民工"群体"都涵盖了城市经济的一个职业。循环迁移(即在农村和城市之间来回流动)非常普遍，一般民工会在收获季节或者春节回到自己家乡的村庄。大多数民工常在有损健康的国营重工业企业找到工作，这些工业一般位于沿海城市的边沿地带；除此之外，他们一般也会在国家或者非国家正式部门找到一些非正式和/或临时或低技能的工作，这一点在中国东南部的经济特区和新工业化城市尤其明显。特别是年轻女性民工，她们常常在制衣、日用消费品、电子、食品加工和制药等行业从事高度重复的工作。虽然有时候"当地"工人会怨恨外来人口，但是低收入民工的出现推动了城市建设和服务业发展。更进一步说，合法工人和当地农民(尤其是住房拥有者们)也获益匪浅，他们可以将自己位于民工聚集的城中村的房间、土地以及其他生产经营场所高价出租给民工，以此收入为生(Fan，2002；Logan，2002)。

广区域和地方管制

虽然民族国家可能是外来迁移政策的最终仲裁者，但这并不意味着其他级别政府没有权力制定规则或者没有能力实施规则。在下面章节，我们将简要讨论两个不同级别的治理：广区域和地方或者亚国际级别(见图0.1)。

是否存在外来迁移政策广区域化？换言之，就是现在是否存在可以决定外来迁移政策的广区域(国家和类国家)机构？虽然国际劳工组织（ILO）和联合国（UN）通过的一系列惯例名义上保护迁移工人的权益，但是不是所有国家都签署了这些惯例，而且它们的签名也不能保证它们就一定遵从这些惯例。再者，虽然在诸如北美自由贸易协定（NAFTA），南方共同市场（MERCOSUR），东盟集团（ASEAN）等国际贸易体系形成中，迁移的出现是微不足道的，但是在控制外来迁移时它们还是只拥有很少的法律权力（Pellerin，1999）。即使是在规划广区域迁移框架上走得最远的欧盟（EU），实际在控制国内迁移政策方面也几乎没有权力（见框 7.2）。

框 7.2　欧盟（EU）的外来迁移政策

评估外来迁移政策广区域化的一个方法就是检查对进入欧盟的管制。自 20 世纪 70 年代起，关于欧盟成员国之间外来迁移的政策讨论和合作众多。但是直到 1990 年签署《申根公约》（1995 年 3 月开始执行），欧盟在外来迁移政策上才开始像一个广区域政体一样运行。更进一步说，到 2004 年，《阿姆斯特丹条约》（1999 年 5 月生效）倡导将外来迁移问题“共同体化”（communatarization）。也就是，关于外来迁移政策的决策应该以“共同体决策决定方法”为条件，而不仅仅只是国家政府的保留/保护。但是这种共同体化并不完全是广区域化。为什么？欧盟决策机构是欧盟委员会及欧盟理事会（一般称为部长理事会）。至少在 2004 年前，欧盟部长理事会通过决策决定控制委员会，采取“一致同意”模式通过立法。与委员会和部长理事会作用相反的是在这一期间，欧洲议会（EP）被限定只能担任顾问角色。与此相似，欧洲法院（ECJ）只被授予有限的司法权，就欧盟各机构阐释《欧洲法令》的方法做出裁决。至于与跨越国界（内部流动）有关的国家采取的措施，欧洲法院没有立法权，大部分原因是国家政府出于安全考虑。而且，委员会和欧洲议会实际上被边缘化了，而部长理事会一致通过的要求成为决策决定的巨大障碍。简言之，虽然外来迁移政策的决策计划到 2004 年完全进入

续

> 欧盟，它们仍然要以共同体方法为条件，这些方法涉及政府之间的（也就是国际）争端。换言之，表面上看是广区域化，实际上只是共同体化。欧盟，不管表面上如何，目前缺乏一种行之有效的广区域的外来人口迁入政策。

我们对于地方（或者其他亚国家）管制团体（如直辖政府、省、地区或者美国各州）的兴趣，与其说是因为它们直接控制进出境（这些决策通常会留给民族国家），倒不如说是因为它们管制定居和公民身份。换言之，它们能够强烈影响劳动力迁移到它们的地方的数量和性质。下面我们来看一个亚国家管制劳动力迁移的实例（是美国州级别的管制）。

加利福尼亚187号提案　20世纪90年代初的加州处于大萧条的背景之下，但是特别是冷战后受到沉重打击的国防业的裁员和不断缩水的州税收使得立法议会的决策者们认为应该对非法外来迁移采取一定措施。实际上，他们坚持认为非法外来移民花去加利福尼亚州纳税人50亿美元，加州已经变成"福利磁铁"——也就说，因为相对慷慨的福利，加州吸引了很多贫穷的打工人员。决策者们进一步认为为了阻止疾病的传播，减轻学校的拥挤，在加州低技能工人和外来移民之间不断下降的工资和对稀少工作的竞争实施逆向战略，只能通过某种法规来达到目的。他们设定了"187号提案"，旨在消除非法移民享有社会、卫生保健、教育服务规定，该项提案得到59%的加州选民的支持，并于1994年11月成为法律。但是这项法令，特别是否决非法外来移民的子女接受教育的权利一项，立即与美国联邦法发生冲突。最终，经过长时间的政治斗争，联邦政府在5年之后认定其违反宪法，加州州长最终放弃了这项提案（Alvarez & Butterfield，1997；The Guardian，1999年7月30日）。虽然这项提案破产了，但是它的确显示了亚国家机构——此案例中美国一个州——管制公民身份和"归属性"的能力。

非国家机构的作用

为简短起见，我们这里将会把讨论限定在国际迁移范围。至少有三种主要类型的私人（非国家）行为主体参与管制国际迁移。第一种是私营运输行以及相关机构——如机场、航空公司和轮渡服务。第二种包含正规中介——即劳动力经纪人，他们在接受国扮演着职业招聘者的角色。第三种包括一系列非法中介——也就是人口贩子和走私犯。

关于私营运输行，欧盟再次成为最好的实例，但是这一次，非国家力量对国家管制起到强化作用。外来迁移控制逐渐私有化根源于1990年的都柏林会议，其政策是对欧洲的"限制"。这个"限制"政策旨在通过区分"真正的政治流亡者"和"经济迁移者"来限制潜在寻求庇护者的数量。通过在存在大量潜在寻求庇护者的国家实施签证的办法以及对私运不能提供适当文件证明的旅客的运送者罚款的办法（运送者制裁）来执行这一政策。在大多数欧洲国家，对航空公司和其他交通服务的罚款可达3 000美元。通常，除非非法乘客申请庇护得到批准，或者运营者可以证明这些乘客离境时提供的文件没有显示"明显的不规范之处"，否则运营者就被征收罚款。但是，因为运输公司无法决定庇护申请的"显然没有明显根据的"特性，它们甚至也没有能力去猜测边防检查人员的决定，为自己的利益起见，它们只能拒绝不能提供正确文件的乘客。结果很多潜在的寻求庇护者，还有很多潜在的工人无法到达欧盟海岸（Samers，2003）。

第二种私人行为主体包括合法劳动力经纪人。因为它更多地关系到招聘问题，尤其涉及海湾国家的雇主和东南亚迁移者，因此它和管制并没有太多关系。例如，迁移工人付给经纪人大量钱财办理护照、签证、安排航班和食宿之后，穿着雇主发给他们的制服在孟加拉国达卡机场排队等候。但是很多政府对于经纪人收费设定限制（泰国劳工部1995年强制限制最高收费标准为2 240美元），据报道很多迁移者付费多于收费限制（Stalker，2000），因此劳动力经纪人和更多非法贩卖人口之间的界限变得非常模糊。这让我们看到第三种非国家行为主体群体——非法中介，即人口贩子和走私犯。索尔特和斯坦（Salt & Stein，1997）很恰当地把这种新现象称为“迁移业务”。这之所以是一个新现象，确切的原因是在管制低收入/低技能外来迁移和寻求庇护者方面，发达经济体国家的决心愈发坚定，从而导致很多人铤而走险。

作为地理策略的迁移

在本章引言中我们陈述了一个观点：迁移是一个双面现象。对一些工人而言，这只是一种选择而已，对其他工人来说，它却是破釜沉舟的选择。这里我们的目的只是简单地尝试区分作为“积极主动的选择”和“应对的必要性”迁移。与第二种情况相比，在第一种情况下工人有更多活动范围来发挥他们的能动作用；但是两种情况下，迁移都可以被视作提高工人财富的地理策略。然而，通常选择迁移并不是一件容易的事情，这在很大程度上是因为一个移民不得不平衡好留在身后的源地区的一切事物和在目标地区所要获得的东西。在图 7.2 中，我们阐释了工人决定留在原地还是迁移去其他地区的一些原因。

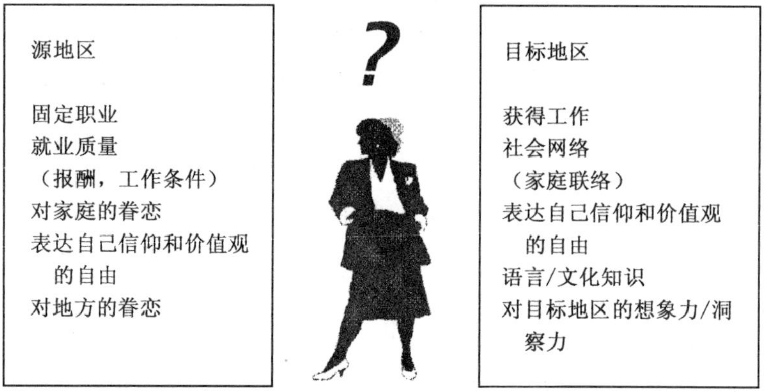

图 7.2　我应该留下还是离开？迁移决定

应对的必要性

在迁移是“反应性的”（即强迫，胁迫或者不愿意却又必需的）情况下，它就是一种破釜沉舟的地理策略。正如经济学家J. K. 加尔布雷思（J. K. Galbraith）曾经说的，“迁移是最古老的应对贫穷的方法”。实际上，迁移可以成为一种逃避失业或就业不足（工作的报酬极其低廉）的方法。的确，迁移者可能会发现与目标国家的本国工人相比，他们自己的工资非常低廉，但是他们在这里所挣的钱比在原住国多得多。例如，我们可以看一下印度尼西亚工人在马来西亚任职部门的薪酬状况，1997年印尼工人在马来西亚每天工资是2美元，而在印尼他们每天的工资只有0.28美元（Stalker，2002：22）。

但是我们一定不能就此假定迁移工人到处寻求最高工资。如果这是真的，那么来自最贫穷国家的迁移者就会迁往最富裕的国家，但事实未必如此。一般求职在地理上都限定在邻近国家（Sassen，1995），而且迁移者/外来移民也仅仅只是寻求更好的而未必是最高的工资待遇。例如，萨森写过一个墨西哥外来移民的故事，他在新德里州的一个工厂工作，他把工资都寄给一位亲属。这位亲属未必会比较他/她在别处挣钱所用到的技能、资格和能力，而只是把这看成是一种经济改善。换句话说，迁移/迁出的决定很复杂，并且取决于原籍国家（和地方）和目标国家的具体情况。事实上，人们为了更“好”的生活而迁移——不管这种“好”意味着什么。有时候这与经济问题无关，但是却意味着离一个亲戚更近一些。然而，迁移者/外来移民可以找到“更好的生活”这一点也向我们表明他们的“局外人”，“非本地人”或者“少数民族”的地位未必会成为职业或者工资流动性的障碍。事实上，一个人的外来移民地位或者特定的民族身份可能成为他谋职能力以及在职业阶梯上升的一个优势。

不管怎样，一位前英国政府部长诺曼·特比特（Norman Tebbit）曾经有句名言：生活在高失业地区的人们应该“骑上他们的自行车”到别的地方找工作。他这种油腔滑调的论断说明迁移是一个毫不痛苦的过程。但是这种论调低估了工人及其家庭在他们自己国家或者国外其他地方找工作时所经历的心理压力。它也忽略了向外迁移常常给源共同体带来的灾难性影响，因为失去了很多本土的男人、女人和孩子从而加剧了这些地方的经济和社会困境。我们来看两个案例，一个纪实性地描述了强制性国际迁移，另一个则是关于强制性国内迁移的。

从卡萨布兰卡（Casa Blanca）到塔尔萨（Tulsa）　位于墨西哥萨卡特卡斯（Zacatecas）的卡萨布兰卡提供了一个引人注目的案例，它显示了强制性迁移到美国是如何强化迁移的必要性的。20 世纪 90 年代离开卡萨布兰卡的 3 300 人中，大多数迁往美国俄克拉何马州的塔尔萨，主要原因是墨西哥政府削减了旱灾地区的农业补贴。事实上，迁移者每年汇至萨卡特卡斯（据估计每天 100 万美元）的钱远远多于墨西哥政府当前给予这个地区的拨款。对于卡萨布兰卡居民来说，最大的讽刺是当越来越多的迁移者前往美国（并且因为对美国—墨西哥边境加强监视而留在那里）去谋求职业养活他们的家庭的时候，这个城镇的人口却越来越少。这使得商店和其他服务业停业，反过来又迫使其他人迁移去美国。最终结果就是墨西哥中部的大片地区正面临人口减少和经济停滞的状况（New York Times，2001 年 6 月 17 日）。换言之，居住在卡萨布兰卡的人们为了生存被迫迁移——这是一种应对的必要性。

从图莱里（Tulare）到小岩城（Little Rock）　一些工人实际上是有偿离开加利福尼亚州的。我们来看一下一个来自爱文荷镇的妇女的案例，她去了一个名为“中央峡谷”的富饶农业地区谋生。她为一家经济型酒店清扫房间，为足不出户的老人帮工，采摘蔬菜后，最近则依靠每月 616 美元的福利支票为生，她认为在一个失业率在 15%～20%之间波动的国家，“适可而止”是最好的原则。她每月租房要付 300 美元，贫困潦倒的她在欠下 3 个月房租之后决定做出一个不一般的选择，接受图莱里县政府加州付给她的一笔钱之后离开那里。从 1998 年到 2001 年，图莱里政府为离开该县的 750 位接受福利救济者买单。2001 年 6 月，这个妇女携带两个女儿离开加利福尼亚州前往阿肯色州州府小岩城，身上带着图莱里县付给她的价值 3 000 美元的支票。小岩城并没有等待着她的工作，但是她在那里有一些社会关系，并且可能在这个有着充足的工作职位的城市找到工作（New York Times，2001 年 6 月 8 日）。但是不能简单地将这种内部迁移和一个地区的高失业率及另一个地区的低失业率（可能更高的工资）等同起来。因为劳动力得经历“社会再生产”（见第二章），保障性住房、“优质”学校、便宜的公共交通以及其他（宗教的，与健康相关的等等）设施的存在都会束缚或者促进劳动力迁移。与离开卡萨布兰卡的墨西哥迁移者正好相反，在上述例子中，生存虽然困难，但并非难以为继，所以这些移民会很仔细地权衡迁往阿肯色州的好处。因此，虽然迁移是“被迫的”，但是却不同于墨西哥的被迫迁移。

积极主动的选择

对于被迫而非自愿的劳动力迁移就谈到这里。工人的地理性流动并非只是被动地应对他们的地方情况。在其他情况下，劳动力迁移可以被看成工人提高工资、技能、改善就业前景或者总的生活质量的一种积极主动的策略。这让我们看到工人能动作用和地理尺度问题。前面一部分我们讨论了工人被迫迁移的案例，在这些案例中，我们不能说工人有意义地“构建”了新的地理尺度。然而，在其他案例中，工人能动作用和形成新的地理尺度之间的联系是一种非常重要且互惠的关系。

我们可以用两个案例来说明这一点，一个是在相对报酬较高部门（即金融部门）的专业工人，而另一个是待遇不太好的工人利用本公司的就业机会的案例。

金融部门　过去 20 年间中心城市金融部门专业劳动力迁移急剧增加。原因包括高级生产性服务业（尤其是外国的）的增长（即高水平银行业、财会、法律和咨询服务），金融系统国际化，国际金融机构的建立，以及专业工作更加不确定的形式（定期项目等等）的出现。例如，20 世纪 90 年代，在某些如香港、伦敦、洛杉矶、纽约、新加坡和东京这样的“全球城市”（关于全球城市讨论请参阅 Sassen，2000）的投资银行业和会计界，临时借调的海外专业人员数目大幅度上升。这些人员以男性为主，一般在一个地方呆三年时间。一些银行的海外专业人员从大约 100 到 600 人不等。但是在很多情况下，这并不是一种按需求进行的劳动力迁移，而是预先主动组织好的。例如，一些日本银行制定复杂的计划，将员工派往海外获取国际经验，并且将员工划分成不同种类，如“国际外派”、“国际任务”和“短期任务”人员（Beaverstock & Smith，1996；Beaverstock & Boardwell，2000）。为什么高管和其他管理层人士要迁移呢？最重要的决定性因素是积累国际经验，这点对职业发展至关重要，也是在选定城市得到高薪的期望，全球城市的吸引力的体现。正如比弗斯达克和史密斯（Beaverstock & Boardwell，1996：1381～1382）所强调的：

> 在世界经济金融产业中，在熟练国际劳动力迁移构建和不均衡分布中，作为工作和生活空间的伦敦，其吸引力不可小觑。像伦敦这样的全球城市正是企业专业人士想去工作、消费和积累财富的地方。

在任何情况下，我们的观点是这种劳动力迁移完全不是被强迫的。它是专业人士为了改善自己长期的职业前景的自愿迁移，跟我们前面已经谈及的被迫迁移没有任何关系。

从埃布韦尔（Ebbw）到艾墨伊登（Ljmuiden）：迁移中的钢铁工人 两个多世纪以来，南威尔士的埃布韦尔一直是钢铁制造地。2002 年 7 月镇上最后一家金属厂倒闭标志着一种生活方式的结束。自 20 世纪 80 年代初以来，面临国外竞争的南威尔士钢铁厂接二连三地倒闭。这些工厂的倒闭带来很不幸的后果：因为像埃布韦尔这样的小镇一直以来依赖一种主要的经济活动，工厂倒闭后接踵而至的是当地的高失业率。正是在这种背景下，2002 年中期，英荷钢铁制造公司哥鲁氏解雇了 500 名多余的埃布韦尔钢铁工人。总的来说，因为被解雇的这些工人中很多都是该城镇收入最高的人群——每年收入在 2.5 万到 3 万英镑之间——所以工厂倒闭便是一个沉重的经济打击。自 1998 年以来，全球的哥鲁氏工厂的裁员人数达 6 000 人，其中一半人数都在南威尔士。这种失业集中在某一地理部位的部分原因是坚挺的英镑使得英国的钢铁出口对于外国买家来说十分昂贵。结果，位于埃布韦尔的哥鲁氏工厂超过一半的金属制造机械都被迁往荷兰的艾墨伊登（这种规模庞大的迁移行为表明什么力量可以使一个企业跟一个特定的地方脱离）。比英镑疲软的欧元使得企业重新选址成为一种经济可行性行为。换句话说，如果没有这些额外生产力的地理转移，艾墨伊登工厂及其 9 500 名员工不可能满足欧洲和全世界对于哥鲁氏金属的需求。

虽然哥鲁氏工厂的关闭进一步加剧了埃布韦尔的螺旋式经济衰退，但并非对每个人来说都是灾难。2002 年，哥鲁氏为大约 100 名威尔士工人提供了自愿迁往位于英国和欧洲其他哥鲁氏工厂的机会，包括位于荷兰的艾墨伊登工厂。虽然荷兰的生活成本比英国低，哥鲁氏不但保证埃布韦尔移民工人同样的工资待遇（比大多数同样的荷兰哥鲁氏工人的工资待遇都要高），而且发给在艾墨伊登的这些工人购房补贴（实际上向他们提供了“公司抵押贷款”）。因此，2002 年很多埃布韦尔工人自愿携带自己的家人在艾墨伊登安家落户。

在很多方面，这似乎不是“积极主动”的工人能动作用的迁移的最好例子。毕竟，这些工人失去了他们在威尔士的工作，他们不得不离开他们中大多数人生长的城镇，并且迁往一个语言不熟悉的国家。听上去很难让人相信这是一个自愿迁移的例子。然而，虽然表面如此，这些工人并不仅仅将它看成一种强加于他们身上的“消极的”流动。首先，在他们眼中，埃布韦尔的经济衰退使得这个地方不再是他们想要生活和养家糊口的地方。该地存在各种严重的社会问题：青少年吸毒、犯罪和失业，一旦哥鲁氏工厂关闭，这里很少再有优薪职位。正如一个迁移工人谈到艾墨伊登时说道，“对孩子们来说，当他们长大时，这是一个机会。当想到他们会在（埃布韦尔）长大，我就觉得恐怖……对他们来说，这里什么都没有了”（摘自 Gow，2002：26）。和埃布韦尔相比，艾墨伊登除了是一个相对富饶的城镇之外，它也具有其他吸引力。具体地说，位于那里的哥鲁氏工厂缺乏技术。由于艾墨伊登77%的荷兰人从事服务业，对埃布韦尔钢铁工人的工程技术需求量很大。另外，大多数荷兰人因为在学校接受教育，都会说英语，这也减轻了离开英国的威尔士工人面临的文化挑战。正如一个埃布韦尔移民和他的妻子评论的："我们在纸上做了所有的加减法，似乎出来（到艾墨伊登）的好处更多"（更多关于此案例的资料请参阅Gow，2002)。如果我们将这一切与第六章探讨的工人能动作用联系在一起，在这个案例中，100名威尔士哥鲁氏工人面临的结构条件给他们提供了更多的机会而不是限制。

迁移的方方面面

正如本章所表明的，劳动力迁移在各种空间尺度对很多不同工作和非工作群体具有社会后果。这表明对劳动力迁移的任何评价都必须是多视角的。也就是，它必须以所涉及的迁移的工人个体和群体的各种需要和要求为依据。因此，迁移不仅对本土工人，也对已经定居的外来移民、新近到达的迁移者、失业者和留在源地区的工人产生影响，同样，对处于迁移洪流两端的国民经济产生影响。例如，在洛杉矶某个特定地区或者行业，不能提供合法文件的墨西哥外来迁移者对低薪的非裔美国工人的影响将不同于所有不能提供合法文件的外来迁移者对整个美国经济产生的聚合效应。后者可能对美国的所有非裔美国人有影响，也会对墨西哥源地区的工人有影响。

我们先看一下国家尺度，以美国为例。虽然迁入美国的外来移民似乎使一些本土美国人，尤其是企业主和其他拥有大量美国资产的人收入提高了，也增加了他们的职业流动性，但是对大多数美国本土工人来说却毫无益处，甚至有害于他们。再者，那些获得经济利益的大多数人是"白人"和高技能工人，而失去收入的大多是"黑人"和低技能工人（Sassen，1995）。因此，正如博尔哈斯（Borjas，1999）在他的研究中写到美国时说，人们可以“……通过选择‘正确的’时期，‘正确的’群体，‘正确的’方法——得出结论——外来迁移对本土工人的劳动力市场机会具有极有利或者极有害的影响”（p. 70）。然而劳动力市场机会并不是唯一衡量迁移影响的方法。实际上，由于迁移的财政影响，本土和外来移民工人都可能获利（也就是迁移会在地方或者国家尺度上提高税收收入），这反过来会改善公共服务或者基础设施。这一点无非应该再次确定：在理解迁移如何影响不同工人这一方面，尺度是非常重要的。

从这种意义讲，我们的重点是迁移的地方影响。为什么在迁移背景下有必要这样做呢？首先，记住一点很重要，即在至少是发达的经济体中的外来移民往往会集中在都市地区——也就是威廉·弗雷（William Frey，1996）称之为美国背景下的“门户城市”。这并不意味着他们需要限定定居在别的地方，也不意味着他们不定居在全世界较小的城镇和乡村地区。我们可以看看聚集在加利福尼亚州沃森维尔（Watsonville）农业镇的墨西哥迁移工人，在法国东北部鲁贝（Roubaix）的摩洛哥工人，或者在英国布拉德福德（Bradford）的巴基斯坦工人。尽管他们趋向于先定居并留在都市地区。一个可能结果便是外来移民集中在大城市，而这些人中获得低薪工作的比例过高（尽管有越来越多的高技能外来移民拥入），这无疑压低了这些城市的工资水平或者阻碍了这些城市本土工人的就业前景。

但是正如我们前面注意到的，在任何尺度上外来移民工人的影响究竟是就业竞争、工资还是财政影响的问题，还远未得到定论。这就是说，至少有一种通用的方法来评估迁移对就业的地方影响，就是看迁移者是充当了本土工人的补充还是替代。罗伊（Roy，1997）解释了这种区别，“如果东道国缺乏技术，而外来移民正好缓解了这些瓶颈，这样便扩大了就业机会，增加了劳动力需求最终使得本土工人的工资待遇得到提高”（p. 152），那么可以说迁移者对本土工人起着补充作用。另外，迁移者常常从事本土工人不能或者不愿意从事的工作。或者，“如果在选定的地方劳动力市场，外来移民和本土工人数量比例失调，外籍工人远远多于本土工人，从而导致本土工人的工资收入降低”(Roy，1997：152)，外来移民和本土工人就是相互替代的关系。框7.3提供了一个很好的例子。

框 7.3　法国汽车行业的互补性和替代性

过去，法国（尤其是巴黎地区）的汽车行业依赖于大量不熟练和半熟练外来移民生产工人（ouvriers specialisés-OS）。在所谓的“福特主义”时期（20世纪50年代至70年代早期），更熟练的工人（通常是白人）（ouvriers professionals-OP）逐渐被来自南欧的外来移民OS所取代。OP被OS取代正与流水线上的“去技术”、轮班工作制和任务细化时期（所谓的“泰勒主义”）巧合。对本土工人来说，工厂变成肮脏、嘈杂，令人难以忍受的地方。而随着南欧经济的扩张，这些外来移民的很多人都逐渐回到家乡，于是法国汽车业在60年代晚期和70年代早期招募了很多摩洛哥人和阿尔及利亚人来代替他们。然而，70年代中期开始的发达经济体中的经济衰退以及来自日本的越来越激烈的竞争（一种更高效高质的生产体系——所谓的“丰田主义”）迫使法国汽车业作出回应。随着丰田主义在法国工厂的发展，由于外来移民工人的职位渐渐被取消，他们便失业了。因此从50年代到70年代中期，外来移民工人对本土OP起到补充作用，但是80年代开始，丰田主义发展以来，低技能的外来移民工人发现自己正与高技能的生产工人竞争（又一次他们中大多数是“白人”）。今天，汽车厂展现的一面仍然是依赖某种低技能劳动力（主要是迁移者）来完成那些自动化之后无法盈利的和/或那些不要求太高级技术的任务。因此，虽然在汽车厂外来移民仍然与白人工人竞争技术工作，但是那些保住饭碗的移民实际上是更加有技术的本土工人的补充（详情请参阅Samers，1998）。

而这些影响也可以是跨地方的。例如，（位于墨西哥的）加利福尼亚半岛的种植户在工资方面无法与位于美国加利福尼亚州的（他们也雇佣外来移民劳动力，但是一般却雇佣最有生产力的工人）种植户竞争。为了让半岛种植户吸引工人（由于加州的最低工资规定，他们很难留住工人），半岛种植户不断招募来自南墨西哥（瓦哈卡州）的工人，他们不是采用增长工资，或者奖励具有高生产力的工人的办法，而是采用鼓励工人在半岛定居的办法。因此，加利福尼亚半岛的种植户是与2 000里之外的工资竞争并吸引那里的工人，而不是与200里之遥的美国加利福尼亚州的市场竞争。但是这是一个综合的多方面的跨地方劳动力体系，因为巴哈（Baja）的工人因为迁移到加利福尼亚州的可能性而接受了较低工资，而巴哈的工资待遇又给加利福尼亚州的工资带来了压力（Sassen，1995）。

最后要说的是工人的迁移甚至会对留在源地区的工人产生影响。实际上，虽然人口迁往发达经济体可能会推动那些地区的增长，但也可能对迁出国产生相反的影响，这还是尺度的问题。首先，迁出对于失业率相对低或者高的国家可能会有不同的影响。例如，大规模迁出可能会降低源地区的失业率。然而，它也许也会导致高技能/高学历工人的流失（所谓的人才流失），这可能反过来会降低迁出国资本积累的速度，从而使失业率上升。其次，财务汇款（换句话说，迁出人口寄回源地区的钱）可能有利于源地区的个体家庭。实际上，在南非的莫桑比克（Mozambican）移民中，87%的人已经攒下足够的资金在莫桑比克购买房屋。或者这些汇款可以提供必要的外币储备金来满足外债要求。例如，在莱索托（Lesotho），在南非矿区工作的迁移者寄回家的钱占莱索托国内生产总值（GDP）的1/10（*The Economist* 2 Semptember 2000）。但是这些汇款在扩大源地区金钱供应量的同时却没有提高生产力或者生产能力，从而可能引发通货膨胀。换言之，这些钱大多花费在进口的奢侈品上，而没有用于提高国民经济的创新力。例如在环绕南摩洛哥城市阿加迪尔（Agadir）的城镇和村庄，返乡迁移者修建大房子，从而促进了周边地区房产业的繁荣，提高了土地成本以及其他商品和服务成本。结果很多没有迁出的摩洛哥人深受通货膨胀之苦（Berriane & Popp，1997）。

小结

本章着眼于劳动力迁移的各个方面，一开始讨论了不同种类的劳动力迁移以及外来移民工人的多样性，然后阐释了大量迁移中的工人在大范围源地区和目标地区之间如何完成迁移。接下去我们解释了在不同地理尺度如广地区、国家和地方尺度上对于劳动力迁移的管制。即使现在劳动力迁移管制存在一种向私有化和更广区域化倾向，如欧盟的移民管制体制的缓慢移动，我们仍然认为它主要还是国家问题。如果没有这种管制，迁移的数量和地理分布都将大不一样，同时尽管这是在不同的地理尺度上的管制，并且由很多社会机构和行为主体调节，国家尺度（即民族国家）仍然起主导作用。的确，国家边界可能相互渗透，但是工人并不是可以自由地随意迁移，这样一种论断和“无国界世界”理论是尖锐对立的。

最后，我们讨论了不同“类型”的迁移的影响以及对于本土工人，其他已经定居的外来移民工人，甚至对那些从未迁出的人们的影响。我们认为不能片面地评判工人的迁移是“进步的”或者“退步的”。一些本土工人会因为外来移民而获得较高薪酬的工作从而从迁移中“获利”，而一些本土工人和已经定居于此的外来移民却会失去工作。合法迁移者也许会从非法迁移工人那里得到工作，反之亦然。这些影响并非只是地方的，迁移工人可能拓展或者阻碍那些远离迁移者目标地区的工人的前程。这是因为迁移具有其他独立于地方就业影响之外的影响（如扩大国民经济）。简言之，尺度非常重要！即便迁移的影响依赖于尺度并很难衡量，有一点毋庸置疑：在资本主义制度下，工人们为了寻求“更好的”生活，将总是处于动荡不安中。

第八章　跨地方工人行动

超越地方：全国工会主义

一种新型工人国际主义：无国界团结

超越工人：社会运动政治学

“进步的”跨地方主义

小结

我们已经在前面两章提供了一些例子，展示工人运用地理策略影响并改变他们的生活和劳动条件。然而，在很多情况下，第六章所讨论的基于地方的行动实际上对工人来说是不足的，而第七章所陈述的劳动力迁移的方法既不可能也不可取。这提出一个问题：为了进一步满足当地工人（或者别的地方的工人）的需求和需要，工人们能否就留在原地方采取跨地方的行动？正如本章将要表明的，显然答案是肯定的。第六章的案例研究表明工人们常常“立足本地思考，立足本地行动”，而本章提供的案例将表明他们也可以（1）“立足本地思考而跨越本地行动”和（2）“跨越本地思考和行动”。换言之，工人和同情他们事业的社会群体可以扩大他们的斗争范围并在更广泛的社会—地理领域进行斗争，而无须借助迁移的办法——恰如史密斯在讨论所谓的

"尺度政治学"的时候，讲到汤普金斯广场公园（Tompkins Square Park）无家可归的人所采取的行动一样。可以由一个地方的工人代表他们自己，也可以由几个地方的很多工人共同努力扩大工人行动范围。这些例子与第七章所讲到的不一样，下面将要讨论的超越地方限制的努力表面上看似乎是矛盾的：在保持基于地方特性的同时又要采取跨越地方的行动。但是我们会看见实际上并非如此：因为恰如马西（1993）所言，现在超地方就包含在地方当中，在我们相互依赖的资本主义世界，保护地方民生必然涉及更广泛的地理尺度。换一种说法就是，当代工人需要一种"全球地方感"（global sense of place）。用史温吉道的话说，他们越来越需要"从自己的地方身份出发去发现一种能够让他们团结起来的主线并将这种力量传递给那些还被困在地方的工人"。在单纯捍卫工作的地方努力毫无效果，向外迁移也不可行的情况下，为了实现地方利益，工人和其他人就必须积极建立跨地方关系。事实上，这涉及与很多企业和管制机构的跨地方组织"匹配"的劳动力。如果不努力扩大工人行动范围，那么第五章所讨论过的"霸权专制"思想也许会更真实：因为企业和许多管制机构将会比它们现在已经做到的更轻而易举地离间不同地方的工人，他们所采用的方法就是"使两头吃亏"、"逐底竞争"和"地理上的分而治之"。

扩大工人行动范围——包括工人单独行动或者与他人合作——是我们前面所讲到的地理学想象力的明证。它是现代劳工运动的核心。引用哈维（1973：24）具有创新性的定义，这样的想象力"使……个体认识到将他们分离开的空间（如何）影响他们……让他们判断其他地方事件与他们的相关性，（并且）创造性地使用空间"。一直以来，哈维所指的"空间"并非全球尺度。它常常指国家的，或者充其量指广区域尺度，工会则是最主要的工人机构，通过这个机构，工人得以组织反抗企业和管制机构的行动并扩大行动范围。然而，今天我们已经看到一个地方的工人必须认识到他们的命运与远在地球另一个角落的许多工人的行动是息息相关的。这不仅仅只是因为现在"工人阶级"比历史上任何时期的数量都多，还因为它实际上包含了地球上每一个地方的工人，当然也包括每一个信仰、民族和肤色的工人。工会主义者们以创设新的，或者加强现存的、国家的和全球的工会来应对这一事实（见第四章）。然而，尽管它们的重要性毋庸置疑，但是这些工会却既无必要，也不足以扩大劳工斗争的范围。处于欠发达世界即前共产主义集团中的工人，以及处于新工业区地方的工人，常常缺乏工会代表。与此同时，工会运动“强调工人利益”的历史意味着它未能将工人斗争与文明社会的其他群体联合起来。相应地，跨国工人行动的当代景观超越了工会组织，并包括了一系列非工会开创性组织。工会和非工会行动的结合给予当代工人一种克服植根于地方的脆弱性的方法。

工人和那些心中装有工人利益的人们之间的地方间合作的潜在利益是什么？有三点是显而易见的。首先，虽然工人植根于地方（迁移者除外），但跨越空间的联系很明显为工人提供了一种机制，用以阻止发生类似第四章所描述的悲惨故事。简言之，地方间合作可以避免工人相互对抗。其次，数量就是力量。越大规模地组织劳工，就能调动越多的人对抗那些可能威胁到工人生计的企业和管制机构。最后还有合理组织（logistic）优势。在国家和跨国家尺度上运行的工会和其他组织凭借其大量会员，通常拥有大量可以自由支配的资源。这些资源反过来可以支持一些主要活动（如罢工）。简言之，长久以来一直存在令人信服的理由说明雇佣工人和同盟群体应该扩大他们的行动范围，并超越地方的界限。

本章结构如下。在接下来的这部分我们会着眼于国家工会，在这种“经典的”地理尺度上和通过制度方法，工人扩大他们地方级行动的范围。紧随其后，我们会继续讨论国际和全球层面，分别探讨商品生产和商品消费中的工人行动以及围绕二者的工人行动，其中后者是一种相对较新并越来越有效的跨国工人行动形式，它与“道德消费”有关，是一种有别于正式的工会组织的工人行动。倒数第二部分进一步深入探讨非工会主题，重点在于所谓的跨国尺度上的“新社会运动”行动主义。这种形式的行动主义把工人斗争与那些不以阶级和职业定义自己及其利益的群体联系在一起。在国内正式的工会背景中和宽松的非工会背景中，它都同样是一种行动主义形式。本章最后评价了工人扩大工人斗争范围。对照第六章末尾所讨论的地方行动，我们认为把工人跨地方行动看成在本质上是“进步的”是极其幼稚的。虽然很多劳工活动分子和左翼劳动力分析家常常“支持”扩大工人斗争范围而“反对”专门的地方层面的工人行动，我们认为即使当工人构建新的尺度（或者现有尺度上的新关系），第四章所强调的地理困境还是会出现。我们会在下一章也是本书的最后一章探讨能否解决这些难题。

超越地方：全国工会主义

在雇佣工人和他们的代表机构中，作为一种保护（或进攻）形式的向外发展是一种弥足珍贵的地理策略。在历史上，工会一直都是在工作场所内部或者外部争取工人利益的主要机构（见框 2.3）。引用韦伯斯（Webbs）的经典定义，工会是“持续的雇佣劳动者协会，其目的在于维护和改善他们的职业生活”。直到最近，这些团体的结构主要都是国家组织，由很多地方会员组成。这些会员（至少在民主的民族国家内），在一个国家领袖和执行者领导下运行，通过投票和其他方法在财政上支持他们的工会，影响国家决策。19 世纪，国家工会开始在西方工业化国家蓬勃发展，自那以后，世界上其他很多国家也建立了工会。

也许有人会问，为什么历史上国家工会因为与地方或者全球工会相对立而赢得很多关注？为什么这些工会今天对工人们还如此重要？本书前面章节已经说明地方是最显著的尺度，在此尺度上工人凭借在既定地点彼此的日常接触和个人投资而培养了相互之间的忠诚。这一点说明任何为了使工人更团结而做出的努力都需要某种方法来让不同地方的雇员认同共同的纽带。在历史上，这些共同的纽带是由民族身份提供的。正如政治理论家本尼迪克特·安德森（Benedict Anderson，1983）所认为的，国家是通过大众媒体，主要的“意见形成者”（如政治家）和公共机构（如学校）产生的“想象的共同体”。因此，诸如“英国人的风格”或者“巴西人的性格”本没有什么特别之处。这些杜撰出来的东西之所以在一定范围内产生作用，是因为英国人和巴西人将这些标签以及他们相信理应代表他们的东西内化成了自己的特性。由于民族性格这种思想的力量，也由于国家已经变成现代世界政治组织的主要单位，工人开始要在这种特定尺度上跨越空间展开行动也许是不可避免的。

这意味着很多年来在拥有强大的国家工会传统的国家，雇佣工人用地方来定义自己，同时，他们也用国家（有时候是民族主义者）来定义自己。因此他们把自己视作加拿大工人或者乌拉圭（Uruguyan）工人，而不是普遍意义上的工人或者（比如）多伦多（Torontonian）工人或者蒙得维的亚（Montevidean）工人。在国家工会能够向企业和管制机构施加强大影响的国家，它们具有可以自由支配的重要权力。这些权力可是物质的（例如，发起全国罢工的能力）、财政的（例如，给昂贵的广告活动提供资金以便按照它们所愿改变公众意见）、法律的（例如让内部律师顾问在法庭上保护工人权利的能力），以及政治的（例如，通过游说政治家而影响政府政策，从而在一些如“最低生活工资”等重要问题上制定政策文件）。在每一种情况下，这些权力都来自于数量上的优势和“群聚效应”。也就是说，工会的能力来源于它们可以代表全国的工人说话并调动全国工人。在大型国家工会里，会员数目可达数百万，显而易见，这些工会都是非常强大的机构。这种力量可以用以支持一个地方的某一个工人或者所有工人；或者在另一个极端，它可以整体上促进国家成员的利益。

无论过去的还是现在的国家，工会都是建构尺度的组织，理解这一点至关重要。工会构建尺度是个复杂的过程，并不像把玻璃杯里的水倒在一起那样简单地将各地方工会加在一起就可以变成现存的国家尺度，而是在任何既定国家的劳动力景观图上增加新的关系和能力。在国家尺度上工会成功地帮助一些或者所有成员的例子不计其数。这里我们举其中一个例子，它展示了工会积极建构尺度并在此过程中使其成员获得他们仅靠单独地方行动无法得到的东西。这一例子摘自赫洛德（2001）的一部里程碑式的著作《劳动力地理学》（也可参阅

Herod，1997）。

20 世纪 50 年代期间，就如今天世界上如此之多的工人，尤其是发展中世界的工人一样，美国码头工人还没有行之有效的国家工会代表。那时候，大多数美国港口，跟现在一样，位于东海岸［从缅因州（Main）到得克萨斯州（Texas）］。虽然 50 年代期间东海岸码头工人拥有名义上的工会——国际码头工人协会（ILA）——但实际上这一组织本质上根本无法将码头工人团结在一起。其中一个标志性事件便是关于码头工人的工资、工作时间、权利和条件的协议是在逐个港口的基础上签订的。在东海岸最大港口工作的纽约码头工人享受最好的待遇，而那些在较小港口工作的则不然。假如一个船运公司认为港口收费太高，那么它（至少在理论上）可以选择一个更便宜的东海岸港口来运输货物。

直到 50 年代后期，美国码头都是雇佣工人的主要雇主。给船只装货和卸货都是劳动密集型活动，需要成千上万的码头工人。但是一项技术创新，即集装箱化，一夜之间改变了美国和其他地方的情况。通过把货物打包装进大型标准化尺寸的金属集装箱，机器可以更多地代替以前工人给船只装货卸货的工作。因此，50 年代，一个纽约港要雇佣大约 80 000 名工人，今天则只需要几百人（Herod，1997）。集装箱化因而给码头工人造成严重威胁：直接的威胁便是取代了体力劳动，间接的威胁就是首先使用集装箱化技术的港口降低了劳动力成本，提高了装货/卸货速度。这些间接的影响意味着，50 年代、60 年代以及 70 年代期间，由于来自其他青睐集装箱化技术港口的竞争，还在使用码头工人的港口可以降低工人工资。

鉴于此，ILA 决心通过推进 50 年代以后的国家工资和东海岸码头工人的国家工资标准来解决处于萌芽状态的问题。这是了不起的成绩。首先，哪种工资和标准可以成为所有人的标准，是纽约的还是别的地方的？其次，ILA 面临来自其对手——南方工会国际码头工人兄弟会（ILB）的竞争。ILB 担心 ILA 过多考虑纽约工人利益而无法代表所有美国码头工人的利益。特别是，南方的码头工人受到来自集装箱化的威胁要小得多，这是因为比起像纽约这样的港口，他们更多地装载农业产品，而这些产品不适合用集装箱贮存。最后，因为那时候很少有罢工，集装箱化使得码头工人进行罢工威胁的概率很小，在这样的非常时刻，ILA 从码头雇主那里奋力争取到这份国家协定。

尽管存在这么多挑战，ILA 还是在 60 年代期间取得实质性进展。第一，它通过劝说处于草根阶层的码头工人，使其明白他们都面对一个共同的来自集装箱化的威胁——即使现在没有将来也会发生。第二，就定位于哪种国家工资和标准，它保持灵活性。标准太高会使得雇佣码头工人成本过高从而加剧失业情况。结果，ILA 力主所有全职码头工人的国家“总合同”，只要尊重总合同，每个地方可以根据具体情况制定“当地合同”。在此基础上，20 世纪 60 年代期间，ILA 能够调动大多数东海岸工人举行，或者威胁要举行几次罢工。在对码头公司多次游说之后，其结果是签署了 1971 年的东海岸雇佣条约，该条约 1977 年得到进一步修改。尽管处于集装箱化造成失业增加的背景下，为期 20 年的创建工资和条件的地理统一性的斗争最终取得成功。恰如赫洛德（1997：146）所言，“ILA 在（码头）产业建立了新的谈判的地理尺度和劳动关系”。在与雇主和管制机构谈判时，ILA 制定了一系列以前不存在的规则和程序。这些规则和程序拥有了自己的生命力，可以说是，削弱了美国逐港谈判的分而治之的历史。虽然这只是一个历史事例，ILA 案例对那些现在还缺少国家工会代表的工人们来说，无疑是一种激励，也是一种挑战。对根本还不存在这样的代表国家来说，要实现这一目标任重而道远；而国家工会已经被激进政府和雇主击退的国家（如英国），需要重建这些工会。尽管毫无疑问困难重重，但是 ILA 说明了只要有决心并付出努力，就可能创造奇迹。

一种新型工人国际主义：无国界团结

正如上面案例表现出来的，国家工会和它们的地方会员在当代劳工斗争中仍然扮演重要角色（也见 Rutherford & Gertler，2002）。然而，当20世纪已然让位于21世纪的时候，一直存在经济活动地理尺度和工会组织地理尺度逐渐“分离”的现象。换句话说，国家工会仅靠自己难以应付那些影响雇佣工人，他们的家属和其他文明社会群体的地方生活的跨国家的过程。为了与这些过程的尺度相匹配，一些现有的和新的工人组织把自己定义为非国家组织，其中现有组织包括（基于产业的）国际产业联合会，广区域工会（如非洲工会统一组织），全球工会（如WFTU），以及跨国非工会团体（如ILO和世界劳动妇女组织）；新组织则包括欧盟的一些机构，如欧洲劳资联合委员会（见Sadler，2000）。正如我们所写到的，围绕跨国劳工组织可能性的活动正在蓬勃发展（见框8.1）。

框8.1　跨国劳工组织近期活动

除了本章所描述的一些活动，工会和支持工人的群体为跨国组织劳工的可能性而兴奋不已，近期的很多战略会晤和会议说明了这一点，包括：

- 1998年丹麦总工会主办的1998年“前千禧年”事件，新的全球议程——21世纪策略及远景
- 1999年由一些国家工会在巴西主办的反全球化和新自由主义世界会议
- 2000年在旧金山举行的捍卫工会独立性和民主权利的世界公开大会
- 2000年由美国工会和学术会召集在密尔沃基举办的工会和全球经济会议
- 1999年由全球化和工会权利南方倡议会在约翰内斯堡组织的21世纪的工联主义大会
- 2000年在科隆举行了阿姆斯特丹工人情报机构跨国信息交换组织的激进变革的建设和劳工运动大会
- 2000年在波士顿附近举办由工会、学术会和北美和南美的NGOs组织的促进国际劳工权利和团结研讨会

来源：Waterman（2001：330～331）

恰如第四章（“工人和工会尺度重组”部分）说明的，组织跨国工人漫长而不均衡的历史可以追溯到19世纪的欧洲和所谓的“第一次国际化”（见框8.2）。今天，比以前任何时候都更有可能跨国组织工人。在某种程度上，现代通讯使得分散的工人群体和他们的斗争联系起来更加容易（见Lee，1999）。还有一个原因是跟以前相比，许多企业在地理上显得更加脆弱。也就是说，它们复杂的跨国性质的运作意味着有很多可能打断它们运行的地方。第六章所列举的关于通用汽车公司的例子就是最好的说明。如果由这个案例推断，那么我们能够很清楚地看到：工人为了追求他们的目标，应该有潜力在几个尺度上展开多地点的活动来抵制企业和/或管制机构。简言之，我们可以区分商品储备/供应（企业投入来源的地方）、商品生产（企业生产商品和服务的地方）、商品配送（商品运往中间和最终市场的流通渠道）和商品消费（最终需求和销售的地方）的地点。取决于这些商品，这些地点在或长或短的距离以复杂的方式被联系在一起（见Hughs，2000）。如果你愿意，可以把其中第二个地点看成工人跨国行动的“经典”核心。但是，近些年来，作为工人跨国斗争的地点，其他三个地点也愈发重要了。根据这一点，我们将各举一个以生产为核心的和以非生产为核心的跨国工人主义的例子。

框8.2　19世纪和20世纪的无国界团结

卡尔·马克思，这位革命者和资本主义分析家，是19世纪晚期所谓的第一国际的重要人物。第一国际是一个致力于在不同国家（尤其是欧洲国家）工人之间搭建桥梁的机构。到20世纪早期，它已经被第二国际取代。这是由社会主义党建立起来的机构，（1917年俄国革命之后）其中最强大的当属俄国共产党。到1914年，第二国际共有基于27个社会主义政党的1 200万会员，分布在22个国家。与两个国际相关联的国际工会产业联合会（ITSs）成立于19世纪90年代，直到今天仍然存在。尽管工人跨国主义历史悠久，但是

20世纪中期却逐渐衰退，这是因为两次世界大战及其后来的冷战强化了民族身份。因此国家工会成为很多国家雇佣工人效忠誓言的主要的跨地方组织。例如，1945年以来，因为自由民主的美国和共产主义苏联之间存在的政治鸿沟，很少有美国工人会对俄罗斯工人有认同感。即使在国际层面，由于国际自由工会联合会（ICFTU）和世界劳工组织（WFTU）在一些基本原则上的分歧，工会组织在思想路线上也分裂成两派。鉴于此，近来在第一、第二和第三世界和它们之间建立雇佣工人的跨国关系很大程度上是一种复兴，也是两个国际和ITSs早期努力的继续和延伸。它们不应该被视作新的尝试。见Logue（1980）。

遥远的陌生人的需要和权利：生产政治学

集中在企业生产设施上的跨国工人行动可以在有/无工会的正式的帮助下进行。工会提供帮助的优点毋庸置疑。但这并不是说缺乏工会的介入就不利于跨越国界的多地点工人行动取得成功。这样的以生产为核心，非工会国际主义的最好例子就是公平贸易（Fair Trade）倡议。这些倡议由NGOs和慈善组织联合发起。他们的目的在于保证西方企业从发展中国家寻求产品来源的时候不能剥削那些国家。例如，直达咖啡（Café Direct）——一个包括在英国之类国家的大型零售商和哥伦比亚这样的国家的小咖啡豆供应商的公平贸易计划——就保证了供应商的最低咖啡购买价/进价。这阻止了那些残酷的零售商压低价格，也保证供应商们可以期待他们可预见的年收入（见Whatmore & Thorne，1997）。虽然这些公平贸易倡议很重要，此类生产导向型跨国主义形式在拥有工会组织的鼎力支持时，更容易获得成功。相应地，我们来看下面一个例子。

1989年，位于西弗吉尼亚州乌鸦林镇（Ravenswood）的一家铝厂被一家有意向购买这家工厂（乌鸦林镇铝业公司——the RAC）的投资者组成的公司收购了，几乎在收购的同时，公司裁员 100 人，加快工作节奏并解散了联合工人～管理人员安全委员会。在接下来的 18 个月，乌鸦林镇工厂 5 名工人丧生，多名工人受伤。该厂大多数车间工人是美国钢铁工人联合会（USWA）成员，该组织是二战后在美国经济生活中有着举足轻重作用的全国性钢铁工人联合会。1999 年，当 USWA 的乌鸦林镇分部（当地成员 5 668 名）与 RAC 重新签订合同时，发现公司雇用了 1 700 名非工会成员工人。RAC 的解释是当地这 5 668 名工人拖了公司后腿，他们因为参加罢工未按时完成合同条约规定的任务。从法律上讲，这个理由是站得住脚的（由最高法院裁决）。在沮丧和愤怒之际，当地工人决定通过 USWA 和美国“总”工会美国劳工联合会-美国产业工会联合会（AFL－CIO）进行反击。80 年代和 90 年代期间企业雇佣非工会成员使得 AFL－CIO 提高了警惕，因此这次事件中，该组织积极介入。它确定了自己的立场并决定支持乌鸦林镇工人。

这场运动由一份会计事务所普华永道（Price Waterhouse）完成的关于 RAC 的审计调查报告引发。该报告确认了 RAC 的老板和股东。结果证明乌鸦林镇工厂在当地 5 668 名工人毫无所知的情况下加入了全球投资者网络。其中最主要的投资者是马克·里奇（Mark Rich），这是一名在美国因税收欺诈遭到指控并被通缉的臭名昭著的人物，他当时居住在瑞士。另外，一家瑞士金融公司，一家美国联合大企业（克拉伦登有限公司）以及一家荷兰银行也大量参与 RAC 收购乌鸦林镇工厂这一事件。手中握有审计报告这样的信息，USWA 国际部和 AFL－CIO 多管齐下，组织运动帮助乌鸦林镇工人恢复原职。这场运动具有十分显著的跨国特征。首先，两个工会发出口头和书面劝说，向世界范围内超过 300 多家 RAC 金属制品的终端用户施压，让它们停止使用乌鸦林产品。特别责成众议院下属委员会调查造币厂向克拉伦登有限公司购买了价值 2 500 万美元的产品制造硬币的原因。其次，努力让公众关注乌鸦林事件的关键人物马克·里奇。在很多包括西欧工会成员在内的行动中，努力摧毁与马克·里奇有关的一切经济活动。

例如，与国际食品联合会（International Union of Food）和联合工人协会（Allied Workers）协力领导20 000名罗马尼亚工会主义者抗议里奇在布加勒斯特（Bucharest）（罗马尼亚首都）购买一家豪华酒店。到1992年春，抵制里奇的活动已经在五大洲28个国家展开。这些活动也包括抵制上文提到的与里奇有关联的瑞士金融公司和荷兰银行（见表8.1）。

总而言之，在这场将乌鸦林镇工人和世界范围内很多其他工人联结在一起的多尺度运动中，跨国行动是一个重要部分。到1992年6月，RAC被迫承认失败并恢复被解雇的5 668名当地工人的职位。在很大程度上，集中针对里奇及其同僚掌控的全球经济帝国不同部分的协同行动是取得胜利的主要原因。乌鸦林镇案例中美国工会的重要性在于它具有接近其他国家工会和工人的资源和合法性。布加勒斯特工人的声援只是数个非美国工人直接采取行动支持千里之外一个小小的乌鸦林镇工人的实例中的一个（关于乌鸦林镇案例的更多详情请参阅Herod，1995）。如果没有工会的大力支持，乌鸦林镇工人不可能展开跨国行动（尽管Castree 2000年也举出一个没有工会过多介入的案例）。

表8.1　乌鸦林争端重大事件

1990年9月25日	开始新合同谈判。RAC和USWA交换合同提案。
1990年10月31日	RAC要求对方接受公司最终合同；USWA反对并提议延长当前合同；RAC拒绝合同延期，将5 668名当地工人拒之门外并重新招募新工人
1990年12月21日	西弗吉尼亚州上诉委员会裁定争端为停工并判定工人获得失业赔偿金
1991年3月11日	USWA在AFL－CIO战略方法委员会支持下倡导国内消费者联合抵制运动
1991年4月28日	当地5 668名工人的7 000名支持者聚集在乌鸦林镇发起工人纪念日缅怀在RAC因公殉职的5名工人
1991年6月23日	当地5 668名工人的谈判委员会和IUD/AFL－CIO代表第一次前往欧洲争取国际援助

续 表

1991 年 8 月 28 日	斯特罗斯（Strohs）酿酒公司通知 USWA 它将停用 RAC 铝制品
1991 年 9 月 23 日	USWA 和 NLRB 律师向行政法法官提供证据证明 RAC 非法替换 5 668 名当地工人
1991 年 12 月	建立欧洲办公室，协调反里奇行动
1991 年 1 2 月 4 日	美国众议院政府运作小组委员会就造币厂接受克拉伦登合同问题举行听证会
1992 年 1 月 21 日	安海斯布希（Anheuser-Busch）公司通知 USWA 它将停用 RAC 铝制品
1992 年 1 月 28 日	USWA 成员返回欧洲。紧接着在位于瑞士楚格里奇公司总部外组织示威游行
1992 年 2 月 4 日	米勒（Miller）酿酒公司通知 USWA 它将停用 RAC 铝制品
1992 年 2 月 14 日	国际食品联合会和联合工人协会贸易秘书处在布加勒斯特组织反里奇示威游行
1992 年 3 月 16～19 日	USWA 简要说明里奇公司加勒比地区和南美地区的美洲区域组织（ORIT）和 ICFTU 代理商情况
1992 年 4 月 29 日	开始新工会合同谈判
1992 年 5 月 27 日	达成初步协议
1992 年 6 月 29 日	当地 5 668 名工人重返工作岗位

资料来源：USWA（1992），reproduced in Herod（1995）

远方的关怀：消费政治学

虽然目前像上文提到的那种以生产为核心的运动十分普遍，但是处于商品范围另一端的——即消费端——的运动很快就证明是同样有效的。这些运动力图破坏企业商品的终端市场，从而使其具有足够理由在商品之前的生产网络的任何一点提出工人的要求。也许有人会问：为什么工人及其代表他们的人们需要求助于与消费相关的行动呢？为何不像乌鸦林镇的钢铁工人那样坚持与生产有关的行动呢？这至少存在两个理由。首先，生活在商品生产地的工人及其社会联盟群体恰恰无力抵抗企业和管制机构向他们施加的压力。换言之，只有处于这个跨国网络其他地方的行为者才能代表他们展开有效的行动。其次，特别是处理大规模消费商品（如鞋子和电子游戏）时，才有可能让很多地方的许多人来帮助工人的事业。不夸张地说，每种商品都会有成千上万的消费者。换句话说，消费者就是支持工人斗争的资源和机遇。如果在任何情况下，这些消费者中的一些或者大部分能够改变购买行为，那么相关企业和/或管制机构就会感受到真正的压力。以消费为核心的运动可能会采取下面任何一种形式：一种是“不良商品宣传运动”，它让消费者意识到生产某一件商品需要什么样（令人生厌的）劳动实践；另一种是消费者直接的抵制行动，鼓动消费者不再购买某一个特定企业的产品。正如美国地理学家伊莱恩·哈特威克（Elaine Hartwick，2000）所言，工人和代表工人进行的消费为导向的运动褪去了环绕在商品和企业形象上的光环。通过记录隐藏其后的非正义，如在十分洁净、装有空调的购物中心销售的 Nike 运动包背后是工人的血汗劳动，这些运动会对工人产生积极有力的效果。

框 8.3　什么是血汗工厂（sweatshop）?

血汗工厂一词最早出现于 19 世纪，指包工制，中间人通过合同规定的工钱与付给工人的工钱之间的差价赚钱。这种利润是榨取工人血汗而得到的，因为工人在恶劣的工作条件下超长时间工作却只挣到很少的工资。今天的包工制是全球性的。通常大型制衣厂在 160 个国家生产服装，工人的工资低得惊人并且工作条件极其恶劣。举两个例子，孟加拉国制衣工人每小时工资大约是 20 美分，而位于自由贸易区的萨尔瓦多（El Salvador）制衣工人每小时的工资是 56 美分。制衣公司会将服装出口到 30 个发达国家，如美国、加拿大。同时，发达国家的制衣工人也被迫加入竞争。血汗工厂的特征是，它往往系统地违反一条或者多条国际法规定的有关工人基本权利的

续

法律条款。这些权利包括禁用童工，禁止强迫劳动和义务劳动，禁止根据基于特征而不是工作能力的就业歧视；工人有权享有安全健康的工作环境，禁止对工人使用有辱人格及危险的工作条件；工人有联系自由并有权组织集体性谈判。血汗工厂还有另一个特征：工人的工资低廉到根本无法解决自己及家人的温饱问题；工人工作时间过长，根本无法享受教育权利和像样的家庭生活。血汗工厂也在很多其他方面非法运作，它不仅触犯工资和工作时间法律，而且还逃税，违反消防和建筑法律，雇佣和剥削非法移民，逃避公众视野在地下经济体中运作等。

来源：UNITE研发部门汇编并以运动信息数据包发布的部分内容；Johns & Vural重印（2000：1197）

最近一个消费政治行动中最引人注目的实例就是停止血汗工厂运动（SSC）。这次运动由一个美国行业联合会——成衣业、产业和纺织业主联合会（UNITE）——和一家全国消费者权益团体（美国国家消费者联盟）联合领导，其宗旨在于消除美国本土制造和美国进口商品的生产过程中的所谓“血汗劳动”（血汗劳动定义请参阅框8.3）。这样的劳动在一些产业中很普遍，这些产业的最终销售或者中间生产来源于“中间人”并需要大量非熟练工或半熟练工。“经典的”血汗工厂行业是制衣业，在这个产业中，像Gap这样的大型服装零售商的供货商遍布四面八方。

实际上，在1995年举行的UNITE成立大会上，三名来自中美洲的少年制衣工向3 000位观众讲述了他们在制造销售给Gap的服装过程中所遭受的种种虐待。到1997年，志在消除与血汗工厂生产相关联的低工资、超长工作时间以及恶劣的工作条件的UNITE和NCl，通过强调血汗工厂劳动不仅仅是一个经济剥削问题，还是一个更广泛的道德问题，争取到大约60家非劳工组织的支持。也就是说这场运动向文明社会的非工人群体“兜售”的是普通美国消费者对于其他地方不如他们幸运的人们肩负不可推卸的责任。它特别强调美国企业对于非美国工人所承担的责任。该运动还通过强调那些使用血汗工厂劳工的企业的国籍，尽力使美国消费者能够对于美国“好名声”上的污点提出质疑。在这样的基础上，该运动吸收了宗教团体、民族组织（犹太人，拉丁美洲人和非裔美籍人）、学生团体、退伍军人组织、民权组织和其他非政府机构。

在实践中，运动包含了对 Gap 和其他企业的负面广告；对商场和购物中心进行教育，SSC 活动分子会询问店主和商店经理是否知晓他们展示在橱窗里的衣服来源于血汗工厂；公共事件（如大学集会）强调购买 Gap 和其他服装企业的产品如何无意间助长了中美洲和更远地方的血汗工厂。除了这些批判性干预之外，运动还采取积极措施消除血汗工厂生产。首先，劝说美国政府通过一项停止血汗工厂法令，规定如果公司的供应商违反了美国劳工法，那么该公司就会受到相应的法律惩罚；其次，UNITE 和 NCL 加入克林顿总统的“制衣业合作伙伴”计划——目的是为美国和销往美国服装的制衣业设立适当的标准——建立起一个独立的机构以核查企业是否遵循这个标准。最后，运动主张在美国设置无血汗工厂地带——如学校或者所有城市。到 1998 年止，好几个美国的市政府，在当地人民的支持下，同意在自己的城市禁止销售血汗工厂的产品。在所有这三种情况下，SSC 的合法性源自全美国各地消费者的广泛支持。

总而言之，这次运动的主要特征是“以消费者为变革的推动者，弱化传统工会的策略，向消费场所转换……运用道德议程吸引广义上的消费公众”（Johns & Vural，2000：1210）。运动还在继续。虽然它绝不可能完全杜绝血汗工厂生产的商品销往美国，但是却让 Gap 和其他知名企业修改了它们的进货规范制度。这些企业无法承受自己的品牌形象遭到不良生产活动的玷污和破坏。发展中国家的工人在报酬十分低廉的情况下超长时间工作为发达国家消费者制造产品这样一幅令人不安的画面再也无助于销售额和盈利了。这样的图画是“世俗的启迪”，它能够一夜之间改变消费者的购买习惯，也能够向即便是最大的资本主义公司施加商业压力。

超越工人：社会运动政治学

有这么一个观点：认为工会仍然是促进努力建立国家尺度之上的工人团结的最好或者是唯一的工具，但是这一观点遭到质疑，而上述跨国消费者政治学的实例就是质疑该观点的一个很好的例子。虽然SSC是由工会领导的，但是它并不只是基于工会的。在很多方面，超越国界的工会（关于这点，可以以ITFS和IWCs这样的工人组织为例）的长处也正是其短处所在。首先，它们认定有限的会员制，这便把那些不“属于”工会的工人排除在外。其次，它们可能非常专制，这使得它们不但受到自己的规章制度的阻碍，也受到它们所在的民族国家的拖累。最后，在没有工会组织传统的地方和近期无望（不管是何种原因）建立工会的地方，它们大多是无足轻重的。因此，很多评论家（如Hyman，1999；Thorpe，1999）认为这些工会或者应该重组或者应该正式辅以非工会组织。

用赫克舍（Hecksher，1998：177）的话说，现在需要“一种（超越国界的）工会主义，它可以用协调的多样性取代组织的一致性”。金姆·穆迪（1997）把这种更松散，包容性更强的草根工作方式描绘成“社会运动联合主义”（social movement unionism），指工人群体与所谓的“新社会运动”（如环保组织或同性恋群体）的联盟，为一个问题或者一个奋斗目标而发起运动。这些问题或者奋斗目标虽然不是关乎雇佣劳动本身的，但是却可以对之产生影响。“社会运动联合主义”是代表对标准的超越国界工会的调整还是表示标准的超越国界工会已然逝去，目前尚无定论。在沃特曼（2001）看来，与一般跟工会有关的活动比较，这是一种更灵活的自下而上组织起来反抗企业和管制机构的方式。再者，沃特曼继续说，社会运动联合主义强调工人利益和文明社会其他群体利益的协同作用。停止血汗工厂运动就体现了这样的协同作用：一个劳工问题迅速演变成更广泛的如何合理对待他人的道德问题。在此基础上，运动吸收了非工人群体。同样，第六章我们看到“共同体工会主义”如何把工人斗争与那些更广泛的拥护者的斗争结合起来。

在国际和全球尺度上，社会运动联合主义尤为重要的核心是非正式劳动。非正式劳动在“正式经济体”之外进行。根据非正式就业妇女全球化和组织，这种劳动包括家庭行业中的无偿工作，无固定雇主工人的有偿工作以及雇主违反正常经济活动规章制度的有偿工作（Gallin，2001：537）。血汗工厂劳动只是非正式劳动中的一种。这种工作在数量和收入意义上都非常重要（见表8.2）。也就是，非正式工作是发展中世界人们的主要就业种类，也是世界范围内很多劳动者获得收入的重要方式。这种工作有三个重要特征。第一，工人没加入工会。第二，因为是在正式商业的规律性框架之外进行的，所以它具有低薪重体力劳动特征。第三，大多数是女性的工作（Gallin，2001）。还有一点值得争议：称为“农民”的人群是否也应该贴上非正式工人的标签（Bernstein，2001）。

这与正式经济体中的雇佣工人（本书大部分内容的中心）有什么关系呢？它与跨国组织劳动力又有何关系呢？先来回答第一个问题，正式和非正式劳动在两方面有直接关系。第一，正如Nike这样的公司所显示的，很多企业将生产转包给雇佣非正式劳动力的企业。实际上，Nike这样的公司雇佣的“核心”工人与那些“附带的”工人与（非正式工人）处于同样的生产网络。第二，当企业被允许使用非正式劳动力时，它们就可以压低正式工人的工资和条件，并要求他们生产同样的产品。在某种意义上，在同一行业，非正式工人对正式工人形成“不公平”竞争。现在来回答第二个问题，上述各方面都具有地理维度。由于非正式劳动不成比例地集中在发展中世界，而不成比例地集中了正式就业的发达世界的雇佣工人在帮助非正式工人组织起来反对剥削他们的雇主时就兼具“慈善”和私利两个方面的目的。

因为这些原因，最近以来，一些跨国工会和新的非工会组织一致努力组织非正式工人——单独以及与正式经济体中工人联合——加入新的集体。其中印度的个体企业妇女协会，澳大利亚纺织、服装、鞋类联合会的家庭工办公室就是最好的例子。但这些组织整日忙于评估非正式劳动力，更别提把他们全部调动起来了。这些工人，主要是妇女，分散在四面八方的小企业里，特别是在高度父权制的社会，她们也害怕反抗雇主。尽管存在这些问题，但已经有迹象表明新的工会和非工会主动帮助非正式工人改善他们的生活条件。考虑到世界范围内未加入工会的非正式工人的数量，未来几年跨国工人运动无疑会是劳动力组织的标志之一。

表 8.2　非正式部门就业情况

非正式部门占有额	拉丁美洲，加勒比海	非洲	亚洲
除农业之外的就业总人数	15%	18%	15%～30%
包括农业在内的就业总人数	45%	75%	75%～85%
非农业就业人数	57%	78%	45%～85%
城市就业人数	40%	61%	40%～60%
就业不足	50%	NA	NA
新工作	84%	93%	NA
	低收入国家	中等收入国家	高收入国家
正式部门之外的就业人数	80%	40%	15%

来源：Jacques Charmes 制作的表格（凡尔赛大学，经济与环境发展中心）。Gallin 重印（2001）

进步的跨地方主义？

本章所列举的关于地方之间合作的例子都属于尺度政治学案例。在这些例子里，工人和与其联盟的社会群体通过跨越地方再造了经济景观。我们将怎样解释这些尺度建构的活动呢？在第六章我们注意到政治图谱里的很多左派劳动力分析家对于不屈不挠的地方工人行动颇不以为然。这从另一个角度说明他们总的说来对跨地方工人组织持积极态度。原因是显而易见的。在这些分析家眼里，这样的地方间合作可以使工人免于地理上的竞争，避免不均衡发展，这样它也能够产生更多包容性强、更关心外界而不是只关注自己的反抗企业和管制机构的工人斗争。

虽然，正如本章所显示的，将斗争范围扩大到国家级别之外可以成为保护和加强雇佣工人生活的重要途径，但是认为这绝对是件好事也是错误的。有两个原因可以解释这一点。第一，即使一些地方的工人（或者消费者）与其他地方的工人（或者消费者）一起行动或者代表他们，也总会有一些工人被排除在外。没有一种跨国团体可以把所有雇佣工人包括在内。这样的例子数不胜数，因此团结所有工人只能是一种豪言壮语，没有任何实现的可能性。第二，即便只考虑那些参与任何一种跨国工人行动的工人，这些行动也总会产生意料不到的负面后果。下面我们就每一种情况举出一个简短的例子。

第一，一些跨国劳工团结的行为是公然排外的。它们会把一些明确要支持的工人包括在内，但是却反对另一些工人。因此全球“工人阶级”内的社会地理划分不仅存在于地方尺度上也可以跨地方发生。这里最显著的例子就是国际工会产业联合会，它按照产业代表不同的工人。这种产业划分本身未必不好：例如，钢铁工人的需求和权利未必与汽车工人的一样。因此，不同的组织分别代表不同工人的利益这一点很有意义。但是在其他情况下，跨国劳工行动主义确实具有排他性，甚至具有竞争性。赫洛德（2001：140～145）给我们提供了一个很好的例子。他叙述了二战后美国工会主义者努力在跨国尺度上展开行动以保护国内利益。他具体讲到 20 世纪 50 年代以来 AFL－CIO 在拉丁美洲展开的活动。除了别的，这些活动包括与从墨西哥到阿根廷工会建立联盟的事例。但是，恰如赫洛德所言，这些联盟选择性非常强。AFL－CIO 在对冷战的恐惧和美国经济增长（至少两者分别到

1989 年和 1974 年）的大气候下运作，它只倾向于支持未受共产主义思想“污染的”、“温和的”拉丁美洲工会。实际上，更有甚者，赫洛德认为 AFL－CIO 积极努力削弱那些似乎“反美国”和不接受进口美国商品的工会。在这种意义上，AFL－CIO 常常是美国企业的同盟，为美国在拉丁美洲的投资和出口业奠定基础。这种美国和非美国工人之间的跨国团结因而是非常偏颇的，预期排除了 AFL－CIO 认为过于激进的拉丁美洲工人。

如果说赫洛德列举的例子表明缔结无国界关系可以具有排他性，那么其他一些案例则告诉我们在某种程度上，一些即便身在其中的工人也是输家。正如约翰斯和武拉尔（Johns & Vural，op. cit. 1208）讲到有关 SSC 时说的，“欠发达国家的工厂倒闭和贫困工人失业是一种意料之外的结果……”例如，当华特·迪士尼公司（Walt Disney Company）因为其 14 家海地分包公司令人压抑的工作条件遭受批评时，最大的分公司老板 H. H. 卡特勒（H. H. Cutler）宣布将公司全部撤出海地，原因是 SSC 和其他方的批评引起“需求大幅下滑”。这导致海地 2 300 名工人失业。当然，SSC 的初衷并非关闭发展中国家的服装供应商厂家，这些国家急需投资和工作。但是 SSC 认为迪士尼应该坚持让卡特勒和其他分包商提高工资，改善条件，从而设立一个标准以供其他公司效仿。关键是这场运动无法向海地和其他地方的工人保证所有企业都一定能设立这样的标准。像迪士尼和卡特勒这样的公司是自由的，它们可以忽视跨国工人运动，它们还可以寻找没有这种运动的地方继续赚钱。超国家工人组织会给它们要帮助的人们带来一定风险。

小结

本章探讨了工人及其代表机构为保护或者增强他们的生活而扩大行动范围的几种方式。现在很多企业和管制机构运行的领域不断扩大，作为应对措施，这些建构尺度的活动越来越趋向于是跨国性的。我们已经看到很多成功的由工会和/或非工会组织领导的工人的跨国组织。但是我们也看到对于劳动力跨国主义不加批判的颂扬是多么幼稚。有可能——实际上也是我们希望的——在未来几年里，像乌鸦林镇运动和 SSC 这样的活动将会激增。但是在本章结束之际，我们想提出一个重要问题：在什么条件下，这些行动才能真正实现他们自称的目标？要回答这个问题，我们可能要思考一下国家工会和跨国工人组织的差别。强大的国家工会和它的会员一起或者为其会员成功展开行动的例子不胜枚举，本章所列举的码头工人的例子只是其中一个。在这些案例中，国家工会的影响力在某种程度上源自它们自己是国家组织，它们有能力到达商业和管制权力中心。在英国，例如，很多年来国家工会都包含在英国工业联合会（CBI）里以及政府在经济事务上的审议当中。相反，从一个重要方面来看，目前超国家劳动力组织在有些重要方面却与商业和管理者那些步调不一致。虽然现在这些组织与后面两者尺度相当，但是它们未必拥有同样的权力。例如，类似 ICFTU 和 WFTU 这样的机构的影响力就远远不如 WTO 这样的机构，它们也不可能拥有政策决议的“进入权”。很不幸的是当 WTO 制定贸易规则时，它对世界范围的工人产生影响。这种相对缺乏权力的原因是 ICFTU 和 WFTU 无法在实际情况下轻易调动工人反对雇主和管制者。全球工会组织的决策要渗透到国家和地方工会组织是需要时间的。再者，要让不同国家工人协同行动也许是个缓慢的劝导过程。欧洲劳资联合委员会（EWCs）也许是个例外。这些国际工人组织已经迅速（1）联合了全欧洲的工人；（2）对欧洲的企业和管制者产生了影响（见 Wills，2001）。原因大概是 EWCs 是在欧盟支持下建立的，因此，从一开始就与欧洲政治和商业的中心权力结构联系在一起。WTO 还没有建立起与 EWCs 相当的机构。虽然国际劳工办公室是联合国的一个机构，它也因此成为世界知名的类国家组织，但是它却没有太多的发言权。它的职权范围并未使之在联合国或者在其他 WTO 和 IMF 这样的全球商业/管制团体中具备特殊权力。因此，尽管它出台了很多令人钦佩的支持工人的共同纲领和宣言（见 Hensman，2001），ILO 仍然只是一只会叫却不会咬人的狗。我们要吸取的教训是：如果乌鸦林镇和其他地方取得的胜利不是孤立的例子，那么劳工运动就需要创立一些跨国组织，这些组织在与企业和管制者的全球谈判桌上应该有一席之地。最终这种情况能否发生，时间将说明一切。

第四部分　工人、地理尺度和正义/非正义

第九章　正义的地理困境

无法解决的问题?

因情况而异的普遍性：发现共同点

规范观点与批判研究者

在前八章里我们力图说明为什么地理和工人对彼此都至关重要，以及它们怎样对对方产生重要性的。在第一章叙述背景之后，第二章探讨了劳动力的社会方面，而第一部分余下章节则将这些内容嵌入一张地理景观图中，这张景观图反映了差异和相似性，不均衡发展和相互依赖性。我们在第一部分论证的地方、空间和尺度概念，恰好帮助我们理解 21 世纪早期雇佣工人的问题和可能性是什么。在第二部分和第三部分里我们用世界各地的案例研究分析了雇佣工人所面临的威胁和他们所拥有的机遇。但是这种理论的和实际的信息让我们停留在何处？作为有利害关系的市民，同时自己又是实际的（或者潜在的）雇佣工人，我们从前面章节中学习了什么样的更广泛意义上的教训?

在结尾这一章我们分三步回答这些问题。第一，我们请大家注意上一章所谈及的地理困境问题。这样做的原因是，在我们看来，工人越是相互依赖，地方议程和跨地方议程之间的紧张关系就越发被强化。

这些紧张关系使得努力改善依赖于变幻莫测的资本主义的雇佣工人和其他群体的命运愈发艰难。如果想要在某种程度上平衡不同地理尺度上工人的需要和要求，就必须直面这些困难。第二，这使我们探索今天何种号召力可能把世界范围内的雇佣工人团结起来。由于“工人阶级”数量猛增，而且（按照性别、“种族”、地方等）产生内部分裂，所以为了深化全球组织活动，真正让工人约束最严重的资本主义暴行，当务之急就是制定一些新的有力的统一重点。问题的本质在于：在全世界劳动人民的显著差异背后发现新的共同点。最后，作为本书作者，我们反思自己的定位，也请读者反思一下自己的定位。本书所探讨的问题最终影响了我们所有人。我们无法拒绝与远方的陌生人的联系。这里我们面临的挑战是我们不仅要承认他们而且还要理解他们。让我们一起回顾一下马克思的一句名言：只有这样，我们才能让世界变得更美好。

无法解决的问题?

在亚历山大·仲马（Alexander Duma）的名著《三个火枪手》（*Three Musketeers*）中，主人公反复说过的一句激动人心的话是这样的：“人人为我，我为人人!”恰如大仲马笔下的火枪手们，如果很多当代工人和他们的社会群体同盟想要避免遭受与工作有关的非正义，他们就不能单独思考和行动。如我们在这本书中所看到的，很多地理尺度上地方之间的相互依赖使得工人别无选择，他们只能跨地方组织起来。当然，这种跨地方组织不一定就意味着不同地方的工人为了所有工人的更大利益而斗争。例如，我们在第八章就看到工人有时候为了地方议程的利益如何利用跨地方力量的。因此那句名言“团结则存，分裂则亡!”并不一定适用于所有雇佣工人。毫无疑问一些地方的一些工人可以得益于单独行动。正如我们所看到的，可以通过内化资本主义竞争伦理和违反世界其他地方工人的利益来保护地方利益。但是，前面章节已经说明，工人（单独和与非劳动力利益群体一起）跨越空间的协作行动也会给他们带来真正好处。这给我们提出两个关键问题：在资本主义世界里工人间的地理合作的障碍的确存在；这些障碍能否被克服，还是像第七、八两章提到的案例可以证明是这条规则的例外？简言之，我们需要问的是世界范围内工人所面临的地理困境的根源是什么，他们能否成功地应对这些困境？

普遍性与特殊性

我们可以从考虑戴维·哈维（2001：第九章）的文章《战斗的特殊主义与全球抱负》来开始理解这些问题。文章中哈维回顾了他曾参与英国牛津市附近的考利（Cowley）罗孚汽车厂的抗议关闭工厂的地方运动的经历。这次参与使哈维接触到特里莎·哈特尔（Teresa Hayter），一位致力于捍卫工厂工作职位的劳工活动分子和研究者。在罗孚工人运动期间，一次两人共进午餐，哈特尔挑衅性地要求哈维明确说明他的忠诚。他是否忠诚于依赖罗孚工作的当地工人和当地共同体？或者说他只是“一个自由漂浮……的知识分子，他不对任何人产生特别的忠诚”（2001：160）。哈维继续写道，他对哈特尔的问题的回答分别是“是”和“不是”——这不是说他心里只有地方工人/共同体的利益。正如哈维说的，“我关心英国以及欧洲汽车产业难以置信的生产能力过剩……总的说来我们必须发现某种方法来保护工人的普遍利益，但是不能陷入反动的地方主义……可是在阐释这种普遍性原则时，我们要跨越什么样的空间呢”（2001：161）。换言之，哈维对于哈特尔的回答是想说明单独确定地方尺度上的工人利益是必要的但又是不足的。保住罗孚就业岗位有利于考利共同体，但是当生产能力过剩危及整个欧洲很多汽车厂工人的生计时，那么这场运动对于促进处于竞争大气候下的所有汽车工人的利益就于事无补了。

哈维试图平衡地方需求和跨地方需求这一点揭示了世界范围内当代工人所面临的地理困境。既定工人的利益应该处于何种地理尺度，又应该跟哪些人保持一致？无论如何要使地方需求和需要与国家的、国家之间的，最终是全球的需求和需要互为补充，而不是相互矛盾。

在马克思主义知识分子雷蒙德·威廉斯看来，劳工运动的传统优点之一就是在各种同类工人之间缔结地方之间的纽带。他是这样说的（摘自 Harvey，2001：172）：

> 工人阶级自我组织独一无二而又与众不同的特点是它以一种很特别的方式将特殊的斗争和普遍的斗争连接在一起。作为一种运动，它一开始就使得一眼看上去只是一个特别的主张，即捍卫和促进某种特殊利益适当地集合在一起，事实上就是普遍利益。

然而，尽管威廉斯做出了乐观的评价，工人和社会群体联盟在联系地方和跨地方议程方面仍然面临难以对付的问题。第一，由于第三章探讨过的地方的客观和主观方面，工人总是容易产生对地方而不是更广泛的地理尺度的忠诚。一个人很难感觉到与素未谋面的远方工人的团结的纽带；而认同和自己日夜一起工作的人们则容易得多。正如一句谚语所言，仁爱始于家（也常常终结于此）。第二，不均衡的地理发展逐渐在劳动力的景观上造成了真正的不平等。发达世界的工人是否应该出于慈善精神而将他们的就业机会和投资拱手让给发展中世界的工人？发展中世界的工人能否无私地拒绝接受外国直接投资，而原因是他们希望跟他们一样处于发展中世界的兄弟工人保住工作？第三，虽然这看上去似乎是自相矛盾的，但是大多数雇佣工人事实上并不属于我们前面章节所提及的工会和非工会组织。正如我们所见，这些是建立地方之间工人联系的主要机构。但是在第三和第二世界的很多地方很少存在这样的组织，而在发达世界，很多国家的这种组织的会员人数也在下降（见框 9.1）。最后，在社会和地理意义上，世界雇佣工人人口多样性日渐增长。文化、种族、语言、服饰、国际、宗教信仰等差异成为在空间上分离的工人共同体相互理解和合作的障碍。一个悲剧性的例子就是极端右翼的德国人对于移民工人的态度。很多年来，仇外的新纳粹分子一直把来自南欧和北非的外来工人（gasterbeiter）作为种族攻击的对象，以此努力维护德国城市的种族“纯正”。

框 9.1　世界范围内的工会会员

工会会员因时间空间不同而存在巨大差异。二战后，对很多“发达”世界的工人来说，成为工会会员是一种准则。正如我们在第八章所看到的，国家工会是西欧和北美国家劳工运动的基石，保护着工人就业的条款和条件。同样，冷战期间，在很多“非资本主义国家”，在共产主义在苏联和东欧消亡之前，工会会员地位非常高。然而，在这些地理区域之外，政府和雇主常常反对成立工会。在“发展中”世界，工人往往得不到同等水平的保护，他们得经过长期而血腥的斗争才能建立工会。但是当工会在发展中国家形成的时候，世界上其他地方的工会密度——即工会中工人的百分比——却在不断下降。这一点在G7国家，如法国、美国和英国（这些国家经历了20年的经济重组，且工会力量遭到右翼政府的破坏）尤其如此。在这些国家曾经有2/3的工人都是工会会员，现在在一些情况下，密度比已经下降到25%。从下面数据可以看到，在一些国家工会无法再声称代表大多数工人说话了，这也给它们的合法性带来直接挑战并且令工会重新思考它们的策略，如我们在第六和第八章所看到的工会采取的一些方法。

国家	在下列年份的工会会员百分比	在下列年份的工会会员百分比
澳大利亚	1980—55%	1998—28.1%
加拿大	1980—37.6%	1999—30.1%
德国	1991—34.8%	1998—26.1%
印度	1980—16.7%	1997—26.2%
爱尔兰	1988—48.4%	1996—43.6%
日本	1980—30.8%	2000—21.5%
朝鲜共和国	1980—21%	2000—12%

续 表

国家	在下列年份的工会会员百分比	在下列年份的工会会员百分比
新西兰	1985—43.5%	1998—17.7%
新加坡	1980—26.8%	2000—18%
斯洛伐克	1996—77.9%	1999—59.8%
英国	1982—49.9%	1998—33%
美国	1983—20.1%	2001—13.5%

来源：ILO统计局（2003）

上面提到的原因中有几点会对工人的地方间合作产生不利影响，这些原因比其他的更令人担忧。这些地理性团结的特定障碍与被称之为不能比较的事物有关。不能比较是指不能在可供参考的共同尺度上进行比较的事物和思想。也就是，它们之间的差异是不可调和的。因此，如果一个人相信上帝七天之内创造了地球而另一个人则相信地球是因为大爆炸而形成的，那么他们对于自然史持有不可比较的观点。同样，认识到这一点也很重要：即使带有世界上最美好的愿望，工人也不可能为了一个共同的目标而调和他们众多的地理差异。正如一位评论家所说（Holloway，2002：29），“好人对于‘好’的性质也会有不同看法”。换言之，在某些场合，要实现威廉斯——也是哈维的——跨地方工人团结的愿望是不可能的。那个“特别的主张”——捍卫和促进某种特殊利益实际上就是普遍的利益——因为不可行而显得如此不同寻常。由于现在世界范围内工人的多样性是前所未有的，这个情况尤其如此。如海曼（1999）所论证的，资本主义看似无穷的力量将处于同一个经济世界的各种年龄和信仰的人聚集到一起，这种力量正在超过工会和其他支持工人组织的能力，使之无法确定这些差异之中真正的共同性。例如，在现实意义上，一名缅甸血汗工厂的工人与一名墨尔本股票经纪人拥有什么样的“共同”利益？在不破坏两者想要拥有不同生活的权利的前提下，一个改善前者生活的普遍性工程能够使两者的“地方世界”具有可比性吗？一名洛杉矶 IBM 的女性执行官能感受到与她家里的菲律宾移民保姆的团结吗？令人遗憾的是，答案常常是“不”。很多雇佣工人，因为可以理解的原因，被封闭在他们特定的社会地理环境里，他们不愿意也无法“通过协商解决分歧和相似性而最终制定集体策略，而不牺牲对本地的忠诚和战斗的特殊主义”（Swyngedouw，1997：176）。

所有这一切强调的是要发展跨国团结主要需要工人的在意识和组织上的努力。更广泛的地方之间的工人意识，并不会仅仅因为工人在全球资本主义结构中有着共同的阶级地位就自动出现。相反，必须在思想和实践中积极构建这种意识。一方面，工人需要一种理念、一种问题，或者一种身份让他们全体团结起来（这是本章下一部分的主题）。另一方面，恰如第八章表明的，工人需要通过组织方式使得一种理念、问题或身份变得更加具体。如果没有这样的组织能力，那么关于跨国工人合作这样的高尚思想就只能是对现实世界毫无影响力的思想而已。即便是当这些问题/理念/身份与组织方式有效结合在一起，认识到调和地方工人议程和跨国工人议程也很少会是顺利的过程也十分重要。妥协必须是经常性的。这就是乔纳斯（1998：325）说的“地方—全球悖论”。这一悖论出现的原因在于对一个地理尺度上的工人有好处的事情不一定对其他地理尺度上的工人有好处。这种得与失的平衡非常具体，但也是跨国工人斗争的本质，不管愿意与否，都得面对这种平衡。

振奋的理由：联结差异

然而，并非一切都是毫无希望的。可以用同一种标准衡量很多工人的差异：似乎可以让他们说同一种语言。在讨论当前和将来劳工运动可能围绕什么样的大理念、共同的问题和构建的身份团结起来，作为前奏，值得确认目前运动可以使用的组织工具。首先，现在存在前所未有数量的广区域、国际和全球工人组织，从 ILO 到 ICFTU 再到全球化和工会权利的南方组织（Southern Initiative on Globalization and Trade Union Rights）。这些组织也许会适时有效地加强并结合形成有力的“超级”联合会。第二，这些组织已经帮助很多国家工会组织和文明社会非劳动组织将劳工跨国主义列入议程。它们迫使这些工会越过国家尺度“向上看”。第三，因为像ICFTU这样的跨国组织已经存在几十年了，因此它们具有在国际、地方之间组织的悠久历史，供当代工人总结并学习。第四，通信和交通网络使很多企业可以不受地理约束，同样也增强了工人的能力，他们可以开展跨国行动并在必要的地方迅速展开行动。我们正处于“时空压缩”的世界（Harvey, 1989b）。由电子邮件、互联网、全球媒体和超音速飞机等引起的世界“缩小”增加了真正的工人全球合作形式的可能性。工人眨眼之间就可以交换信息，瞬间便可毫无困难地协调好很多不同地方的行动。第五，正如前面章节所展示的例子，今天很多企业都具有高度跨越空间网络化的特性，这个事实也意味着这些企业在面对那些打断其依赖的商品和信息流通的行动时显得非常脆弱。最后，不管是喜欢还是讨厌，今天英语成了世界通用语这一事实可以说帮助了劳工跨国主义事业的发展。它将越来越成为一种口头货币，不同的地方和国家工人组织在共同关注的问题上，互相面对对方时可以用这种货币进行交易。

因情况而异的普遍性：发现共同点

我们现在要谈到当代工人，他们的代表机构和文明社会的联盟群体的一个基本问题：为了更大的利益，全世界的工人因什么问题、理念或者身份团结在一起？我们以这种方式表达这个问题是因为这些聚集点最终不是用来消除所有的雇佣工人之间的差异，而是去掉“负面差异”（如贫穷），保护“正面”差异（如不同的地方以不同方式制造不同商品的权利）。如哈维和威廉斯这样的分析家正在论证的不是要在某种同源性工人斗争中克服所有形式的社会—地理多样性，而是——通过对更宽泛的目标的责任保护多样性中最好的成分。让我们重复一下第四章里引用的海曼（1999：99）的话："没有分异就没必要团结。"鉴于此，在考虑如何通过更宽泛的全球斗争清除或者培育工人差异性之前，我们有必要先理清不同种类的工人差异性。

通过相似性改进差异性

美国地理学家埃里克·谢泼德和菲利普·波特（Eric Sheppard & Philip Porter，1998：30）在其著作《差异的世界》（*A World of Difference*）中认为社会—地理差异性"既是幸事，同时又是一个很大的问题"。他们的论述如下：说它是幸事是因为想象一下如果一个世界里所有人和地方几乎都是千篇一律的，那将多么令人沮丧。文化、宗教、食物等的差异丰富了我们的生活，而且当它们以新颖的方式融合时，会带来出乎意料的同样有价值的差异混合体。然而，正如谢泼德和波特所观察到的，并非所有差异都可以说是平等的。例如，那种使得某些地方的某些工人极易受到失业、低薪、艰苦的工作条件等伤害的"差异"显然不是大多数人希望保留的。但是，使事情更复杂的是，我们需要理解实际上所有社会—地理差异都是相互关联的。也就是说，这些差异是由彼此关联和相互依赖的关系——准确地说也是我们全书所强调的关系——造就的。这有两种含义。第一，它意味着全世界雇佣工人之间的差异不是依靠自身力量独成一体的。在全球资本主义经济体中不存在工人群体之间"单纯的"差异。第二，由此断定，一些地方的雇佣工人和共同体是造成其他地方雇佣工人差异的部分原因。地方之间对于工作机会和投资的竞争就是最好的例子，我们在第二部分也阐释过这一点。这种竞争造成"赢家"和"输家"，这其实是关于不均衡地理发展的另一种说法。如果赢家事先用合作的非竞争伦理来取代这种竞争，那么他们一定会输，因此不难理解去除工人之间"负面的"地方间差异何其艰难。

因此劳工运动及其联盟组织面临巨大的挑战。一方面，需要在几个地理尺度上建立地方间合作关系，这样可以根除最糟糕的社会—地理差异形式。另一方面，在此过程中必须保留"正面"差异，否则会造成毫无特性的社会—地理水准（“上”和“下”）。“正面的”和“负面的”差异分界线极其微妙。我们在第六和第八章结尾讨论到构成“进步的”和“退步的”工人斗争形式的因素的原因之一就是为了充分显示这点的重要性。同样，第七章结尾对于迁移的讨论目的在于强调评价的透视性。看起来有利于一个地方某些工人的事情对其他地方或者同一个地点的其他工人也许恰恰相反。那么，怎样才能解决这个两难之局？一个十分正确的答案是以一种相对的方法评价其中一些差异（取决于评价者的视角），而对其他差异的评价则需要一种更绝对的、毫不妥协的立场。例如，没有人会觉得某些雇佣工人群体的长期失业——它给地方、个人幸福和社区生活带来种种恶果——是可以接受的。同样，有些工人被迫在新式的血汗工厂劳动，这种差异是很多其他地方的人们——如消费政治学案例所表明的——难以忍受的。简言之，雇佣工人能够并且应该团结起来打下坚实的基础，在此基础上，正面差异才能够蓬勃发展。但是这将是一个什么样的基础呢？

新的聚集点

近些年来，劳工运动，不论是独立的还是与其他非劳工利益群体联盟，已经在某种程度上为世界范围的工人行动制造了新的聚集点。我们有意用“制造”一词是因为正如我们已经论证的，必须积极*制定*地方之间团结的行动方针——它们不会自动显现出来。因此它们是因情况而异的普遍性：也就是，看似所有雇佣工人内在的共同性，实际上却是战略性的有用的调和品。如果雇佣工人想要促进本地和非本地利益，在很多情况下，他们就要进行全球性合作，既然如此，缔造共同的纽带的需要就十分强烈。考虑到很多企业和管制机构组织活动所在的世界尺度，劳工斗争的广区域甚至国际尺度可能有利于很多工人，但还是会让其他一些工人受到资本主义暴行的伤害。那么我们的目标就是创建*普遍的聚集点*，让拥有不同身份、职业和经历的工人愿意团结并能够真正团结。

如上所述，理论上这些聚集点可以跟以下三个事物中的任何一个相关联：议题，理念或者身份。值得注意的是其中最后一项是最难创建的，虽然它在需要时能最有效地保证全球工人的团结。因为对身份的认识是工人身体力行并发自内心的，所以它们可以在最深层的心理层面促使工人行动。由于缺乏贯穿于全世界众多个人和群体之间差异的“核心”身份这样令人信服的论据，困难便出现了。如我们在第一部分所表明的，工人的身份是由“多种因素决定的”。它们是日常生活中不同工人占据的多重“主体位置”带来的复杂多变的结果。以前鼓励跨国工人身份的尝试中，阶级被看作统一的黏合剂。遵从马克思和恩格斯在《共产主义宣言》中的谆谆教导——“全世界无产者联合起来！你们失去的只是锁链，你们将赢得整个世界”——跨国工人组织，直到最近，都假设工人在资本主义世界里共同的阶级地位能够超越社会—地理差异。然而，今天有一点十分清楚，那就是“工人阶级”身份忽视并排除了工人身份中那些重要的非阶级成分，而这些成分恰好造就了劳动人民。因此对于任何建立在共同的工人身份上的全球斗争形式，阶级只是一个有限的、排他的基础。实际上，公正地说，定位这样一个身份的所有努力实际上都在错误地冒险将工人“本质化”，这就是说它们冒险将他们身份的一部分错误地当成根本成分。话说至此，把身份用作全球聚集点仍然有可取之处。一个很好的例子便是世界劳动妇女组织（WWW）——英国一家非政府组织——努力抵制对女工的性别歧视。这个组织策略地强调世界上成千上万工人都有一个共同的身份：“妇女”。虽然，WWW 的行动计划很明显地将男性工人排除在外，但是它有意这样做的原因是正是女工身份中的“女性”因素加深了她们所遭受的歧视（参阅 Hale & Shaw，2001）。同样地，也很可能在反歧视的几种身份基础上（在“彩虹联盟”）开展工人运动，如那些与某些性别、种族和性征有关系的运动。

建立在身份基础上的全球性团结就谈到此。那么以理念和/或议题为基础的团结是什么样的呢？对于构建世界范围内的团结，与身份相比，二者更容易处理。实际上，理念和议题是相互交织的，但是为了分析的目的，我们可以将二者分开谈论。理念之所以很重要是因为它们可以概括我们是哪种人或者我们想成为哪种人。思考一下那些如“所有人生而平等”或“你想别人怎么对待你，那么你就怎么对待别人”等众所周知的理念以及它们产生的效果吧。跟身份不一样，我们很容易创造理念。我们的任务就是使得它们作为有价值的思想被人们接受，并且能够激励地方之间的工人行动。前文做出的对于差异的相对的和绝对的评价之间的区别十分恰当，目前为全球性工人团结创造颇具吸引力的理念的尝试聚焦在第二种类型的评价上。最好的一个实例就是ILO正在努力运用它的母体组织联合国提出的《人权宣言》在全世界保护工人权益，反对资本主义暴行。这一宣言最早发布于1948年，它坚持认为所有人，无论其“种族”、地方、信条、性别和年龄等如何，都应该享有得到尊重的最基本权利。虽然宣言并不是为雇佣工人量身定制的，但是当工人的人权在一种经济背景下受到侵害时，他们能够以此为武器捍卫自己的利益。换言之，ILO努力将劳工问题变为人权问题，并将此作为对付虐待工人和强调所有工人应当有权享有共同权利的方法。ILO已经通过其1998年制定的在工作中的基本原则和权利宣言（Declaration on Fundamental Principles and Rights at Work）来保护工人权益。ILO使得工人问题并不只是简单的工人问题，这一做法立即增加了企业和管制机构的风险。这个宣言让我们看到一个重要理念是如何成为马克思所说的有偿劳动力和他们的同盟军事业中的“物质力量”的。ILO还有超过180个自己的宣言，所有这些宣言目的在于提高全世界劳动力的职业生活（见 www.ilo.org）。

最后，某些议题，也可以像某些理念一样，成为全球工人团结的强大的统一力量。这里的议题是很多工人共同经历的特定问题或者他们普遍追求的特定事物。最好的例子就是最低工资和最低生活工资。很显然，如果收入低于物质再生产的要求，那么依赖于雇佣劳动谋求幸福的个体、家庭和共同体就不可能过上有尊严的生活。对于所有雇佣工人和他们的家属而言，一定的底线工资是一种绝对的必要条件。因为没有获得最低工资或者最低生活工资的严重后果，这便成为一个议题，借此可能劝导很多工人相信“一个人受伤即所有人受伤”——

至少在理论上如此。这不是暗示跨国工人组织只是为全世界统一的一个最低工资或最低生活工资而发起运动。如果这样，那会忽略地方之间生活成本的真正差异，将全世界的工资提升到同一水平，从而招致许多企业和管制机构的激烈反对（即所谓的跨国劳工主义的“大路”目标）。但是低收入工人和那些经济情况较好的同事似乎能够团结起来，保证强制执行地方和国家调整的基本工资水平（Galbraith，1995）。

正义观：另一种道德地理学

现在和将来，无论哪些聚集点受到推崇，有一点很清楚：尽管如前所述有“振奋的理由”，但是全球工人组织仍然面临巨大问题。正如我们前文解释的，这些问题主要是尺度问题（雇佣工人要/应该在什么尺度定义他们的忠诚）。另外，我们可能也提过，还存在很多有关合理组织的问题（跨越时空协调工人行动的实际困难）：仅存在先进的通讯，本身并不能保证成功的跨国工人运动。但我们并不只是纠结于这些合理组织问题，我们想以突出第三种挑战来结束这一部分：即在努力建立新的全球工人团结时要决定最恰当地使用什么正义观。这是一个跨国支持工人组织可能比现在更要直面应对的挑战。如果，合理组织允许的话，新的聚集点可以带来全球劳工团结，关于这些聚集点能够传递何种正义，仍然存在问题。

为什么要谈论正义？正义到底是什么？我们在第四章结尾时开始给出一个简要的答案。如米切尔（2000，288）所言，“正义是用来衡量任何社会的成就、实践和目的的理想”。违反这种理想时，非正义就产生了。用正义/非正义表达理想的优点之一就是这是一种有力而激发感情的方法，可以保证理想的实现——或者当理想没有实现时能够有人大胆地指出存在的非正义。因此上文讨论过的“人权”理想就适合这种正义/非正义话语。事实上，雇佣工人世世代代都将这种话语运用到许多理念和问题上，以便让世界听到他们的声音。例如，如果想到理念，除了权利概念，工人们也使用“需要”和“应得的权利”这些基本理念作为他们在工作场所内部和外部获得正义的基准。

在21世纪，劳工运动继续使用正义和非正义语言来贯穿于它的斗争这一点很重要。这是一种可以激励人们确定和抵制不公平做法的有价值的语言。而困难在于正义不是所有雇佣工人都可以坚持的单一的同质的东西，它是一种复杂的现象：既有不同形式的正义也就有不同形态的非正义。对于劳工运动，这不是问题——实际上，还可能是一个优势——除了这些种类的正义常常不一致一点以外。所以当代努力建立雇佣工人间真正的全球团结时必须全力应对这个问题：应该为何种正义而斗争？这些正义是否对所有人都适合？这个问题的答案兼具地理和非地理维度。

关于正义的地理困境就到此为止。假定存在的非地理困境使得它们更加复杂。我们可以借用政治哲学家南希·弗雷泽（Nancy Fraser，1997）的重要著作《正义的中断》（*Justice Interruptus*）来阐释这些困境的棘手之处（不可解性）。弗雷泽认为当前时代存在两种正义理念，二者相互竞争，力争得到那些左派人士的注意：即经济和文化正义，二者都与当代劳工运动有直接关系。经济正义指所有人都能得到基本收入以保证他们过上有尊严的生活。文化正义则指所有人都可以畅所欲言而不必担心遭受歧视。经济非正义的实例便是某些工人长期失业以及挣到的工资很低，使其生活在贫困之中。文化非正义的实例则是同工不同酬，男性或异性恋工人得到的工资明显高于女性或同性恋工人。弗雷泽论证说两种正义/非正义相互补充，相互交叉。但是，她又继续说，它们也可能相互矛盾。例如，如果我们举一个在白人为主导的工作场所里，同时遭受两种非正义的有色人种工人为例，那么我们可以设想两种纠正方法。一是老板付给这名工人更高的工资（让他/她与白人工友同工同酬），二是培养多元文化伦理。到目前为止一切顺利。然而，正如弗雷泽所论证的，这并不像表面上看上去那么积极。在这种情况下，追求文化正义——允许有色人种赞美自己的非白色肤色——讽刺的是，可能与在物质上支持个人表达的经济正义的目标相矛盾。为什么？因为文化正义取决于社会同一性观点——每个人有权享有一定的收入——而经济正义则依据社会差异性观点——每个人绝对是不一样的。因此弗雷泽担忧造成文化正义的项目无意间会强化人们之间——本书中涉及的工人和地方之间的——种种竞争、不合作伦理，这正是经济正义想要消除的。即便是如此简单的一个例子也能让我们清楚地看见当代为达到对于全世界雇佣工人和他们联盟的正义而做出的努力将不得不挣扎于不同正义观之间的互补性和矛盾性中。目前尚无切实可行的解决办法。

规范观点与批判研究者

我们在本书的开头就发表了一个声明并发出一个邀请。我们很坦诚地公布了我们的左翼情感，并邀请读者了解劳动力地理学，不是为他们自己的缘故，而是作为公民，他们将来某一天会成为这个相互依赖的工作世界中积极的参与者，本书已经探讨过这一点。因此《工作空间》是作为一种公开的批判性介入来写作的。跟米切尔（2000：xiv）一样，我们借此表明两点。第一，对于本书所分析的事物我们采取一个政治立场，在此意义上，我们具有批判性。第二，不过，我们希望读者也采取一个立场，这个立场未必与我们的一致。本书并非一本旨在告知读者雇佣工人的“真实情况”的“手册”。读者应该对我们所写的内容持批判态度，因为作为作者，我们以一种特殊的视角观察这个世界。因而我们想借本章的结尾——也是整本书的结尾——提出两个批评，它们都合理地针对我们在第一、二、三部分里提出的论点。

现状批判?

第一个批评是我们的批判不够充分。也就是有些读者指责我们的“现状批判”。要理解这一点，我们先要区别“改良主义”和“革命”形式的分析和行动。激励我们作此分析的理论家之一的卡尔·马克思是一位十足的革命者。也就是说，他想推翻资本主义，并把这视作劳动人民及其共同体能够享受充实而有益的生活的唯一途径。显然，我们认为马克思一个世纪前主张的这种政治变革是不可取的。相反，我们支持雇佣工人为改善他们中一些或很多人的生活条件而在不同地理尺度上进行的种种非革命行动。我们拒绝笼统地概括今天大多数雇佣工人的状态，因此我们已经与好几位左翼分析家分道扬镳。我们的论点是在资本主义世界工人有足够的“摇摆空间”（尽管分布并不均衡）以及社会—地理背景十分重要。工人既不是任人摆布的“傀儡”，也不可能轻易颠覆资本主义生产方式；同样，理解工人做什么和怎么做要求我们关注他们的社会和地理位置的偶然性。这意味着革命行动是不可能的和/或不受欢迎的吗？那么我们通过种种案例研究所探讨的改良主义行动难道只是对于全球资本主义阴谋诡计徒劳无益的“调整”吗？

我们会依次探讨这些问题。在我们看来，在这个特别的历史时刻，革命行动对于劳工运动并非可行性选择。这一点在本书开头就已经做过很多说明（见前言）。尽管在资本主义新自由形式中反资本主义浪潮迅速高涨——在西雅图、热那亚、伦敦和其他地方可略见一斑——但是保护这种体系的力量仍然十分强大，难以消除。在某种程度上，一如我们所表明的，这些力量存在于工人阶级内部！很多雇佣工人及家属在资本主义世界工作生活，他们享受这个体制带来的好处。这些好处是不可低估的。但是即使革命是一种选择——在合理性/合法性/财政危机时刻常常如此（见第二章）——它也不能一夜之间传递给人们某种后资本主义乌托邦思想（或者可能有过）。20 世纪（苏联和其他地方）的共产主义实验以及近来的构想社会主义经济体的思想实验（如，Sayer，1995）都说明在构筑非资本主义未来的进程中存在巨大的实际问题。鉴于此，我们觉得将资本主义范围内的支持工人的行动仅仅看作是一种“调整”的观点是错误的。我们呈现给大家的有关工人能动作用的案例众多，每一个案例都以不同方式表明在现行经济体制中，当工人反击的时候，他们能够获得明显的有时候是改变人生的收获。我们举一个前面未提及的特别有力的例子：墨西哥萨帕塔运动（Zapatista movement）。1994 年，在南墨西哥的恰帕斯省（Chiapas），本土农民（第一民族）发起一场武装起义，严格地讲，起义不是一场劳工运动，但是它却展示了被资本主义边缘化的人们可以如何反击当权者们。2001 年初，政府几次试图军事镇压萨帕塔运动均告失败，墨西哥总统最终正式承认萨帕塔农民有权让国家和萨帕塔省处理他们关注的问题。在这个案例中，尽管运动是在墨西哥资本主义范围内发生，由不满现实的群体组织的武装游击队行动既是必要的又是成功的，是具有影响力的积极行动（见 Castells，1997：第二章）。

道德相对主义及其替代品

一些读者对我们的第二个指责是我们只是夸夸其谈的道德相对主义者。道德相对主义者认为在判别“好”与“坏”，“积极的”与“消极的”两个方面时，根本就没有坚实的基础。相对主义者还认为道德判断并不是凭空臆造的，相反，它们是个人和群体根据自己的文化心智和“生活世界”做出的判断。这些生活世界是复杂多变的，因而相对主义者说道德判断也必须是复杂的（Walzer，1983）。信奉道德相对主义颇有益处。它让我们认识到评价世界上各式各样的幸福和危险时设定一个“准确的”标准的危险性。但在极端形式下，它会让人们陷入“任何事情都可能发生”的深渊。因此，因为很多纳粹分子坚信滥杀犹太人在道德上是可以接受的，那么一个极端相对主义者就会被迫尊重这种观点。

作为作者，我们当然不愿意赞成极端相对主义。但是，在前面章节中我们毫无疑问支持比较温和的相对主义。在书中不同地方，我们竭力反对左翼分析家对特定地理尺度上的工人行动的利弊做出绝对判断。我们的目的之一就是让读者根据工人的身份和所处地方感知全球工人阶级的不同方面。这种多样性是不可或减的，我们希望它消失或者否认它是不可能的。为引起读者注意，我们还谈到道德哲学家所称为的“描述性伦理学”。也就是，我们力图描述各种各样实际存在的道德判断，它们就在那里，在这个世界上。但是这仍然提出一个问题：处于不同位置的工人做出自己的判断，对此作为作者的我们自己的判断又是什么呢？

这是一个“规范伦理学”的问题。我们能接受工人对于自己行动和情况的“好”与“坏”的判断的多样性吗？或者说作为分析者的我们是批评其中一些判断还是所有这些判断（我们的根据是什么）？社会学家和地理学家安德鲁·塞耶（2000）认为批判学者对自己所分析的事物持不可知的态度是极其不负责任的表现。我们赞成他的观点。虽然我们无力直接改变这个世界（如同政府所做的），但是学者的价值在于他们对发生在校园之外的事情能够进行深入透彻的调查研究，这是因为他们受过专门培训。很多新闻记者和专业作家也是如此，如乔治·蒙博、杰里米·希布鲁克、娜欧米·克莱因、诺瑞娜·赫兹、迈克尔·摩尔和约翰·皮尔格（George Monbiot，Jeremy Seabrook，Naomi Klein，Noreena Hertz，Michael Moore & John Pliger，见框9.2）。因此，我们的批判立场是什么？换言之，我们的规范论点是什么（也就是，与雇佣工人已经做过的事情比较，他们及其联盟群体还应该做些什么）？在本章我们给出粗略的答案，现在应该使之更明确一些。第一，我们觉得一些工人对自己情况的“好”、“坏”判断应该是合法的，但其他一些则应该受到强烈质疑。具体地说，如果一个地理尺度上的工人行动直接或间接造成对其他地方工人的非正义，那么这样的行动就应该成为批判的焦点。因为我们承认正义的相对性，所以我们重申一下我们正在谈论的是像侵犯人权一样的基本和普遍的非正义。许多基于地方的工人根本没意识到他们的地方行动可能会给远方的工友带去悲惨的后果，在这样的世界里，当务之急是向工人们灌输地理学想象力的观点。跨国工会和相关工人组织正在全力以赴做这件事。这也带给我们第二个规范论点，即劳工运动需要努力促使“积极的”社会—地理差异蓬勃发展。确定普遍理念、议题和身份的全球责任感能够做到的就是为这种发展提供一个有保障的基础。

框 9.2　反抗作家：全球资本主义批评家

现在有三个主要群体能够发表关于全球资本主义和该经济体制中的工人命运的细致周密的批判性分析，学者是其中之一，另外两个群体是新闻记者/独立作者和存在于大学之外的研究者（例如那些为智囊团和独立基金会出谋划策之士）。学者们的作品受众庞大而特殊，这些受众就是他们的学生（他们中很多人此刻正在阅读本书）。另外两个群体的受众是更广泛、更多样化的公众，这两个群体主要通过书籍、广泛流行的报纸杂志上的文章以及报道向公众传播思想。严厉批评全球资本主义的独立作者包括娜欧米·克莱因，英国卫报专栏作家乔治·蒙博，自由撰稿人约翰·皮尔格和杰里米·希布鲁克，以及叛逆作家和制片人迈克尔·摩尔。还有一位为非大学的研究机构工作的著名作家是美国博学者杰里米·里夫金（Jeremy Rifkin），他的华盛顿特区经济走向基金会让他有机会调查了世界上各种各样的非正义，其中一些涉及雇佣劳动（参阅里夫金 1995 年著作《工作的终结》*The End of Work*）。所有这些全球资本主义批评家——也包括本书作者——可能被冠以“反抗作家”之名。也就是说，他们质疑表面上看“规范”和“可接受的”事物并且鼓励人们努力让世界变得更美好。

需要做的事情很多，我们也正在做很多事情。还有很多鼓舞人心的故事，因为篇幅有限，我们无法在书中一一叙述。结束之际，我们留给我们的学生读者一个挑战。当你们进入——如果你们还没有进入——这个有偿劳动力世界的时候，你们将要做些什么？你们将怎样处理你们个人的职场抱负和你们工友的职场抱负之间的紧张关系？当被要求定义地方忠诚时，你将以什么地理尺度来定义你的忠诚？我们希望本书能为你们提供一种工具，让你们能以一种合理的、深思熟虑的方式来回答这些和其他困难的问题。至少，《工作空间》可以鼓励你们在考虑自己的工作存在时能够进行跨地方的思考或者展开跨地方的行动。正如伟大的马克思主义历史学家艾瑞克·霍布斯邦（Eric Hobsbawn，2002：12）在其著作《有趣的时光》中说的："世界不会自行变好。"为了把我们的世界变成一个更美好的地方，我们应该像尼尔·史密斯（1991：178）坚持认为的那样，"以一种地理的视角来计划我们要做的事情"。

术语表

术语表提供了本书主要术语的简短定义。虽然文中已经对某些术语进行了解释，但是为了保证完整性，还是将它们包括进来。这些定义只针对本书，未必适合参考文献中文献里的术语。读者如果需要更详尽的解释，建议参考《人文地理学词典》第4版（Johnston et al.，2000）和《布莱克威尔社会思想指南》（Outhwaite et al.，1994）。术语表中提及的参考资料的细节部分请参阅本书参考文献。

资本主义

一种特定的越来越起主导作用的商品和服务生产方式。在资本主义社会，企业之间的竞争引起快速的技术创新和失业，在这种情况下，资本家为追求利润而生产商品。把一件事情描述为“资本主义”也就意味着它部分或者全部卷入经济竞争、创新和追逐利润的过程。

正如政治经济学家马克思、约瑟夫·熊彼特（Joseph Schumpeter）、约翰·梅纳德·凯恩斯（John Maynard-Keynes）、约翰·肯尼斯·加尔布雷思所说，资本主义是一种容易发生危机的经济体系。资本主义的常态是改变而准则是不均衡，为什么是这样？因为构成资本主义“逻辑”的三个事物——增长、竞争和创新——是相互矛盾的。增长的必然性和竞争的作用力促进了行业内和行业之间的跳蛙式创新。每天都有新产品出现——移动电话、太阳能房屋、宽屏电视机、代客泊车服务或者基因测试——而现存产品要不断改进（如汽车制造商不断翻新原有汽车的款式）。然而，该过程存在两个问题：一是企业间的竞争不仅带来创新和增长，也会带来经济“损耗”，一些企业因为对手制造出更好和/或更便宜的商品只能中途退出竞争，这些企业可能倒闭也可能被其他企业吞并。二是竞争使得很多行业倾向于削减或者保持工人数量和工资。例如，我们见证了“智能机器”怎样承担以前由有偿工人完成的很多任务，结果，资本主义内的结构性倾向就是产生失业以及消费者收入降低（因为工人也是商品的购买者）。

由于这两个内部矛盾的存在，资本主义会遭受周期性“过度积累危机”，这里是指在大量商品过剩的情况下，生产设施和劳动者被搁置不用，这些危机可能是地方/地区的、国家的、国际的或者全球性的危机，这取决于资本主义体系内在既定时刻受影响的企业数量和种类。

资本家

指拥有生产方式并能雇佣赚取薪资的工人来完成特定工作的人的通称。

阶级

一个复杂的术语，一般指因经济情况不同而产生的人们之间的差异。阶级包括客观和主观两个方面，客观意义上阶级指社会阶级结构中人们的位置。资本主义社会存在两个主要的经济阶级——雇主和雇员——但是两者又都有阶级分层，主观意义上阶级指人们对自己阶级的意识和定义。一般来说，个体可能把自己看成某个特定阶级的一员，而这往往与他们客观的阶级地位不一致。近年来，一些分析家也提及资本主义社会中的“下层阶级”，由长期失业、就业不足和工资水平很低的一些人构成。不论是客观还是主观方面，阶级从未与诸如性别之类的非阶级社会差异轴隔离开来，尽管我们可以经过分析从而明确阶级这一概念，但实际上它仍然与其他社会关系交织在一起。

阶级意识

指阶级成员意识到自己属于某一阶级群体。这种意识可以存在于阶级分层层面，也可以存在于阶级层面（自在阶级）。

自在阶级

阶级的主观方面，即个体意识到自己的阶级地位并且把自己看作一个较宽泛的阶级中的成员（自为阶级）。

阶级分层

较宽泛自在阶级中的一个特定部分，由技能水平、收入、职业等等对阶级群体进行内部划分，这些不同的分异轴秩序模糊，因此产生了一批阶级分层（如中低收入阶层、工人阶级上层等等）。

自为阶级

阶级的客观方面，定义了个体的阶级地位，不论个体是否理解或承认这一点。

阶级地位

个体所属的具体阶级或者阶级分层。经过一段时间，个体可以通过教育、培训、运气或者家庭纽带改变自己的阶级地位，但是这一点很不容易且耗时颇长。

让步谈判

在此过程中，某些特定的雇佣工人跟雇主相比处于劣势，因此这些工人如果想保住工作的话，就必须在工资、工作场所权利、福利等方面做出让步。

跨阶级联盟

不同阶级或者阶层为追求共同的利益目标的短暂联合。这些联盟很正规也很明确，常常在追求具体目标时出现，可以在不同的地理尺度上缔结联盟。

缩小规模

该过程指企业为使生产活动合理化而采取裁员、减少工厂数、卖掉企业部分产业等措施。

经济部门

生产同类商品的企业组合（如制造业）。经济部门之间联系紧密，事实上它们很难区分。

雇佣关系

围绕着劳动力的出售、购买和使用，工人和雇主之间形成的社会关系。这些关系以不同形式出现，因为实际涉及的企业和工人不同，雇佣关系或是友好、或是两相情愿的、或是对立的关系。

交换价值

源于商品销售的货币价值，商品可以是固定的（如工厂）也可以是不固定的（如汽车），根据一些马克思主义理论学家的观点，企业更多地以交换价值而非使用价值来评价地方，这并不是暗指地方就是用来出售的，而是企业选定一个而非另一个地方作为生产地点的时候，最关注的是收益性。

外部劳动力市场

指劳动力出售和购买过程中，那些企业、工作场所或经济部门外部的人可以——实际上或者可能——获得某些工作（参阅内部劳动力市场）。

企业

生产商品的组织。企业形式多样，大小不一，从跨国企业到地方企业。一个企业包含一个或多个工作场所。

地理尺度

随历史发展而变化的尺度，在此形成社会关系和制度。社会关系和制度不可能先于地理尺度而自行表现出来，反之，尺度则是它们如何起作用的一部分。很多社会关系和制度在通过各种尺度起作用，而另一些则专门在某种尺度上起作用。地理尺度不同于制图尺度，后者有固定的度量标准并依此定位或代表某个事物（如在地图上）。对比之下，地理尺度因社会、时间而变化，它们是促进或者限制个体、群体、社会关系和制度职能的“媒介”。本书包括“亚地方”、“地方”、“国家”、“地区”、“国际”和“全球”尺度，但是这些不是日常所说的自然尺度，它们的“内容”也不可能预先决定。

地理分而治之策略

企业或管制机构离间不同地方的工人使他们在工作或投资方面相互对抗的过程。这个过程被称为“两头吃亏”或者“逐底竞争”。

地理学想象力

一种思维方式，强调地方和空间——即地理尺度——怎样与社会关系和日常生活交织在一起。

地理学策略

企业、工人、管制机构或者文明社会行动者为了深化其议程(agenda)而对地理的显性应用。例如，工人扩大罢工的地理尺度以让更多工人参加斗争就是一项地理学策略。

全球化

该概念极其复杂，因此不可能只有一个定义。一般而言，全球化用于指下列某些或者全部事物的增长：世界范围不同地方之间社会、经济、文化、政治和金融关系的强度、广度、影响力和速度。本书没有将此作为分析类术语使用，而是关注这个概念是怎样被用来支持或反对工人的。

霸权

这一概念最早由意大利马克思主义者安东尼奥·葛兰西提出。葛兰西认为社会权力在不以武力和强制形式出现时才最有效。霸权描述了这样一个过程：占统治地位的社会群体以含蓄的方式限制从属群体的争议条款，从而推进自己的议程；霸权即这两个群体就具体的“可接受的”实践和行为达成共识。霸权思想、规范和习惯的准确性质会发生历史和地理性变化。

产业

任何商品生产行为或者从事同类商品生产的企业群组（例如，旅馆业）统称为产业。

非正式工作

在正式经济体的正常规章制度和规范范围之外从事的工作（常指有偿的）。

内部劳动力市场

工作场所、企业或经济部门内部工人劳动力的买卖。内部劳动力市场涉及已经受雇于工作场所、企业或经济部门的工人而非从外部雇佣的工人。因此一名工厂的工人也许会晋升为主管，因此，这些劳动力市场在某种程度上受到“保护”（参阅外部劳动力市场）。

即时生产方法

20 世纪 80 年代，美国、日本和欧洲企业引进了即时生产方法。生产商采取减少零件库存量甚至几乎是零库存，重新组织生产过程的方法，以便产品零件在及时或者在需要之前到达装配工厂。

劳动（力）

既可以指工作行为也可以指从事该工作的人。本书更多的是第二层含义，具体指资本主义工人。直到几年前，劳动力分析学家一直认为工人都是成年男性（所谓家庭的“养家糊口的人”）。然而，这种工人的经典形象现在完全过时了，今天的资本主义工人男女老少皆有。因情况不同而又分成不同种类的资本主义和非资本主义劳动力，列举如下：

个体劳动者：指为自己及其家属工作的人。

家务工作：指由工人或者他们的家庭/家属控制的不涉及金钱回报的工作。

志愿者工作：正如名字所表示的，该工作不计报酬，但是和家务工作不同的是，它通常是在家庭以外的范围内完成的。

社区工作：指组织集体劳动以达到某种共同目的的社区工作，可以是有偿的也可以是无偿的工作。

非货币化工作：指个体或群体之间非货币商品的交换，用以偿还对方完成的工作（即所谓的“实物支付”）。

货币化工作：指个体和群体之间为偿还对方的工作而进行的金钱交换。

劳动力需求

雇主对一定质量和数量工人的需求。劳动力需求因时空而异，企业和经济部门之间的需求也会发生变化。

劳动力市场

指劳动力的买卖，这种买卖通常发生在地方尺度（参阅地方劳动力市场）。然而，如果从地方劳动力市场提取并将特定时刻劳动力市场交换的种类和数量聚集到一起，那么就可以说是劳动力市场了。这并非物质意义上的市场（如一个人谈论从乡村集市上购买水果）。

劳动力市场中介

“中介”在雇主和工人之间起着桥梁作用。它们通过自己的活动以努力达到劳动力需求平衡，为雇主和工人提供一系列服务。美国经济学家保罗·奥斯特曼（Paul Osterman，1999：134）将中介分成三类：(i)“一对一”中介，被动接受来自企业的工作订单，然后将订单与那些在中介注册过的人一一对应起来（如英国的地方就业中心）；(ii) 积极主动地吸引雇主和工人的中介（如传统的短工中介）；(iii) 与雇主和工人双方谈判的中介，它们利用劳资双方在市场的地位来改变劳动力售卖方式（如高端工作搜索公司）。本纳（Benner），（2002：表 3.2）在他的作品《硅谷》(*Silicon Valley*）中以中介的组织方式把它们区分成三种不同的类型：

组织类型	实例
营利性部门	临时劳务中介公司
	在线求职网站
基于会员制	基于联合会的项目
	基于会员制的协会（如合作社）
公共部门	就业中心
	志愿者组织（如为退役军人提供就业服务的部门）

劳工运动

不同地理尺度上，不同的工人和工人组织一起积极努力提高工人的利益的运动。劳工运动主要由工会组织，但是现在很多非工会团体在组织劳工运动方面所起的作用也越来越重要了。

劳动力权力

指从事工作的能力。在资本主义社会，工人在某些阶段将自己的劳动力权力出售给雇主。

地方劳动力市场

劳动力市场不可能存在于大头针尖上，它们一般在地理尺度上处于地方一级，这意味着在一定限定区域每天都有劳动力供应和实施工作，部分原因是工人必须在一天工作结束之后回家。

地方尺度

相对较小的地理尺度，日常生活常常体现在这一尺度。地方尺度在意思上接近于地方（place），不只固定于某一地区，因情况不同“地方”的大小和内容都会发生变化。

地方依附

指那些必须有完全或部分基于地方维度的社会关系、制度和实践。

地方增长联盟

指基于地方的工人、企业和机构之间的联盟，目的在于保护现有工作职位和经济投资或者吸引新的工作职位和投资。

劳动力供应

使雇主能够购买的工人的具体数量和质量。劳动力供应跟劳动力需求一样，随着时间空间，企业与部门的不同而发生很大变化。

最低生活工资

保证个人及其家庭/家属基本的物质和社会再生产所需要的金钱数量，随生活成本不同而变化。

最低生活工资运动

草根们组织起来努力让国家和企业将最低工资提高到“最低生活工资”水平。

地方

体现日常生活的相对较小的地理尺度。

地域性

人文地理学和社会学术语，指构成一个地方的人、基础设施、工业和消费等实践活动的结合，理解地域性不能仅仅局限于发生在地方层级的事情，而是地方事件怎样与更广泛的空间里事物发生的过程和关系相关联的。

地方增长联盟

对于地理尺度上地方利益的行为体之间的联盟。增长联盟旨在增加地方经济财富并且包含地方工人、地方企业和地方政府之间的合作，有时候也被认为是“跨阶级联盟”。

非地方尺度

运行社会关系、过程、制度和事件的地理尺度，既包括但又超越了地方尺度。非地方尺度在社会中构建，但反过来又影响着它们所“包含”的实践活动。

寡头

指少数大企业支配的经济部门。

物质再生产

指人的生物再生产（通过生育来实现）和日常生理再生产（通过吃饭和睡觉来实现）。

地方

一个非常复杂的术语，简单地说，地方指（1）地方尺度；（2）地球表面显著的一点。地方既有“客观”维度又有“主观”维度，前者包括构成一个地方的人、建筑物、环境和制度的具体集合；后者包括人对一个地方的依附感以及地方认同感。在现代社会，发生在一个地方的事情和影响该地方的非地方事件共同构成地方（参阅地域性）。

基于地方

指在地方尺度上但又未必受限于地方而开展的生产、再生产、消费和管制活动的任何方面。

受限于地方

指“摆脱”不了地方或者亚地方尺度的生产、再生产、消费和管制活动的任何方面（参阅地方依附）。

权力清单

在既定时间和地点既定工人和雇主能够运用的全部策略和工具，这些策略和工具是用来影响有偿工作的条款和条件，双方既可以协商的方式又可以冲突的方式使用这些权力清单。

一级工人

处于资本主义劳动力市场上层的雇佣工人的总称，多指那些教育程度高、薪酬高、技能高、受雇率高的工人。

伪商品

区别于桌子或者汽车之类惰性商品的商品。伪商品——如工人——与其他商品的差别主要在于两个方面：第一，它不是永久而只是暂时出售给买家的商品；第二，因为它是有感情的，所以买家不能以处理其他商品的老方式处置它，相反，买卖双方必须协商怎样使用该商品。

“真正的”商品

任何可以用来交换金钱的实物，它可以是物质的（如一把椅子），也可以是非物质的（如一种思想）。所有商品都具有使用价值和交换价值，虽然商品都是独特的，但是可以用金钱作为标准来比较它们的价值并进行交换。一些人类学家持有更广义的包括非资本主义商品的观点，但是本书只涉及资本主义商品，指用来交换金钱，同时资本家用以盈利的商品。

互惠工会主义

指工会与包括工会在内的社区一起运作。互惠工会主义的基本准则包括：（1）允许工会接触工作场所内“很难组织”的工人，他们在工作场所内是不可能被组织的；（2）允许工会接触感觉被工会排斥在外的工人；（3）发现同盟，组织网络，使工会拥有重要资源以支持地方工作场所组织运动；（4）提供途径，建立公共部门和服务用户之间的联盟；（5）提供一种机制促进工会和社区群体之间的互惠；（6）这样的联盟使得工会（和其他团体）可以利用定位于地方以谋求再发展的国家策略；（7）基于地方的社区—工会联盟可以决定提供新的服务。

汇款

迁移工人寄回他们原籍所在地或者他们的家属所在地的收入部分。

二级工人

拥有相对较高工资水平，需要受过一定程度教育和培训，有合理的技能水平的稳定工作的雇佣工人的通称。二级工人常指构成资本主义经济大多数工人的“蓝领”和“白领”工人。

分割

指不同工人（由年龄、性别、国籍、种族、地方和技能水平界定）在企业和经济部门内部或者之间从事不同职业的复杂过程。在劳动力需求、劳动力供应和工作场所实践活动中都会发生分割，它造成了资本主义社会不同的阶级分层。

劳动的社会分工

指广义经济中工作和生产活动的划分。

社会管制

给予人与人之间的社会关系一定的秩序和规则的复杂过程。社会管制既是计划的也是非计划的，既是显性的也是隐性的。它包括从国家到家庭的一整套制度，也包括各种习惯、规范和习俗。

社会关系

本书所指任何形式关系的通称——包括人们之间直接或间接，地方或非地方的关系。社会关系可以指经济、文化、政治、金融或者家庭关系。

社会再生产

指人们进行非生物和非生理的实践活动的过程，这些活动对于维持自身来说是十分必要的，该过程包括社会化、休闲、教育、培训、友谊、家庭关系和一系列制度，尤其是在工作场所以外。社会再生产涉及个体和群体认同感的形成，文化规范和习俗。用卡茨（Katz，2001：714）的话说，它“包含一个人获得和吸收他出生或通过选择所属群体的共同知识、价值观和实践活动”。

团结

不同地理尺度上工人之间共同合作的行为以及彼此之间的忠诚。

在跨国家尺度上，有社会—地理距离和差异的雇佣工人之间的团结是最困难的。

空间

一个复杂的概念，本书的“空间”指特定的社会经济和其他人文关系“蔓延”到超过地方的地理尺度的方式，这些关系构成空间，反过来又受到空间的影响。

劳动的空间分工

劳动的社会分工的地理表现方式。不同的地方有不同的企业群和工人群。

感觉结构

文化批评家雷蒙德·威廉斯（1975）创造了这一术语，它指同一地方居民共同的地方感，这种感觉来自地方的日常生活和共同的习惯和风俗。

沉淀成本

成本的一种形式，指一旦投入就无法收回的成本。沉淀成本没有真正的市场价值（虽然它们也有纸面价值或者假想价值），也不能通过向竞争对手出售部分工厂、资本或者设备的方式收回（Clark & Wrigley，1995）。理解该概念可以帮助我们更深刻地理解投资、收回投资、关闭工厂和退出特定产业的地理学。更重要的是理解在此背景下沉淀成本可以限制大企业和跨地方企业的流动性。企业退出和关闭工厂之类的策略性选择被看作极端的决策，往往在企业将遭受巨大的财政损失，没有任何可能性挽回的情况下所采取的措施。奇怪的是，在某些情况下，一个企业在特定地方蒙受损失比关闭工厂付出的成本损害更小。除了是企业退出的障碍之外，当高沉淀成本抑制了初始投资时，沉淀成本也成为企业进入特定产业的障碍。但是到底是什么构成了沉淀成本？克拉克和里格利（Clark & Wrigley，1995）认定了三种构成因素，其中每一种都与具体地方劳动力市场情况下的生产嵌入相关：（1）“建立”沉淀成本（如为使用新设施对员工进行的培训）；(2)“积累”沉淀成本（持续成本，如维持生意关系的成本）和(3)“退出”成本（如撤换劳动力时所付的应领养恤金）。

劳动的技术分工

工作场所和企业内部工作任务的划分。当不同的任务组合在一起，就能生产出构成企业产品的一个或多个商品。

三级工人

处于资本主义劳动力市场边缘的雇佣工人通称为三级工人，如兼职工人、低薪、低技能的临时工人等。三级工人一般不享受一级和二级工人的权利和福利。

时空压缩

指现实中任何时刻发生的事件数量增加，以及由于交通和通信技术的增强而导致的地方之间相对距离缩短。

工会

工会是一种工人组织，在报酬和工作条件方面通过谈判与雇主缔结合约以保护和提高其成员的利益，也为工人提供法律咨询、财政资助、疾病补助费和教育设施。另外，工会也经常代表其成员游说政府和管制机构，工会一共有四种主要类型：（1）代表从事相似工作的工人的产业工会或者职业工会（如英国职业球员协会）；（2）专门雇主工会代表受雇于一个雇主的工人进行集体性谈判（如莱斯特集团工会和联盟，ALGUS)；（3）产业工会在于组织整个产业的工人而不考虑职业差别（如英国全国矿工联合会）；（4）就总工会而言，其组织模式不单纯建立在职业或者产业的基础上，而是集体性的（如英国交通和其他行业工会联合会）。虽然后面几种工会将特定职业的工人高度集中起来，但是它们的目标在于代表全体工人并将分散的产业工会凝聚成团。过去几十年以来，整个工业化世界里工会会员水平下降，随之而来的是合理化和兼并浪潮，因此不同种类工会之间的差异越来越模糊了。尤其是出现了更普遍的工会组织，这些组织团结在一起，试图保持或增强它们的谈判能力。

跨地方主义

指涉及两个或多个不同的和分离的地方的任何关系、事件和过程。

跨国主义

指涉及不同国家两个或多个不同的和分离的地方的任何关系、事件和过程。跨国联系可以是广区域的（跨越邻近国家），国际的（跨越许多国家，这些国家未必是邻近国家）或者是全球的。

跨国资产阶级

指数量相对较少、联系紧密且很有势力的个体，它们通过自己拥有或者控制的机构起作用，并对全球资本主义体系产生影响力。莱斯利·斯克莱尔（Leslie Sklair，2001：1）把它们称为“跨国资产阶级”（TCC），意思是他们“将资本主义改变成全球化工程”。TCC是拥有企业的资产阶级的一部分，但是也包括工人和企业的管制者。它包含四个主要成分或者“分层”：（1）TNC执行董事及当地的附属成员（公司分层）；（2）全球化官员和政治家（国家分层）；（3）全球化专家（技术分层）以及（4）商人和媒体（消费者分层）。它们的共同特点是国际化运作是它们职业生活的一部分，我们还要认识到四者之间有很大的重叠性和很强的流动性，它们一起构成全球的权力精英阶层。当前的跨国公司霸权并不是偶然发生的，而是“资产阶级花费大量时间、精力和资源让它发生并且保证它继续下去”（Sklair，2001：18）。

跨国共同体

定义为“基于社会、经济和政治网络（跨国界）形成和维持的‘共同体’，其认同的构建和表现主要关注文化形式和符号的重塑，以及包括性别和权力问题在内的社会关系的再生产和主张”（Vertovec，1999：457）。跨国共同体常常是邻近地带的共同体。

使用价值

一个物品的物理属性使其有用而产生的价值（不论它是不是将要售出的物品）。在地理学上，地方为那些在该地方生活和工作的人产生很多使用价值，尤其是对于企业，这些使用价值与交换价值有直接关系。

劳动的类型

“劳动（力）”一词既指工作行为也指从事工作的人（工人）。广义地说，工作和工人可以被划分成六种：（1）个体劳动者：指为自己及其家属而工作的人；（2）家务工作：指工人或者他们的家庭/家属控制的不涉及金钱回报的工作；（3）志愿者工作：正如名字所表示的，该工作不计报酬，但是和家务工作不同的是，它通常是在家庭以外的范围内完成的；（4）社区工作：指组织集体劳动以达到某种共同目的的社区工作，可以是有偿的也可以是无偿的工作；（5）非货币化工作：指个体或群体之间非货币商品的交换，用以偿还对方完成的工作（即所谓的“实物支付”）；（6）货币化工作：指个体和群体之间为偿还对方的工作而进行的金钱交换。

雇佣劳动

个体和代表他人的群体为了赚钱而从事的工作。在资本主义社会，雇佣劳动包括劳动力权力买卖双方之间的阶级关系。

工作

指将物理的或者非物理的东西转变成产品的活动，也指对于现存产品的改进、维护、搬动、集合或者销售的活动。在不同背景下，有很多种类的工作。

工作场所

工作场所指进行商品生产、销售和维护的实际地点。“经典”的工作场所就是工厂，但是今天它绝对不是世界范围各种工作场所的代表。我们可以依据其物理形式，其次依据其工人来区别工作场所。在第一种情况下，我们可以区分有固定地点（如流水线工厂）和流动的工作场所（如飞机）；在第二种情况下，我们可以区分（1）所有工人为同一个雇主工作的工作场所；（2）多雇主工作场所（如机场，航空公司雇员和像保安一样的雇员一起工作，而这些保安受雇于承包了机场安全工作的安全公司）以及（3）工人流动性很强的工作场所（如那些通过短工中介雇用临时工的工作场所）。在（2）和（3）中，由于不同的工作安排，同样工作场所的工人也很难有凝聚力并团结在一起。众多的工作场所共同构成企业。

附　录

建构劳动力理论的方法

正如前言所陈述的一样，本书结合了马克思主义和制度主义方法来理解劳动力。二者均与新古典主义观点大相径庭，而新古典主义曾经在经济学及其他学科领域极具影响力。在这个简短的附录中，我们将简要概括三种方法的特点，详细讨论请参阅梯利（1998）的著作《资本主义制度下的工作》第5～13页。请大家注意每一个“方法”事实上都是相关方法的结合而不是我们这里所描述的单一的概念。本书结合了马克思主义和制度主义研究方法的众多方面，对于新古典主义世界观持批判态度。

新古典主义方法

新古典主义方法强调自由市场是平衡商品供求关系的主要机制。它将市场交易看作有一定需求和欲望的个体之间的自由而平等的交易，因此在E_0点市场保持平衡，供应与需求一致；如果供应有所增加，如每年夏季有很多求职的大学毕业生，而需求保持不变，那么工资率就从E_0降至E_1，工资率随劳动力市场工人人数增加而下降，劳动力买卖被看作跟其他任何商品一样的商品交易（见图附录 1）。工人将自己的服务出售给买方（雇主）并且双方都得到他们所想要的——至少理论上如此，因此雇主在有限时期内得到了工人的劳动能力，而工人得到了工资，可以购买他们生活和发展所需要的商品，这不是说所有工人都是平等的。相反，不同工人的技能和能力（“人力资本”）意味着他们的“价值”并不相同。然而，不管他们的个体市场价值是多少，

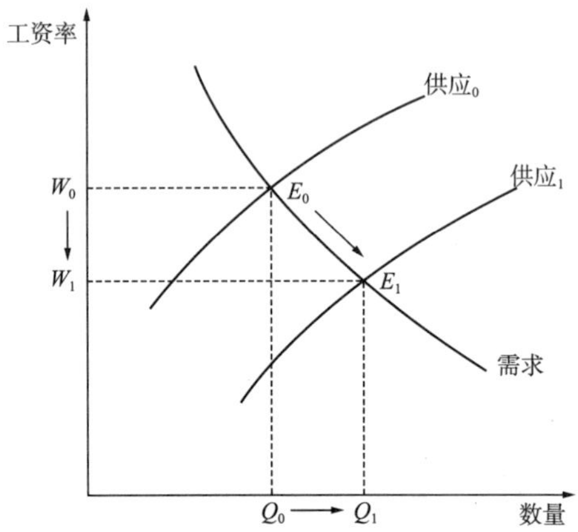

附录 1　劳动力供求的新古典主义模式

新古典主义观点是所有工人都应该“得到他们应该得到的”。也就是，他们的技能保证他们在开放的市场里获得应该得到的报酬。在新古典主义世界观看来，这个市场包括成千上万的个体，他们以一种自由、毫无阻碍的方式进行货币交易，当然，“市场的不完善”以及非市场力量（如政府）的干预，实际上会扭曲这一点。但是新古典主义观点的本质是市场是一种调节劳动力供求的中立的、有效的机制。同时，工人被视作有主权的个体，他们是力求从资本家那里得到最好待遇的“理智的”行为主体。虽然这种假设对于劳动力伪商品的地位是一种赞美，但是新古典主义观点对于劳动力却持有一种极其不现实的理念，即最终将劳动力降格为其他商品。对新古典主义的介绍请参阅卡波拉索和莱文（Caporaso & Levine，1991：第四章）。

马克思主义方法

马克思主义者对新古典主义观点持批判态度。他们认为新古典主义对于不受调控的劳动力市场的强调是不现实的，“理智的”劳动者理念在社会学上是极其薄弱的，而对市场的毫无政治意义的解读是一种歪曲。首先，就像本书第二章所阐释的一样，因为劳动力市场里进行交换的是人而不是其他商品——尽管只是在每天特定的时间，因此这个市场永远不可能是“单纯”的。例如，因为工人都想将自己的工资最大化，也因为雇主都想使工人具有最大化生产力，所以对工人的买卖可能是一件矛盾和紧张的事情。换句话说，劳动力市场是斗争而不仅仅是自由交换的场所。其次，在马克思主义者看来，劳动力的买卖具有很强的政治性，也就是说它是关于社会权力和对抗的；资本主义是一种天生充满矛盾的生产体系，它的部分“逻辑”就是造成失业。再者，马克思主义者把工人看作利润的来源，在所谓的“劳动力价值理论”中，马克思主义者表示，劳动者得到比他制造的商品价值少得多的报酬，这最终让资本家获得利润。这说明新古典主义认为市场是一个中立的交换途径这一观点隐藏了工作场所每天都存在的剥削。在马克思主义者看来，不管是在理论上还是实际上，这种剥削使工人深陷于与资本家对抗的境地。新古典主义认为买卖劳动力双方都是有主权的个体，与此相反，马克思主义者看到的是阶级政治，群体利益决定着个体利益。

新马克思主义者和后马克思主义者已经为上述资本主义劳动力基本理论增加了新的内容。第一，自 20 世纪 70 年代初期以来，他们就已经论证了许多表面上是非资本主义制度/机构，如教育体系，事实上是用来维持阶级不平等的，从而使工人始终处于从属于资产阶级的地位。第二，他们也争论过在除了使工人为别人工作而没有更多的选择的资本主义体系，工人是否是受害者，工人是否有自己的能动作用。关于后者，他们更多地关注工人怎样进行抵抗或者工人怎样偶尔在与雇主的斗争中占了上风。如果需要了解更多的关于马克思主义的内容，请参阅史温吉道（2000b）。

制度主义方法

经济地理学中的制度主义方法强调了经济生活中制度的作用。根据卢瑟福（Rutherford，1994，in Martin，2000）的观点，制度就是“行为规则或者社会群体成员普遍接受的规则，它规定了具体场合的行为，它自我监督或者由外部权威部门监督”（p. 91）。这样的方法与（非制度主义）新古典主义经济学（经济生活被认为是取决于“理智的”个体的行为）或者马克思主义方法（关注阶级关系，有着更政治化的反资本主义立场，在建构制度的作用理论方面比较薄弱）是相对立的。因此，在新古典主义经济学中以及较小程度上的马克思主义方法中，经济生活可能是从社会政治和文化背景中抽取出来的。因此，马丁（2000）对经济地理学中的制度主义方法给出了这样一个定义以应对这个基本问题：“制度结构在何种程度，以何种方式形成并调节资本主义经济发展在地理空间上的不均衡的过程?”（p. 79）在回答这个问题时，制度主义经济地理学强调四个议题。第一个是不同种类制度的作用，在这个意义上，通常要区别制度环境（即规则、习俗、社会常规以及社会化的工作实践等）和既制约同时又来自制度环境的制度安排（指诸如市场、企业以及工会等等之类的组织形式）。第二，制度主义方法十分关注经济景观（如“路径依赖”和技术创新）的演变。第三，制度主义经济地理学家十分关注经济过程的文化基础。这种方法使态度、生活方式、工作传统、工会结构等等有助于地方和区域经济发展。第四个议题是地方和地区经济的社会调节和管治（如福利政策和产业关系或者金融体系）。

但这对于工作和劳动力的研究有什么影响呢？对劳动力市场感兴趣的经济地理学家对制度的作用产生了浓厚的兴趣，因为劳动力和就业是包括在地方、国家和广区域的制度中的。这使地方劳动力市场带上明显的特征，这些特征既有利于又损害了工人的生活。的确，不仅仅是制度影响着劳动力再生产和就业活动，反过来劳动力也影响着空间经济的制度构造。

延伸阅读和思考题

下面是书中每一章的相关问题和阅读书目。所有材料均可在本书参考文献中查询。

第二章

延伸阅读

下面列举了本章不同要点的延伸阅读书目：

• 本章总论点可以在梯利和梯利（1998）书中得到详细说明。

• 关于什么使得资本主义成为一种与众不同的生产模式，哈维（1985a：128～133）对此进行了简明扼要的阐释。

• 佩克（1996，24～26）详细说明了劳动力的"伪商品"身份以及劳资紧张关系（1995：128～133）。

• 高夫（2001）对生产—再生产联系进行了精细的说明。

• 赫德森（2001：第五—七章）就有关对雇主划分和工人的社会性分异的事物进行了精彩的论述。

• 佩克（1996：第三章）提供了清晰的关于分割的说明。

• 曼（2001）运用洛杉矶案例研究表明在反抗企业和管制团体的行动中，如何有效地克服不同工人之间的差异，将他们团结在一起。

• 最后，斯多波和沃克（1989：第六章）讨论了与本章相同的问题，然而他们却忽视了再生产、管理和“非资本主义差异”。

思考题

请运用本章和延伸阅读中学到的知识回答下列问题：

• 在资本主义社会，为什么“自在阶级”不容易变成“自为阶级”?

• 雇佣劳动和社会再生产之间的联系和紧张关系是什么?

• 雇佣工人之间的社会差异以什么方式“干扰”了更广泛的阶级意识?

• 雇主在试图雇佣继而控制“合适的”工人时面临什么困难?

第三章

延伸阅读

• 在关于如何最好地概念化地方的文章中，卡斯特利（2003）和马西（1995a）的两篇文章是最明白易懂的。

• 关于劳动力的地方性的更多内容请参阅赫德森（2001：第八章）。

• 斯多波和沃克（1989：第五章）对经济生产的地域基础进行了综述。

• 佩克（1996：第四章）清楚地阐释了为什么劳动力市场及其管制必然具有地方性但同时又具有地方变化性；此点也可参阅马丁（2001）和赖默尔（Reimer，2001）。

• 赫洛德（1991）的文章及后来的争论（Herod，1994；Martin et al.，1994）很好地说明了为什么地方身份与更广泛的地方之间的阶级意识会发生冲突，这种冲突又是怎样发生的。

思考题

• 当地方之间高度关联的时候，地方怎样保留独特性?

• 雇佣工人及相关群体的生活必然是地方的，其原因何在?

• 为什么资本主义生产和对企业和工人的管制最终必须在地方尺度上进行?

• 劳动力的“地方性”对阶级身份和阶级行动具有什么意义？

第四章

延伸阅读

• 马西（1984：第3章）对于企业的劳动空间分工进行了独到的陈述，因此很值得一读。

• 佩克和蒂克尔（1995）说明了地方管制过程是如何被包含在更广泛的制度形式中的。

• 如果你想要得到更明晰的地理尺度的介绍，请参阅赫洛德（2003）和豪伊特（Howitt，2003）；《政治地理学》（*Political Geography*，1997，number 2）中的空间问题提供了丰富的案例研究说明尺度是社会的产物；最后，谢泼德和麦克马斯特（McMaster，2003）以通俗易懂的语言阐释了地理尺度的重要性。

• 请参阅史温吉道（2000a）关于对当代全球经济尺度重组的论述。

• 乔纳斯（1997）运用了很多实例，清楚地描述了地方劳动力控制体制。

思考题

• 联结资本主义企业和工人的地方间联系与依赖各有哪些主要类型？

• 企业劳动空间分工以什么样的方式在改变？这些过程又是怎样影响不同群体的工人的？

• 地方劳动力控制体制以何种方式必然反映了更广泛尺度上的运作过程？

• 在当代世界，雇佣工人面临哪些尺度层级的困境？

第五章

延伸阅读

• 佩克（1996：第八章）提供了透彻的“霸权专制”理论；格雷

德（Greider，1997：第1～6章）描绘了一幅晦暗的工人和地方之间残酷竞争的画面；斯帕克和劳森（Sparke & Lawson，2003）运用北美洲案例研究阐释了相近地方怎样团结一致抗击对手以获得工作机会；最后，谢泼德（2000）清晰地阐明了为什么地方间竞争是资本主义特有的现象。

• 赫德森（2000：第三章）描述了英格兰东北部经济和劳动力市场的一系列问题；穆迪（1997：第五章）就遍及发达国家的精益生产技术对工人提出的挑战发表了精彩的评述。

• 艾伦和亨利（1995，1997）描述了有关英格兰东南部增长“消极面”的更多细节；要想了解关于伦敦、纽约和东京高度分割的劳动力市场更详细的分析，请参阅萨森（2001）。

• 凯利（2001，2002）提供了更详细的东南亚案例研究；而关于美墨联营工厂的性别化工业研究，请参阅格拉韦（Gravey，1998）。

思考题

• “霸权专制”概念在什么程度上对代表全球资本主义下的工人命运有用处？

• 哪些过程造成日益增长的资本地理流动性？

• 企业强制劳动控制机制和国家强制劳动控制机制在哪些方面相互关联？

• 劳动力市场管制“缩小范围”给工人和工人组织带来什么挑战？

• 劳动力控制机制在不同地方之间是怎样变化的？为什么？

第六章

延伸阅读

• 考克斯和迈尔（1988）阐释了“地方依附”这一概念是如何启发我们对于地方的经济发展政治学的理解的。

• 赫洛德（2001：第二章）对雇佣工人怎样和为什么具有能动性进行了解释；关于吉登斯结构化思想的介绍请参阅雷德（Lader，1994：第八章）的简介。

• 洛根和莫洛奇（1987：第三章）提供了“增长机器”的最佳定义，并解释了为什么不同的利益群体会参与基于地方的联盟。

• 威尔斯（2002）以“共同体工会主义”在特定地方如何被定义的差异为例，引用了美国和英国的定义，很好地介绍了“共同体工会主义”这一概念。

思考题

• 为什么地方企业、工人和政府管制者有时候会联合捍卫地方利益？

• 在地方共同体中劳动力如何与其他行动者一起坚持发挥自己的能动作用？

• 在一个特定的地方，工会为了一个问题组织不同的地方群体时会面临什么困难？

• 在全球资本主义体系外部组织的基本原理是什么？又存在哪些限制？

第七章

延伸阅读

• 卡斯尔斯（Castles）和米勒（1998）第四、五、六章，赫尔德（1999）的第六章对迁移流的数量和多样性进行了综述。

• 布罗克曼和哈默（Brochmann & Hammer，1999）提供了一些国家对外来迁移的管制和控制案例。雅各布森（Jackbson，1998）对美国近期移民政策进行了评论。

• 阿普尔亚德（Appleyard，1999）编撰的（关于撒哈拉以南非洲、南亚、拉丁美洲和阿拉伯地区）四卷本丛书中的大部分章节提供了有关这些地区内部迁移，以及往其他目标地区迁移的丰富而精彩的案例研究。这些案例忠实地记录了迁移管制、迁移影响以及工人用以改善自己生活的策略的复杂性。

• 正如博尔哈斯（in Jacobson，1998）对迁移对美国国家和地方尺度的影响做了深入的研究，萨森（1995）对迁移对于地方劳动力市场的影响也做了出色的研究。

思考题

• 从南半球国家前往北半球的劳动力迁移在何种程度上构成劳动力迁移主体?

• 请解释为什么民族国家始终是劳动力迁移最重要的管制者?

• 为什么一些国家鼓励工人迁入自己国家?

• 低技能劳动力迁移以何种方式影响了本土工人的生活?

• 如果专业工人相对富足,他们为什么还要迁移?

• 迁移出境的工人如何并在什么程度上有利于源地区发展?

第八章

延伸阅读

• 赫洛德(2001:第五章)提供了关于将工会活动范围从地方扩大到国家尺度的完整叙述,他在书中使用了我们本章所总结的码头工人案例。

• 沃特曼和威尔斯(2001)编辑的选集给我们提供了有关工人跨国主义重大新举措的丰富的案例研究。

• 赫洛德(1995)和卡斯特利(2000)的论文力图准确描述近期以生产为导向的跨国工人运动能教给我们什么。这些运动是独一无二的呢还是能给予我们更普遍的教训?

• 约翰斯和武拉尔(2000)提供了有关消费政治学范例停止血汗工厂运动的清晰陈述;哈特威克(2000)提出以消费为导向的工人相对主义形式的一般论点;史密斯运用星巴克咖啡案例说明了商品消费如何无意间造成劳动剥削。

• 穆迪(1997)描绘了新社会运动工会主义的大致轮廓;科恩和莱(Cohen & Rai,2000)讨论了几个新的国际草根运动,严格来讲,其中只有一些属于劳工运动。

思考题

• 为什么工人跨国组织既是可取的又越来越具有可能性?在此过

程中必须协调什么地理矛盾？

• 如果可能的话，我们可以从乌鸦林镇和利物浦案例中“成功的”跨国工人行动中学到什么更广泛的经验？

• 以消费为导向的行动在何种程度上提供了生产为中心形式的工人跨国主义的另一种选择？

• 对于当代雇佣工人而言，无国界团结必然是件好事吗？

第九章

延伸阅读

• 哈维（2001：第 9 章）陈述了调和不同地理尺度的问题，并说明雇佣工人在这些地理尺度上界定彼此之间的忠诚，哈维的陈述具有很强的可读性。

• 哈维（1996：第 12 章）颇有洞见地阐释了构建共同聚集点有助于改善“消极”差异性的方法。

• 关于个人和人权问题请参阅哈维（2000：第 5 章）和亨斯曼（Hensman，2001）。

• 如麦克道尔（Mcdowell）一样，弗雷泽（1997：第 1 章）展示了清晰明了的有关追求经济和文化正义过程中出现的紧张关系和互补性的陈述；D. M. 史密斯（2000a and b）就如何在具有强烈社会—地理差异的世界获得正义进行了总体思考。

思考题

• 是否有可能调和工人在一种地理尺度上和其他地理尺度上制定的宗旨和目标？

• 身份、理念和问题怎样才能保护“积极的”工人差异并消除“消极的”工人差异？

• 道德相对主义一定会削弱改善雇佣工人及其同盟群体生活的努力吗？

参考文献

Aldridge, T., Lee, R., Leyshon, A., Thrift, N. and Williams, C.C. (1999) *Stroud LETs Report*, available at: www.geog.qmul.ac.uk//lets/reports.htm

Allen, J. and Hamnett, C. (1995) 'Uneven worlds', in J. Allen and C. Hamnett (eds), *A Shrinking World?* Oxford: Oxford University Press, pp. 233–54.

Allen, J. and Henry, N. (1995) 'Growth at the margins' in C. Hadjimichalis and D. Sadler (eds), *Europe at the Margins*, Chichester: Wiley, pp. 149–66.

Allen, J. and Henry, N. (1997) 'Ulrich Beck's *Risk Society* at work', *Transactions of the Institute of British Geographers* 22(2): 180–96.

Allen, J., Cochrane, A. and Massey, D. (1998) *Rethinking the Region*. London: Routledge.

Alvarez, M.R. and Butterfield, T.L. (1997) The resurgence of nativism in California? The case of Proposition 187 and illegal immigration, *Working Paper 1020, California Institute of Technology*, Division of Humanities and Social Sciences.

Amin, A. (1999) 'Placing globalization' in J. Bryson, N. Henry, D. Keeble and R. Martin (eds), *The Economic Geography Reader* Chichester: Wiley, pp. 40–5.

Amin, A. (2002) 'Spatialities of globalization', *Environment and Planning A*, 34 (3): 385–401.

Anderson, B. (1983) *Imagined Communities*, London: Verso.

Appleyard, R. (ed.) (1999) *Emigration Dynamics in Developing Countries* (4 Vols). Aldershot: Ashgate.

Auster, C. (1996) *The Sociology of Work: Concepts and Cases*. Pine Thousand Oaks, CA: Pine Forge Press.

Babbage, C. (1835) *On the Economy of Machinery and Manufacturers*. London: Charles Knight, Pall Mall East.

Bailey, A., Wright, R.A., Mountz, A. and Miyares, I.M. (2002) '(Re)producing Salvadoran transnational geographies', *Annals of the Association of American Geographers*, 92 (1): 125–44.

Bales, K. (1999) *Disposable People*. Berkeley: University of California Press.

Barke, M., Fuller, D., Gough, J., MacFarlane, R. and Mowl, G. (eds) (2001) *Introducing Social Geographies*. London: Arnold, pp. 13–41.

Bauder, H. (2003) 'Brain abuse: the devaluation of immigrant labour in Canada', *Antipode*, 35 (4): forthcoming.

Beaverstock, J. and Smith, J. (1996) 'Lending jobs to global cities: skilled international labour migration, investment banking and the city of London', *Urban Studies*, 33 (8): 1377–94.

Beaverstock, J. and Boardwell, J. (2000) 'Negotiating globalization, transnational corporations and global city financial centres in transient migration studies', *Applied Geography*, 20, 277–304.

Benner, C. and Rosner (1998) *Living Wage: An Opportunity for San José* (available at: http://www.wpusa.org/publications/sjLvgWage.htm).

Benner, C. (2002) *Work in the New Economy: Flexible Labour Markets*. Oxford: Blackwell.

Berger, J. (1974) *The Look of Things*. London: Viking Press.

Bernstein, H. (2001) 'The peasantry in global capitalism', in L. Panitch and C. Leys, pp. 25–52.

Berriane, M. and Popp, H. (eds) (1998) *Migrations internationales entre le Maghreb et l'Europe*. Passau: L.I.S. Verlag.

Beynon, H. and Hudson, R. (1993) 'Space and place in contemporary Europe', *Antipode*, 25 (3): 177–90.

Betcherman, G. (1996) 'Globalization, labour markets and public policy', in R. Boyer and D. Drache (eds) *States against Markets: The Limits of Globalization*. London: Routledge, pp. 250–69.

BIS (2001) *71st Annual Report*, Bank for International Settlements, Basle.

Bolt, P.J. (2000) *China and Southeast Asia's Ethnic Chinese*. London: Praeger.

Bonacich, E. (2001) 'The challenge of organizing in a globalized/flexible industry: the case of the apparel industry in Los Angeles in C. Baldoz, C. Koeber and P. Kraft (eds), *The Critical Study of Work: Labor, Technology and Global Production*. Philadelphia: Temple University Press pp. 155–78.

Borjas, G.J. (1999) *Heaven's Door: Immigration Policy and the American Economy*. Princeton: Princeton University Press.

Borrus, M. (2000) 'The resurgence of US electronics', in M. Borrus, D. Ernst and S. Haggard (eds) *International Production Networks in Asia*. London: Routledge, pp. 57–79.

Bradshaw, M.J. (1996) 'The prospects for the post-socialist economies', in P.W. Daniels and W.F. Lever (eds) *The Global Economy in Transition*. Harlow: Longman, pp. 263–88.

Braverman, H. (1974) *Labour and Monopoly Capital*. London: Monthly Review Press.

Brecher, J. and Costello, T. (1998) *Global Village or Global Pillage* (2nd edn), Boston: South End Press.

Brochmann, G. and Hammar, T. (1999) (eds) *Mechanisms of Immigration Control*. Oxford: Berg Press.

Burawoy, M. (1985) *The Politics of Production*. London: Verso.

Cabinet Office (2002) *Interim Report on Ethnicity and Work in the United Kingdom*. London: HMSO.

Caporaso, J. and Levine, D. (1991) *Theories of Political Economy*. Cambridge: Cambridge University Press.

Castells, M. (1997) *The Power of Identity*. Oxford: Blackwell.

Castles, S. and Miller, M. (1998, 2nd ed) *The Age of Migration: International Population Movements in the Modern World*. London: Macmillan.

Castree, N. (2000) 'Geographical scale and grassroots internationalism', *Economic Geography* 76 (3): 272–92.
Castree, N. (2003) 'Place', in S. Holloway, S.P. Rice and G. Valantine (eds) *Key Concepts in Geography*. London: Sage pp. 252–82.
Clamp, C. (2000) 'The internationalization of Mondragón', *Annals of Public and Cooperative Economics*, 71, 557–77.
Clark, G.L. and Wrigley, N. (1995) 'Sunk costs: a framework for economic geography', *Transactions of the Institute of British Geographers*, 20 (2): 204–23.
Cockburn, C. (1977) *The Local State: Management of Cities and People*. London: Pluto Press.
Cochrane, A. (1993) *Whatever Happened to Local Government?* Milton Keynes: Open University Press.
Coe, N.M. and Kelly, P.F. (2000) 'Distance and discourse in the local labour market', *Area* 32: 413–22.
Coe, N.M. and Townsend, A.R. (1998) 'Debunking the myth of localized agglomerations', *Transactions of the Institute of British Geographers*, 23 (3): 385–404.
Coe, N.M. and Yeung, H. (2001) 'Geographical perspectives on mapping globalization', *Journal of Economic Geography*, 1 (4): 367–80.
Cohen, R. and Rai, S. (2000) *Global Social Movements*. London: Athlone Press.
Connor, T. (2002) 'We are not machines', *Report for the Clean Clothes Campaign*, Amsterdam, Clean Clothes Campaign.
Cox, K.R. (1993) 'The local and the global in the new urban politics: a critical view', *Environment and Planning D: Society and Space*, 11, 433–48.
Cox, K.R. (1998) 'Spaces of dependence, spaces of engagement and the politics of scale', *Political Geography*, 17 (1): 1–24.
Cox, K.R. and Mair, A. (1988) 'Locality and community in the politics of local economic development', *Annals of the Association of American Geographers*, 78, 307–325.
Cox K.R. and Mair (1991) 'From localised social structures to localities as agents', *Environment and Planning A*, 23, 197–213.
Crang, P. (1999) 'Local-global', in P. Cloke, P. Crang and M. Goodwin (eds), *Introducing Human Geography*. London: Arnold, pp. 24–34.
Crang, P. and Martin, R.L. (1991) 'Mrs Thatcher's vision of the "new Britain" and the other sides of the "Cambridge phenomenon"', *Environment and Planning D*, 9: 91–116.
Cravey, A. (1998) *Women and work in Mexico's Maquiladoras*, Oxford: Rowman and Littlefield.
Cresswell, T. (1999) 'Place', in P. Cloke, P. Crang and M. Goodwin (eds), *Introducing Human Geography*. London: Arnold, pp. 226–34.
Dawley, S. and Pike, A. (2001) 'The ebb and flow of TNC high technology (dis)investment in host region economies'. Paper presented to the 97th Annual Meeting of the Association of American Geographers, New York.
Delauney, D. and Tapinos, G. (1998) *La mesure de la migration clandestine en Europe: Volume Rapport de Synthèse*. EUROSTAT Working Paper 3/1998/E/no.7 (EUROSTAT).

Dicken, P. (1998) *Global Shift* (3rd edn). London: Paul Chapman.
Dicken, P. (2003) *Global Shift* (4th edn). London: Sage.
Dicken, P., Peck, J. and Tickell, A. (1997) 'Unpacking the global', in R. Lee and J. Wills (eds) *Geographies of Economies*. London: Arnold, pp. 158–66.
Dicken, P., Kelly, P., Olds, K. and Yeung, H.W-C. (2001) 'Chains and networks, territories and scales', *Global Networks* 1: 89–112.
The Economist, 'South Africa's migrant workers: a ticket to prosperity', 2 September 2000.
The Economist, 'Desperate cargo: migrants want to fight human trafficking and smuggling in Asia', 3 February 2002.
The Economist, 'Troubled waters', 13 July 2002.
Edwards, P. and Elger, T. (1999) (eds), *The Global Economy, National States and the Regulation of Labour*. Mansell.
Elson, D. and Pearson, R. (1984) 'The subordination of women and the internationalization of factory production', in K. Young, C. Wolkowitz and R. McCullagh (eds) *Of Marriage and The Market*. London: Routledge, pp. 18–40.
Enderwick, P. (1989) 'Multinational corporate restructuring and international competitiveness', *California Management Review*, 32: 44–58.
Fagan, R.H. and Webber, M. (1999) *Global Restructuring: The Australian Experience* (2nd edn). Melbourne: Oxford University Press.
Fan, C.C. (2002) 'The elite, the natives, and the outsiders: migration and labor market segmentation in urban China', *Annals of the Association of American Geographers*, 92 (1): 103–24.
Fitzgerald, J. (1991) 'Class as community: the new dynamics of social change', *Environment and Planning D: Society and Space*, 9: 117–28.
Fraser, N. (1997) *Justice Interruptus*, New York: Routledge.
Frey, W. (1996) 'Immigration, domestic migration, and demographic balkanization in America: new evidence for the 1990s', *Population and Development Review*, 22 (4): 741–63.
Fröbel, F., Heinrichs, J. and Kreye, O. (1980) *The New International Division of Labour*. Cambridge: Cambridge University Press.
Galbraith, J.K. (1995) 'A global living wage', in C. Crouch and D Marquand (eds), *Reinventing Collective Action*. Oxford: Blackwell, pp. 54–60.
Gallin, D. (2001) 'Propositions on trade unions and informal employment', in P. Waterman and J. Wills, pp. 531–49.
Geddes, A. (2000) *Immigration and European Integration*. Manchester: University of Manchester Press.
Gereffi, G. and Korzeniewicz, M. (1994) (eds) *Commodity Chains and Global Capitalism*. Westport, CT: Praeger.
Gibson-Graham, J-K. (1996) *The End of Capitalism (As We Knew It)*. Oxford: Blackwell.
Giddens, A. (1979) *Central Problems in Social Theory*. Berkeley: University of California Press.
Giddens, A. (1981) *A Contemporary Critique of Historical Materialism*. Berkeley: University of California Press.
Giddens, A. (1984) *The Constitution of Society*. Cambridge: Polity Press.

Giddens, A. (1990) *The Consequences of Modernity*. Cambridge: Polity Press.
Gills, B. (1997) 'Globalization and the politics of resistance', *New Political Economy*, 2 (1): 11–16.
GMB (2002) 'Where do you want your taxes to go?', *The Guardian* 1 April.
Gordon, D.M. (1996) *Fat and Mean*. New York: The Free Press.
Gough, J. (2001) 'Work, class and social life', in R. Pain, M. Barke, D. Fuller, J. Gough, R. Macfarlane and G. Mowl, *Introducing Social Geographies*. London: Arnold, pp. 13–42.
Gourevitch, P., Bohn, R. and McKendrick, D. (2000) 'Globalization of production', *World Development*, 28 (2): 301–17.
Gow, D. (2002) 'Where the grass is greener', *The Guardian*, June 13, page 7.
Greider, W. (1997) *One World, Ready or Not*. Harmondsworth: Penguin.
Guardian, The 'US state drops "racist" measure', 30 July 1999.
Guardian, The 'Death in the pursuit of the American dream', 15 January 2000.
Guardian, The (2001a) 'Delhi calling', G2, 9 March: 2–3.
Guardian, The (2001b) 'Motorola refuses to relent', 25 April: 23.
Guardian, The (2002a), 'Dyson turns to the Far East', 6 February: 3.
Guardian, The (2002b) 'End of the line', G2, 19 February: 3–5.
Guardian, The (2002c) 'Reading the numbers all right', 6 April: 30.
Guardian, The (2002d) 'The tale of a teabag', G2, 25 June: 1–5.
Habermas, J. (1976) *Legitimation Crisis*. London: Heinemann.
Hale, A. and Shaw, L. (2001) 'Women workers and the promise of ethical trade in the globalized garment industry', *Antipode* 33, (3): 510–31.
Hanson, S. and Pratt, G. (1995) *Gender, Work and Space*. London: Routledge.
Harrison, B. (1997) *Lean and Mean* (2nd edn). New York: Guilford Press.
Hartwick, E. (1998) 'Geographies of consumption', Environment and Planning D. *Society and Space*, 16: 423–37.
Hartwick, E. (2000) 'Towards a geographical politics of consumption', Environment and Planning A. *Society and Space*, 32: 1177–92.
Harvey, D. (1973) *Social justice and the city*. London: Arnold.
Harvey, D. (1985a) 'The geopolitics of capitalism', in D. Gregory and J. Urry (eds), *Social Relations and Spatial Structures*. London: Macmillan, pp. 128–63.
Harvey, D. (1985b) *The Urbanisation of Capital*. Oxford: Blackwell.
Harvey, D. (1989a) *The Urban Experience*. Oxford: Blackwell.
Harvey, D. (1989b) *The Condition of Postmodernity*. Oxford: Blackwell.
Harvey, D. (1993) 'From space to place and back again: reflections on the condition of postmodernity', in J. Bird, B. Curtis, T. Putnam, G. Robertson and L. Tickner (eds) *Mapping the Futures: Local Cultures, Global Change*. (London: Routledge), pp. 3–29.
Harvey, D. (1996) *Justice, Nature and the Geography of Difference*. Oxford: Blackwell.
Harvey, D. (2000) *Spaces of Hope*, Edinburgh: Edinburgh University Press.

Harvey, D. (2001) *Spaces of Capital*. Edinburgh: Edinburgh University Press.

Hayter, T. (1997) *The Dynamics of Industrial Location*. Chichester: Wiley.

Held, D. (1995) *Democracy and the Global Order*. Cambridge: Polity Press.

Held, D., McGrew, A., Goldblatt, D. and Perraton, J. (1999) *Global Transformations*. Polity Cambridge: Press.

Hensman, R. (2001) 'World trade and workers' rights', in P. Waterman and J. Wills, pp. 102–22.

Herod, A. (1991) 'Local political practice in response to a manufacturing plant closure', *Antipode*, 23 (4): 385–402.

Herod, A. (1994) 'Further reflections on organized labor', *Antipode*, 26 (1): 77–95.

Herod, A. (1995) 'The practice of international labor solidarity and the geography of the world economy', *Economic Geography*, 71 (4): 341–63.

Herod, A. (1997a) From a geography of labor to a labour geography: labor's spatial fix and the geography of capitalism, *Antipode*, 29: 1–31.

Herod, A. (1997b) 'Labor's spatial praxis and the geography of contract bargaining in the US east coast longshore industry, 1953–89', *Political Geography*, 16 (2): 145–69.

Herod, A. (1998) (ed.) *Organizing the Landscape*. Minneapolis: Minnesota University Press.

Herod, A. (2000a) 'Labor unions and economic geography', in E. Sheppard and T. Barnes (eds) *A Companion to Economic Geography*. Oxford: Blackwell, pp. 341–58.

Herod, A. (2000b) 'Workers and workplaces in the neoliberal economy', *Environment and Planning A*, 32: 1781–90.

Herod A (2000c) Implications of just-in-time production for union strategy: lessons from the 1998 General Motors – United Auto Workers dispute, *Annals of the American Geographers* 90: 521–47.

Herod, A. (2001) *Labor Geographies*. New York: Guilford Press.

Herod, A. (2003) 'Scale: the local and the global', in S. Holloway et al. (eds) *Key Concepts in Geography*. (London: Sage), pp. 229–249.

Herod, A., Tuathail, G.Ó. and Roberts, S.M. (1998) (eds) *An Unruly World?* London: Routledge.

Hiebert, D. (2002) 'The spatial limits to entrepreneurship: immigrant entrepreneurs in Canada', *Tijdschrift voor Economische en Sociale Geografie*, 93 (2): 173–90.

Hirst, P. and Thompson, G. (1999) *Globalization in Question* (2nd edn). Cambridge: Polity Press.

Hobsbawm, E. (2002) *Interesting Times*. Allen Lane, London.

Holloway, L. and Hubbard, P. (2000) *People and Place*. Prentice Hall: London.

Holloway, R. (2002) 'How to be good', *The Guardian*, supplement, 21 September.

Howitt, R. (2003) 'Scale' in J. Agnew, K. Mitchell and G. Toal (eds) *A Companion to Political Geography*. Oxford: Blackwell, pp. 138–57.

Hudson, R. (1989) 'Labour market changes and new forms of work in old industrial regions', *Environment and Planning D*, 7: 5–30.
Hudson, R. (2000) *Production, Places and Environment*. Prentice Hall: Harlow.
Hudson, R. (2001) *Producing Places*. New York: Guilford Press.
Hudson, R. and Sadler, D. (1986) 'Contesting work closures in Western Europe's old industrial regions', in A.J. Scott and M. Storper (eds) *Production, Territory, Work*. Allen and London: Unwin, pp. 172–93.
Hughes, A. (2000) 'Retailers, knowledge and changing commodity networks: the case of the cut flower trade', *Geoforum*, 31: 175–190.
Hyman, R. (1999) 'Imagined solidarities', in P. Leisink (ed), *Globalization and Labour Relations*. Cheltenham: Edward Elgar, pp. 94–115.
ILO (2001) *World of Work*. Geneva: ILO.
ILO Bureau of Statistics (2003) *Statistics of Trade Union Membership*. Geneva: ILO.
IOM (International Organization for Migration) *IOM News*, September 2001.
Jacobson, D. (1998) *The Immigration Reader*. Oxford: Blackwell.
Jakarta Post, 'Migrant workers: exporting people at risk', 10 March 2002.
Jessop, B. (1993) 'Towards a Schumpeterian workfare state? Preliminary remarks on post-Fordist political economy', *Studies in Political Economy* 40: 7–39.
Jessop, B. (2001) 'Multinational enterprises, national states and labour relations after the end of globalization', *International Journal of Urban and Regional Research* 25: 439–44.
Johns, R. and Vural, L. (2000) 'Class, geography and the consumerist turn. *Environment and Planning A*, 32: 1193–1214.
Johnston, R.J. Gregory, D., Pratt, G. and Watts, M. (2000) (eds) *The Dictionary of Human Geography* (4th edn). Oxford: Blackwell.
Jonas, A.E.G. (1992) 'Corporate takeover and the politics of community: the case of the Norton company in Worcester', *Economic Geography*, 68: 348–72.
Jonas, A.E.G. (1996) 'Local labour control regimes', *Regional Studies*, 30: 323–38.
Jonas, A.E.G. (1997) 'Localisation and globalisation tendencies in the social control and regulation of labour', in M. Taylor and S. Conti (eds) *Interdependent and Uneven Development*. Aldershot: Ashgate pp. 253–82.
Kang, N-H. and Sakai, K. (2000) 'International strategic alliances', *Directorate of Science, Technology and Industry Working Paper 2000/5*, OECD, Paris.
Katz, C. (2001) 'Vagabond capitalism and the necessity of social reproduction' *Antipode* 33, 4: 709–28.
Kelly, P.F. (2001) 'The political economy of local labor control in the Philippines', *Economic Geography*, 77 (1): 1–22.
Kelly, P.F. (2002) 'Spaces of labour control: comparative perspectives from Southeast Asia', *Transactions of the Institute of British Geographers*, 27(4): 395–411.

King, R. (1995) 'Migrations, globalization and place', in D. Massey and P. Jess (eds) *A Place in the World?* Milton Keynes: Open University Press.
Kloosterman, R., van der Leun, J. and Rath, J. (1999) 'Mixed embeddedness: (in)formal economic activities and immigrant businesses in the Netherlands', *International Journal of Urban and Regional Research*, 23 (2): 252–66.
Klotz, A. (2000) 'Migration after apartheid: deracializing South African foreign policy', *Third World Quarterly*, 21 (5):831–47.
Layder,D. (1994) *Understanding Social Theory*. London: Sage.
Lee, E. (1999) 'Trade unions, computer communications and the New World Order', in Munck and Waterman, pp. 229–47.
Leyshon, A. and Lee, R. (2003) 'Introduction', in R. Lee, A. Leyshon, and C. Williams (eds) *Alternative economic spaces*. London: Sage, pp 1–33.
Logan, J.R. (ed.) (2002) *The New Chinese City*. Oxford: Blackwell.
Logan, J. and Molotch, H. (1987) *Urban Fortunes: The Political Economy of Place*. (Berkeley: University of California Press).
Logue, J. (1980) *Toward a Theory of Trade Union Internationalism*. London: Allen & Unwin.
Mann, E. (2001) 'A race struggle, a class struggle, a women's struggle all at once', in L. Panitch and C. Leys, pp. 259–74.
Markusen, A. (1996) 'Sticky places in slippery spaces: a typology of industrial districts', *Economic Geography*, 72: 293–313.
Martin, R. (2000) 'Institutional approaches in economic geography', in E. Sheppard, and T. Barnes (eds) *A Companion to Economic Geography*. Oxford: Blackwell, pp. 77–94.
Martin, R.L. (2001) 'Local labour markets', in G. Clark, M. Feldman and M. Gertler (eds) *The Oxford Handbook of Economic Geography*. Oxford: Oxford University Press, pp. 455–76
Martin, R., Sunley, P. and Wills, J. (1994) 'Unions and the politics of deindustrialization', *Antipode* 26 (1): 59–76.
Martin, R.L., Sunley, P. and Wills, J. (1996) *Union Retreat and the Regions*. London: Jessica Kingsley.
Marx, K. and Engels, F. (1848) [2000] *A Communist Manifesto*. London: Penguin.
Marx, K. (1857) [1972] *Grundrisse*, in *Marx-Engels Collected Works*. London: Lawrence and Wishart.
Massey, D. (1984) *Spatial Divisions of Labour*. Basingstoke: Macmillan.
Massey, D. (1985) 'New directions in space, in D. Gregory and J. Urry (eds) *Social Relations and Spatial Structures*. London: Macmillan, pp. 9–19.
Massey, D. (1995a) 'The conceptualization of place', in D. Massey and P. Jess (eds), *A place in the world?* Oxford: Oxford University Press, pp. 46–79.
Massey, D. (1995b) 'Masculinity, dualisms and high technology', *Transactions of the Institute of British Geographers* 20: 487–99.
Massey, D. (1995c) *Spatial Divisions of Labour* (2nd edn). Basingstoke: Macmillan.
Massey, D. (1999) *Power-Geometries and the Politics of Space-Time*. Heidelberg: University of Heidelberg Press.

McDowell, L. (1999) *Gender, Identity and Place: Understanding Feminist Geographies.* Cambridge: Polity Press.
McDowell, L. (2000) 'Economy, culture, difference and justice', in I. Cook, D. Crouch, S. Naylor and J.R. Ryan (eds) *Cultural turns/geographical turns.* Harlow: Prentice Hall, pp. 182–95.
McDowell, L. (2001) 'Linking scales: or how research about gender and organizations raises new issues for economic geography', *Journal of Economic Geography,* 1: 227–50.
McDowell, L. (2003) 'Cultures of labour', in K. Anderson, M. Domosm, S. Pile and N. Thrift (eds) *Handbook of Cultural Geography.* London: Sage, pp. 98–115.
Meegan, R. (1995) 'Local worlds', in J. Allen and D. Massey (eds) *Geographical Worlds.* Oxford University Press, pp. 53–104.
Merrifield, A. (1993) 'Space and place', *Transactions of the Institute of British Geographers,* 18: 516–31.
Michon, F. (1987) 'Segmentation, employment structures and productive structures'. In R. Tarling (ed.) *Flexibility in Labour Markets.* London: Academic Press, 23–55.
Mitchell, D. (2000) *Cultural Geography: A Critical Introduction.* Oxford: Blackwell.
Mittelman, J.H. (2000) *The Globalization Syndrome: Transformation and Resistance,* Princeton, NJ: Princeton University Press.
Moody, K. (1997) *Workers in a Lean World.* London: Verso.
Mullings, B. (1999) 'Sides of the same coin?', *Annals of the Association of American Geographers* 89: 290–311.
Munck, R. and Waterman, P. (1999) (eds) *Labour Worldwide in an Era of Globalization.* London: Macmillan.
Natter, W. (1995) 'Radical democracy: hegemony, reason, time and space', *Society and Space,* 13 (3): pp 267–74.
New York Times, 'Migrant exodus bleeds Mexico's Heartland', 17 June 2001.
New York Times, 'A fertile farm region pays its jobless to quit California', 18 June 2001.
Nissen, B. and Grenier, G. (2001) 'Union responses to mass immigration: the case of Miami, USA', *Antipode,* 33 (3): 567–92.
O'Connor, J. (1973) *The Fiscal Crisis of the State.* London: St Martin's Press.
Ohmae, K. (1990) *The Borderless World.* New York: Free Press.
Ohmae, K. (1995) *The End of the Nation State.* Cambridge, MA: Harvard Business School.
Oonk, G. (2001) *The Dark Side of Football.* Amsterdam: The Netherlands India Committee.
Osterman, P. (1999) *Securing Prosperity: the American Labour Market How it has Changed and What to Do About It.* Princeton: Princeton University Press.
Outhwaite, W. and Bottomore, T. (1994) (eds) *The Blackwell Dictionary of Social Thought.* Oxford: Blackwell.
Panitch, L. and Leys, C. (2001) (eds) *Working Classes, Global Realities.* Merlin Press.

Pearson, R. (1993) 'Gender and new technology in the Caribbean', in J. Momsen (ed.) *Women and Change in the Caribbean*. Kingston, Jamaica: Ian Randle pp. 287–95.

Peck, J. (1996) *Workplace: The Social Regulation of Labor Markets*. New York: Guilford Press.

Peck, J. (2000) *Workfare States*. New York: Guilford Press.

Peck, J. and Theodore, N. (2001) 'Contingent Chicago: restructuring the spaces of temporary labor', *International-Journal-of-Urban-and-Regional-Research*, 25: 471–496.

Peck, J. and Tickell, A. (1992) 'Local modes of social regulation? Regulation theory, Thatcherism and uneven development', *Geoforum* 23: 347–63.

Peck, J. and Tickell, A. (1995) 'The social regulation of uneven development', *Environment and Planning A*, 27: 15–40.

Peet, R. (1998) *Modern Geographical Thought*. Oxford: Blackwell.

Pellerin, H. (1999) 'Regionalization of migration policies and its limits: Europe and North America compared', *Third World Quarterly*, 20 (5): 995–1011.

Picchio, A. (1992) *Social Reproduction*. Cambridge: Cambridge University Press.

Pickles, J. and Smith, A. (1998) (eds) *Theorizing Transition: The Political Economy of Post-communist Transformations*. London: Routledge.

Piven, F. and Cloward, R. (2000) 'Power repertoires and globalization', *Politics and Society* 28: 413–30.

Polanyi, K. (1944) *The Great Transformation*. Boston: Beacon Press.

Pollert, A. (1981) *Girls, Wives, Factory Lives*. Basingstoke: Macmillan.

Pratt, G. and Hanson, S. (1994) 'Geography and the construction of difference', *Gender, Place and Culture*, 1 (1): 5–29.

Raghuram, P. and Kofman, E. (2002) 'The state, skilled labour markets, and immigration: the case of doctors in England', *Environment and Planning A*, 34 (11): 2071–89.

Ram, M. (1998) 'Enterprise support and ethnic minority firms', *Journal of Ethnic and Migration Studies* 24 (1): 143–58.

Reimer, S. (2001) 'Conceptualising local labour markets', in Ron Martin and Philip Morrison (eds), *Local Labour Markets*. London: TSO, in press.

Rifkin, J. (1995) *The End of Work*. New York: Tarcher.

Roy, A.S. (1997) 'Job displacement effects of Canadian immigrants by country of origin and occupation', *International Migration Review*, 31 (1): 150–61.

Rutherford, T. and Gertler, M. (2002) 'Labour in "lean" times', *Transactions of the Institute of British Geographers*, 27 (2): 195–212.

Sadler, D. (2000) 'Organizing European labour', *Transactions of the Institute of British Geographers*, 25 (2): 135–52.

Said, E. (1978) *Orientalism*. New York: Pantheon Books.

Salt, J. (2000) 'Trafficking and human smuggling: a European perspective', in IOM (ed.) *Perspectives on Trafficking of Migrants*. Geneva: UN/IOM.

Salt, J. and Stein, J. (1997) 'Migration as a business: the case of trafficking', *International Migration*, 35 (4): 67–94.
Samers, M. (1998) '"Structured coherence": immigration, racism, and production in the Paris car industry', *European Planning Studies*, 6 (1): 49–72.
Samers, M. (1999) 'Globalization', migration, and the geo-political economy of the 'spatial vent', *Review of International Political Economy*, 6 (2): 166–99.
Samers, M. (2001) 'Here to work', *SAIS Review* Winter-Spring, XXI (1): 131–45.
Samers, M. (2003) 'Invisible capitalism: the political economy and regulation of undocumented immigration in France', *Economy and Society*, forthcoming.
Sassen, S. (1991) *The Global City*. Princeton, NJ: Princeton University Press.
Sassen, S. (1995) 'Immigration and local labor markets', in A. Portes (ed.), *The Economic Sociology of Immigration*. New York: Russell Sage.
Sassen, S. (2000) *Cities in a World Economy* (2nd edn). Thousand Oaks, CA: Pine Forge Press.
Sassen, S. (2001) *The Global City* (2nd edn). Princeton, NJ: Princeton University Press.
Saxenian, A (1994) *Regional Advantage*. Cambridge, MA: Harvard University Press.
Sayer, A. (1995) *Radical Political Economy*. Oxford: Blackwell.
Sayer, A. (2000) *Realism and Social Science*. London: Sage.
Sayer, A. and Walker, R. (1992) *The New Social Economy*. Oxford: Blackwell.
Schoenberger, E. (1997) *The Cultural Crisis of the Firm*. Oxford: Blackwell.
Schoenberger, E. (1998) 'Discourse and practice in human geography', *Progress in Human Geography*, 22: 1–14.
Scott, A.J. (1988) *New Industrial Spaces*. London: Pion.
Sharp, J.P., Ramledge, P. Philo. C. and Paddison, R. (eds) (2000) *Entanglements of Power*. London: Routledge.
Sheppard, E. (2000) 'Competition in space and between places', in E. Sheppard and T. Barnes (eds) *A Companion to Economic Geography*. Oxford: Blackwell, pp. 169–86.
Sheppard, E. and Porter, P. (1998) *A World of Difference: Society, Nature and Development*. London: Guildford Press.
Sheppard, E. and McMaster, R. (eds) (2003) *Scale and Geographic Inquiry*. Oxford: Blackwell.
Sklair, L. (2001) *The Transnational Capitalist Class*. Oxford: Blackwell.
Smith, A. (1776) *The Wealth of Nations: Books 1–111*. London: Penguin (1986 edition).
Smith, D.M. (2000a) 'Social justice revisited', *Environment and Planning A*, 32 (7): 1149–62.
Smith, D.M. (2000b) *Moral Geographies*. Edinburgh: Edinburgh University Press.
Smith, M. (1996) 'The empire filters back', *Urban Geography*, 17 (6): 502–24.

Smith, N. (1991) *Uneven Development*, 2nd edition. Oxford: Blackwell.
Smith, N. (1993) 'Homeless/global: scaling places', in J. Bird, B. Curtis, T. Putnam, G. Robertson and L. Tickner (eds), *Mapping the Futures: Local Cultures, Global Change*. London: Routledge, pp. 87–119.
SOPEMI (2000) *Trends in International Migration*. Paris: OECD.
Sparke, M. and Lawson, V. (2003) 'Entrepreneurial geographies', in J. Agnew, K. Mitchell and G. Toal (eds), *A Companion to Political Geography*. Oxford: Blackwell, pp. 315–34.
Staehli, I. (2003) 'Place', in J. Agnew, K. Mitchell and G. Toal (eds), *A Companion to Political Geography*. Oxford: Blackwell, pp. 158–70.
Stalker, P. (2000) *Workers Without Frontiers: The Impact of Globalisation on International Migration*. Boulder, CO: Lynne Reiner Publishers.
Storper, M. (1995) 'The resurgence of regional economies, ten years later', *European Urban and Regional Studies*, 2: 191–221.
Storper, M. and Walker, R. (1983) 'The theory of labour and the theory of location', *International Journal of Urban and Regional Research*, 7: 1–41.
Storper, M. and Walker, R. (1989) *The Capitalist Imperative*. Oxford: Blackwell.
Suárez, S. (2001) 'Political and economic motivations for labor control', *Studies in Comparative International Development*, 36 (2): 54–81.
Swyngedouw, E. (1989) 'The heart of a place', *Geografiska Annaler*, 71B: 31–42.
Swyngedouw, E. (1997) 'Neither global nor local', in K. Cox (ed.), *Spaces of Globalisation* New York: Guilford, pp. 137–66.
Swyngedouw, E. (2000a) 'Elite power, global forces, and the political economy of "glocal" development', in G. Clark, M. Feldman and M. Gertler (eds) *The Oxford Handbook of Economic Geography*. Oxford: Oxford University Press, pp. 541–58.
Swyngedouw, E. (2000b) 'The Marxian alternative', in E. Sheppard and T. Barnes (eds) *A Companion to Economic Geography*. Oxford: Blackwell, pp. 41–9.
Theodore, N. and Salmon, S. (1999) 'Globalizing capital, localizing labour?', *Space and Polity*, 3 (2): 153–69.
Thorpe, V. (1999) 'Global unionism: the challenge', in R. Munck and P. Waterman, pp. 218–29.
Thurow, L. (1975) *Generating Inequality*. New York: Basic Books.
Tickell, A. and Peck, J. (2003) 'Making global rules: globalization or neoliberalization?', in Peck, J. and Yeung, H. (eds) *Global Connections*. London: Sage, pp. 163–81.
Tilly, C. and Tilly, C. (1998) *Work Under Capitalism*. Boulder, CO: Westview Press.
Toynbee, P. (2003) *Hard Work*. London: Bloomsbury.
Treasury, H.M. (2001) *Productivity in the UK: The Regional Dimension*. London: H.M. Treasury.
Turnbull, P. (2000) 'Contesting globalization on the waterfront', *Politics and Society*, 28 (3): 367–91.
UNCTAD (2001) *The World Investment Report 2001*. New York: United Nations.

Van Hear, N. (1998) *New Diasporas*. London: UCL Press.
Vertovec, S. (1999) 'Conceiving and researching transnationalism', *Ethnic and Racial Studies*, 22 (2): 448–62.
Waddington, J. (ed.) (1999) *Globalization and Patterns of Labour Resistance*. London: Mansell.
Walsh, J. (2000) 'Organizing the scale of labor regulation in the USA', *Environment and Planning, A* 32: 1593–610.
Waterman, P. (1998) *Globalization, Social Movements and the New Internationalisms*. London: Mansell.
Waterman, P. (2001) 'Trade union internationalism in the age of Seattle', in P. Waterman and J. Wills, pp. 7–32.
Waterman, P. and Wills, J. (eds) (2001) *Space, Place and the New Labour Internationalisms*. Oxford: Blackwell.
Webb, S. and Webb, B. (1920) *Industrial Democracy*. London: Lawrence and Wishart.
Weiss, L. (1998) *The Myth of the Powerless State*. Cambridge: Polity Press.
Whatmore, S. and Thorne, L. (1997) 'Nourishing networks: alternative geographies of food ', in D. J. Goodman and M. J. Watts (eds), *Globalizing Food: Agrarian Questions and Global Restructuring*. London, Routledge, pp. 287–304.
Williams, C. and Windebank, J. (1998) *Informal Employment in the Advanced Economies*. London: Routledge.
Williams, R. (1975) *The Country and the City*. London: Paladin.
Willis, P. (1977) *Learning to Labour*. New York: Columbia University Press.
Wills, J. (1996) 'Geographies of trade unionism: translating traditions across space and time', *Antipode*, 28: 352–78.
Wills, J. (1998) 'Taking on the cosmocorps?', *Economic Geography*, 74: 111–30.
Wills, J. (2000) 'Being told and answering back', in J.R. Bryson, P.W. Daniels, N. Henry and J. Pollard (eds) *Knowledge, Space, Economy*. London: Routledge, pp. 261–76.
Wills, J. (2001) *Mapping Low Pay in East London. A Report Written for TELCO's Living Wage Campaign* (available from the author at http://www.qmw.ac.uk).
Wills, J. (2002) 'Community unionism and trade union renewal in the UK?' *Transactions of the Institute of British Geographers*, 26: 465–83.
Wills, J. and Simms, M. (2001) 'Building reciprocal community unionism in the UK', *Working Paper 4, Geographies of Organized Labour: the Reinvention of Trade Unionism in Millennial Britain ESRC Project*.
Womack, J.R., Jones, D.T. and Roos, D. (1990) *The Machine that Changed the World*. Rawson New York: Associates.
World Bank (2002) *World Development Indicators*. Washington: World Bank.
Yeung, H. W-C. (1994) 'Critical reviews of geographical perspectives on business organizations and the organization of production', *Progress in Human Geography*, 18: 460–90.
Zlotnick, H. (1998) 'International migration 1965–1996', *Population and Development Review*, 24 (3): 429–68.

索　引

《世界城市研究精品译丛》总目

☑ 已出版，☐ 待出版

- ☑ 马克思主义与城市
- ☑ 保卫空间
- ☑ 城市生活
- ☑ 消费空间
- ☑ 媒体城市
- ☑ 想象的城市
- ☑ 城市研究核心概念
- ☑ 城市地理学核心概念
- ☑ 政治地理学核心概念
- ☑ 规划学核心概念
- ☑ 城市空间的社会生产
- ☑ 真实城市
- ☑ 现代性与大都市
- ☑ 工作空间：全球资本主义与劳动力地理学
- ☐ 与赛博空间共存：21世纪的技术与社会
- ☐ 城市发展规划本体论
- ☐ 区域、空间战略与可持续发展
- ☐ 历史地理学核心概念
- ☐ 空间问题：文化拓扑学和社会空间化
- ☐ 驱逐：全球化经济中的野蛮性与复杂性
- ☐ 帝国的边缘：后殖民主义与城市
- ☐ 城市与自然
- ☐ 城市与电影
- ☐ 城市环境史
- ☐ 当下语境中的游戏：在线游戏的社会文化意义